外国金融制度系列丛书

澳大利亚金融制度

主　编　何建雄　冯润祥

副主编　陆　屹

中国金融出版社

责任编辑：王慧荣
责任校对：李俊英
责任印制：丁淮宾

图书在版编目（CIP）数据

澳大利亚金融制度（Aodaliya Jinrong Zhidu）/何建雄，冯润祥主
编 . —北京：中国金融出版社，2016. 3
（外国金融制度系列丛书）
ISBN 978 - 7 - 5049 - 8406 - 7

Ⅰ. ①澳…　Ⅱ. ①何…②冯…　Ⅲ. ①金融制度—研究—澳大利亚
Ⅳ. ①F836. 111

中国版本图书馆 CIP 数据核字（2016）第 036823 号

出版
发行　　中国金融出版社

社址　　北京市丰台区益泽路 2 号
市场开发部　　（010）63266347，63805472，63439533（传真）
网 上 书 店　http://www.chinafph.com
　　　　　　　（010）63286832，63365686（传真）
读者服务部　　（010）66070833，62568380
邮编　　100071
经销　　新华书店
印刷　　保利达印务有限公司
尺寸　　169 毫米 ×239 毫米
印张　　17. 5
字数　　260 千
版次　　2016 年 3 月第 1 版
印次　　2016 年 3 月第 1 次印刷
定价　　50. 00 元
ISBN 978 - 7 - 5049 - 8406 - 7/F. 7966
如出现印装错误本社负责调换　联系电话（010）63263947

外国金融制度系列丛书
编委会

主　编：何建雄　魏革军

副主编：朱　隽　张健华　吴国培　吴盼文　冯润祥

组稿人：林　苒　刘　晔　陆　屹　王　倩　杨少芬

　　　　赵晓斐　朱　锦　肖　毅　何　为

《美国金融制度》编写组

组　长：张健华

副组长：陈晋祥　陆志红　龚奇志　王去非　赵　军

　　　　陆巍峰　郭　铭　费宪进

执笔人：殷书炉　洪　昊　王紫薇　陈　梁　马维胜　余　牛

　　　　胡小军　吴　云　胡虎肇　俞　佳　潘晓斌　葛　声

　　　　潘佳峰　姚　可　吴一颖　吴　怡　李冠琦

《日本金融制度》编写组

组　长：吴盼文

副组长：曹协和

执笔人：肖　毅　鄢　斗　苗启虎　王守贞　程　琳　徐　璐

《欧盟金融制度》编写组

组　长：何建雄　朱隽

副组长：郭新明　王信

组稿人：林苒　刘晔　王倩　朱锦

执笔人：陈佳　王正昌　蒋先明　樊石磊　任哲　张朝阳

唐露萍　韩婉莹　薛宇博　吴玓　肖娜　舒林

刘蔚　程璐　连太平

《英国金融制度》编写组

组　长：吴国培

副组长：杨少芬　赵晓斐

执笔人：张立　黄宁　杨秀萍

《澳大利亚金融制度》编写组

组　长：何建雄　冯润祥

副组长：陆屹

执笔人：郑朝亮　刘薇　李良松　陈华

出版说明

20 世纪 80 年代，我国实施改革开放的国策，如何借鉴国外先进理念和技术，更好更快地发展我国经济，是摆在各行各业面前急需解决的问题。在这种形势下，中国金融出版社及时组织出版了一套《资本主义国家金融制度丛书》，为研究和推动我国金融体制改革提供了可供借鉴的宝贵资料，受到了经济金融界的广泛赞誉。岁月变迁，当今各国金融制度也处于不断的变革中。中国金融出版社因时制宜，发挥专业优势，精心论证，积极策划，邀请具有深厚理论素养和从业经验的专业人士编写，现推出新的"外国金融制度系列丛书"。

本系列丛书包括《美国金融制度》、《日本金融制度》、《欧盟金融制度》、《英国金融制度》、《澳大利亚金融制度》等，从发展历史、中央银行与货币政策、金融市场、金融监管、危机应对等方面，力求从多角度、多侧面、立体地描述各国金融制度的基本构成、特征和发展趋势，尤其对2008 年国际金融危机后各国金融制度的新变化进行了较为详细的论述。本系列丛书内容简明扼要、客观准确、权威可读，既适合国内外学界研究人员阅读和使用，也适合对经济金融问题感兴趣的一般读者，是较好的学习和研究资料。我们希望，该系列丛书的出版能够在向读者呈现各国金融制度全貌的基础上，对我国金融体系的发展和完善提供借鉴。

在本系列丛书的策划和撰写过程中，我们得到了中国人民银行国际司原司长何建雄、现司长朱隽的热心帮助和指导，得到了国际司研究处、国际清算银行处和海外代表处各位同仁的强力支持，在此一并表示感谢！

目 录
Contents

第一章

澳大利亚金融体系概览

第一节　金融体系概况

　　澳大利亚是亚太地区最大、最发达的金融服务市场之一。截至 2012 年 6 月，澳大利亚金融资产达到 5.45 万亿澳元，金融服务业对澳大利亚 GDP 的贡献超过 11%。金融保险业是澳大利亚增长最快的行业，1998 年以来，年均增长 4.9%。据世界经济论坛发布的《2012 年金融发展报告》，澳大利亚金融发展指数在世界主要 62 个经济体中排名第 5 位，银行金融服务排名第 7 位，金融市场排名第 8 位，金融稳定性排名第 9 位，金融环境排名第 12 位。澳大利亚资本市场是亚太地区仅次于日本的第二大资本市场，其金融衍生产品的发达程度更是高居亚太地区第一位。澳大利亚金融服务业强大实力的一个重要基础是投资基金领域的增长，澳大利亚统计局 2011 年的数据显示，投资基金规模约 1.8 万亿澳元，名列世界第四位，亚洲第一位。澳大利亚吸引私人股权基金规模超过亚太地区的任何国家，占整个地区的 24%。澳大利亚金融业 2010－2011 年的雇员总数超过 40 万人。

　　澳大利亚金融体系庞大而稳健，主要由中央银行——澳大利亚储备银行（Reserve Bank of Australia，RBA）、金融监管机构——澳大利亚审慎监管局（Australian Prudential Regulation Authority，APRA）、澳大利亚证券与投资委员会（Australian Securities & Investments Commission，ASIC），以及授权存款机构（银行、建筑协会、信用合作社等）、非授权存款机构（注册金融公司、证券化公司）、保险公司和基金公司（超年金基金等）等金融机构、金融市场和支付清算体系等组成。

一、金融机构

（一）授权存款机构（ADIs）

澳大利亚授权存款机构（Authorized Deposit - taking Institutions，ADIs）是指依据澳大利亚《1959 年银行法》（*Banking Act* 1959）授权可吸收存款业务的金融机构，其业务接受澳大利亚审慎监管局（APRA）的审慎监管。授权存款机构是澳大利亚金融体系的主体，包括银行、建筑协会、信用合作社和其他授权存款机构（提供储值支付服务和专门信用卡的机构）四大类机构。

截至 2014 年 3 月末，全澳大利亚共有 70 家银行、9 家建筑协会、85 家信用合作社和 7 家其他授权存款机构，所有授权存款机构资产总额达 3.96 万亿澳元。银行资产总额达 3.88 万亿澳元，约占授权存款机构资产总额的 98%。银行体系主要由澳本土四大银行——澳大利亚国民银行（NAB）、澳大利亚联邦银行（CBA）、澳新银行（ANZ）和西太平洋银行（Westpac），以及其他国有银行和外资银行构成。其中，四大银行资产总额达 3.1 万亿澳元，占授权存款机构资产总额的 78.4%。建筑协会、信用合作社和其他授权存款机构的资产分别为 233 亿澳元、411 亿澳元和 72 亿澳元，共占授权存款机构资产总额的 1.8%。

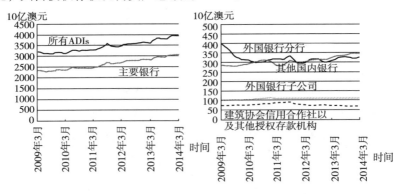

资料来源：澳大利亚 APRA 网站。

图 1.1　授权存款机构（ADIs）资产分布

澳大利亚银行业在金融体系中占主导地位。商业银行的业务范围包括存款、贷款、人寿保险、信托投资、证券承销和交易、基金管理等几乎覆盖所有金融服务领域的业务，实行混业经营。澳大利亚国民银行、澳大利亚联邦银行、澳新银行和西太平洋银行为银行业的四大支柱。澳大利亚政府为了确保金融市场充分竞争、避免形成金融寡头，在监管政策上限制它们重组兼并。

澳大利亚的金融服务广泛，是世界上拥有最大并且最为成功的客户所有金融服务体系的国家之一。除了商业银行，澳大利亚还有遍及城乡、社区的非银行金融机构和金融服务代理机构，如信用合作社、建筑协会和互助银行都是客户所有的授权存款机构，通过互助原则组建起来，实行客户成员享有同等的话语权，即"一人一票"制，以服务成员和社区为经营宗旨。截至2015年末，澳大利亚共有71家信用合作社、6家建筑协会和14家互助银行。在创建之初，这些经济互助组织在会员内部进行存贷款。随着金融市场的开放，这些机构开始从事大量商业银行业务，如抵押贷款、投资理财、电子银行、网上银行和保险业务等。

（二）非授权存款机构（Non – ADIs）

注册金融公司（Registered Financial Corporations，RFCs）在澳大利亚作为借贷双方的中介机构，由于不能吸收存款，其融资来源于批发债务工具。注册金融公司不受澳大利亚审慎监管局（APRA）的监管。

从20世纪90年代到2008年国际金融危机爆发，澳大利亚的证券化市场发展迅速。2007年，证券化机构资产占金融体系的7%。资产支持证券（ABS）在澳大利亚债券市场占30%，发行量约为2800亿澳元，其增长速度超过了澳大利亚债券市场其他券种的发展，但危机中有所萎缩。

（三）保险公司

澳大利亚保险业的规范法律主要是《1973年保险法》和《1995年人寿保险法》。澳大利亚保险业的监管机构是澳大利亚审慎监管局。保险公司分为两大类：人寿保险公司和财产保险公司。

澳大利亚人寿保险业在过去30年间发生了重大变化，并呈现出两个特征。第一个特征是银行控股集团纷纷进入人寿保险行业，并占据重要地位。第二个特征是行业集中度高，2013年末，最大的5家人寿保险公司的资产占全行业资产的80%，保费收入占整个行业的三分之二。

澳大利亚人寿保险业中的另一个小分支是友好互助协会，其资产低于行业总资产的3%。截至2013年6月，澳大利亚共有13家友好互助协会，管理63亿澳元资产，其中最大的2家机构资产规模占整个行业资产规模的50%。

澳大利亚财产保险行业发展较快。截至2014年3月末，澳大利亚有117家保险公司，其中再保险公司12家。保险业资产总额达1130亿澳元。

（四）基金公司

近年来，澳大利亚基金业蓬勃发展，得益于多种因素：庞大的投资群体、成熟和富有创新力的金融市场、国际优秀的金融机构参与者、不断创新的金融产品、高效的监管者以及最重要的强制养老金机制（超年金基金）。截至2013年6月末，澳大利亚基金业管理的资产为2.13万亿澳元，其中73%的资产是超年金基金（Superannuation）管理的资产。

二、金融市场

澳大利亚金融市场参与者众多，包括个人投资者、超年金基金、基金管理公司、国内和外资银行、交易商和经纪人等。澳大利亚金融市场发达，大部分金融市场排在全球前十位。澳大利亚证券市场较为成熟，澳大利亚证券交易所（ASX，以下简称澳交所），是世界第五大股票交易市场。截至2012年，共有2,200家企业在ASX上市，流通总市值1.41万亿澳元。澳大利亚约有100家证券公司从事证券经纪业务和投资银行业务，有1,000多家基金管理公司投资于证券市场。澳大利亚最大的金融市场是衍生品和外汇市场。澳大利亚拥有亚洲最大的利率衍生品市场，世界排名第五位。澳元是世界第五大交易货币。与其他市场相比，债券市场发展较慢，特别是公司债市场。

三、支付结算体系

澳大利亚拥有高效、安全、稳定和便捷的支付结算系统。澳大利亚储备银行是支付体系的法定监管机构。此外，支付清算协会（Australian Payments Clearing Association）是行业自律组织。支付方式主要包括现金、支票、借记卡、贷记卡和直接入账。支付系统主要有储备银行信息和转账系统（RITS）、证券结算系统即结算所电子附属登记系统（CHESS）和债券电子登记和结算系统（Austraclear）。

四、中央银行与货币制度

澳大利亚储备银行（RBA）是澳大利亚的中央银行，由澳大利亚政府全资所有。根据 1959 年《储备银行法》，澳大利亚储备银行于 1960 年 1 月 14 日正式行使中央银行职能，总部设在悉尼，其前身是澳大利亚联邦银行。1998 年，全新的金融监管当局——澳大利亚审慎监管局成立，对所有存款机构、人寿保险公司、普通保险公司和超年金基金实施监管的职能，随之从澳大利亚储备银行分离出去。

澳大利亚储备银行的组织结构包括管理层、运营层和分支机构三部分。管理层的核心是储备银行委员会[1]和支付体系委员会。储备银行委员会负责除支付系统政策以外的其他所有政策的制定，其主席由储备银行的行长担任、副行长担任副主席。支付体系委员会负责支付系统政策的制定，储备银行行长兼任其主席，负责金融系统的储备银行行长助理是其副主席。此外，储备银行还设有审计委员会、薪酬委员会、执行委员会和风险管理委员会。储备银行运营层包括：银行部、支付清算部、资产管理部、金融管理部、员工服务部、信息科技部、货币发行部、经济分析部、经济研究部、国内市场部、国际部、支付政策部、金融稳定部、审计部、人力资源部、信息部、风险合规部、秘书部，以及澳大利亚印钞有限公司。澳大利亚储备银行在南澳大利亚、维多利亚、昆士兰州以及西澳大利亚设有四个区域性办事处，主要负责分析地区经济情况，沟通货币政策执行情况等职责；随着央行业务处理集中化程度的提高，澳大利亚储备银行在国内的分支机构逐渐减少至在堪培拉的唯一一家分行，主要负责银行及登记服务（Banking and Registry Services）的操作性业务。此外，澳大利亚

---

1 储备银行委员会由9名成员组成，来自储备银行的两名法定成员（行长和副行长）、财政部秘书长和6名非执行成员。

储备银行在北京、伦敦和纽约设有代表处。

澳大利亚储备银行的主要职能有六项：一是制定和执行货币政策。货币政策的目标可概述为：保持澳大利亚货币币值的稳定、维持澳大利亚充分就业、促进澳大利亚人民的福利和经济繁荣。二是持有管理外汇储备和黄金储备。定期在外汇市场开展交易活动以满足客户的外汇需求，协助维持国内的流动性。三是维护金融稳定。澳大利亚储备银行有责任缓解可能导致系统性金融风险的金融波动，为此，澳大利亚储备银行牵头成立了由储备银行、财政部、审慎监管局、证券投资委员会四个部门组成的金融监管理事会（The Council of Financial Regulators），储备银行的行长是其主席。四是确保支付系统的高效运行。对支付系统和各类支付工具进行监管，确保支付交易安全顺利进行。五是提供金融服务。澳大利亚储备银行向澳大利亚政府及政府机关提供支付、收款、账户管理等金融服务，同时也为国外中央银行和官方机构提供服务。六是现金发行。负责澳大利亚元纸钞的设计、生产和发行，反假币，确保居民对澳大利亚货币的信任。

澳大利亚的货币政策为实现其政策目标，均需通过货币政策框架来实施。澳大利亚货币政策框架几经变化。自 20 世纪 90 年代初，澳大利亚实行以消费物价的中期平均增长率为名义目标的通胀目标制，即将消费者物价指数在中期保持在 2%～3%。货币政策操作目标是货币市场隔夜贷款利率（即现金利率），储备银行委员会每次例会决定的目标现金利率水平通常会在第二天上午 9 点 30 分公布。目标现金利率水平公布后，市场会自动作出反应，使市场利率接近目标利率水平。储备银行利用公开市场操作，通过管理对货币市场中银行的资金供给，以保持现金利率尽可能地接近理事会所定的目标。公开市场操作方式主要有：通过回购协议和买卖政府债券的方式维持现金利率水平；通过常设信贷便利为银行提供资金来源；通过外汇掉期方式为银行融资；在二级市场上购买长期债券为市场提供多样化的期限结构。

作为一家独立的中央银行，澳大利亚储备银行对议会负责。但 1959 年《储备银行法》第 11 条还规定，储备银行在制定政策时，要与澳大利亚政府商议。简而言之，政府和中央银行需尽力在政策上达成一致。一旦政府和中央银行出现不可调和的争议，中央银行要以书面报告陈述其观点；财政部部长也要以书面报告向中央银行陈述政府的决定；然后财政部部长要书面陈述政府的决定优于中央银行决定的理由；最后，这些文件将呈交议会两院。自澳大利亚储备银行成立后，政府和中央银行发生的分歧都通过私下的商谈和讨论得到解决，并没有发生第 11 条规定所描述的情况。

澳大利亚元是澳大利亚的法定货币，由澳大利亚储备银行负责发行。目前在澳大利亚流通的货币有 5 澳元、10 澳元、20 澳元、50 澳元、100 澳元面额的纸钞，另有 5 澳分、10 澳分、20 澳分、50 澳分和 1 澳元、2 澳元金属货币。澳大利亚储备银行货币发行的最终目标是确保公众对澳元作为有效支付工具和安全财富储藏手段的信心。澳大利亚纸币为塑料材质；5 澳分、10 澳分、20 澳分、50 澳分硬币的成分是 75% 的铜和 25% 的镍；1 澳元、2 澳元硬币的成分是 92% 的铜，6% 的铝和 2% 的镍。

五、金融监管

20 世纪 80 年代末的金融动荡，促使澳大利亚各界对其金融自由化改革进行反思。根据 1996 年政府授权进行的金融体系调研——"维利斯调查"（Wallis Inquiry）——提交的报告建议，澳大利亚于 1998 年 7 月重组了金融监管架构，开始实行"双峰"监管。新的监管框架包括三个监管机构和一个监管理事会，分别负责不同层面的监管责任。"双峰"监管是根据金融监管的两大主要功能领域，将监管职责在不同监管机构中进行了分离，即一类负责对金融机构的审慎监管，控制金融体系的系统性风险，由储备银行（RBA）和审慎监管局（APRA）两大机构来负责；另一类负责监管市场投资行为，由澳大利亚证券投资委员会（ASIC）具体负责，以维护市场诚信、保护金融消费者和投资者权益。

澳大利亚储备银行（RBA）为澳大利亚的中央银行，负责制定和实施货币政策、发行货币、管理外汇储备、管理清算和结算、维护金融系统的稳定。储备银行有两个委员会：一是储备银行委员会，其主要任务是制定保持国家经济繁荣和维护人民福利的货币政策；二是支付系统委员会，其主要任务是维持澳大利亚金融体系在支付和结算方面的稳定性。此外，储备银行还具有干预危机或紧张情况的广泛权力。

澳大利亚审慎监管局（APRA）的主要职责包括：对银行、寿险及一般保险公司、养老基金，以及各种储蓄机构实行审慎监管，设定审慎监管标准和工具并具体实施机构监管来达成维护金融稳定的目标；对外资金融机构的市场准入及业务运行进行监督与管理。

澳大利亚证券与投资委员会（ASIC）是独立的联邦政府机构，成立于1998年，其前身是澳大利亚证券委员会（ASC）。ASIC主要负责对证券行业和市场实施监管，同时也负责在养老金、保险金、保证金领取和社会信用方面的消费者维权。ASIC的监管对象为各注册公司、审计师和清算师、金融服务从业者等。

为维护金融体系的稳定，澳大利亚主要监管机构之间还建立了定期协调机制——金融监管理事会（The Council of Financial Regulators），成员包括储备银行、审慎监管局、证券投资委员会和财政部四个部门。在金融监管理事会的大框架下，RBA与APRA、RBA与ASIC、APRA与ASIC、财政部与APRA互签有谅解备忘录，有助于确定彼此的职责、促进信息交流、确保机构间的协调与合作。

在澳大利亚金融监管体系下，还有多层次的其他管理机构和行业自律性组织，如澳大利亚金融市场协会（The Australian Financial Markets Association，AFMA）、澳大利亚投资与金融服务协会（The Investment and Financial Services Association，IFSA）、澳大利亚金融安全协会（The Australian Financial Security Authority，AFSA）、澳大利亚银行家协会（The Australian Bankers' Association，ABA）。

第二节　金融深化与经济发展

澳大利亚先后两次参与全球化浪潮，第一次是在19世纪后期到20世纪初期（1901年，澳大利亚联邦成为一个现代意义上的国家）；第二次是始于20世纪80年代的经济金融改革，使澳大利亚经济再次融入全球经济，其中金融改革在促进澳大利亚经济融入全球化进程中发挥了重要作用。金融放松改革完成之后，澳大利亚联邦政府随即致力于将悉尼打造成亚太地区首届一指的金融中心，并设立了专门机构——澳大利亚投资局（Invest Australia）负责相关发展工作。

一、金融改革与深化

20世纪30年代，受世界经济萧条和第二次世界大战的影响，澳大利亚经历了非常严重的经济衰退期，暴露出其金融体系的脆弱，极易受外来冲击的影响。为此，澳大利亚政府对金融业实行了严格的中央管制。管制政策包括：对银行存贷款实行利率封顶；对银行贷款采取限制性的管理控制；实行汇率管制，将澳元与英镑挂钩，并在1971年后转为与美元挂钩；对外汇供应采取中央银行审批制度；限制外国投资。在金融管制时期，只有澳大利亚政府和4个州政府经营银行业务，此外，每个州政府经营的保险业务大多是垄断性的。私人金融机构被严格管制，除股票市场外，金融市场的发展受到严格监控。

20世纪70年代，随着金融机构以及业务活动的增长超出了监管范围，澳大利亚金融体系中职能失调的现象日益增多，第二次世界大战后建立起来的监管体系已经变得高成本、低效率，难以达到预定目标。为此，1979年1月，澳大利亚成立金融体系调查委员会，即坎贝尔委员会，开启了金融自由化改革。坎贝尔委员会认为，只有在公开的竞争环境，金融体系效率才会得到最大的提高。它们提出建立一个完备的国库券交易体系、推动利率市场化、取消外汇管制、实行浮动汇率制度、市场准入放开等一系列金融自由化方案。这些方案的实施有效促进了澳大利亚整体金融体系的发展，为消费者提供了更广泛的金融服务和产品。澳大利亚的金融深化程度得到很大的提高。

金融自由化之后，由于金融机构风险管理的薄弱，以及金融审慎监管安排的缺失，澳大利亚于20世纪90年代初出现了严重的信贷泡沫。对此，澳大利亚监管机构在90年代上半期加强了对金融业的审慎监管与改革，引入了一系列监管措施，包括联邦储备银行对银行进行有针对性的、以风险管理为主的现场检查；加强整体性监管，如对银行及其附属的非银行金融机构施加整体性的风险敞口限制；在会计专家的协助下，出台有关不良资产度量与报告的指引；将国有银行的监管权划归联邦银行；明确审计和银行主管在风险管理失察中的责任；成立澳大利亚金融机构委员会统一存款性机构监管标准；通过生命保险法案。

20世纪90年代后期，金融混业经营和金融衍生品的快速发展，对澳大利亚的分业监管体制提出新的挑战。于是，1996年澳大利亚政府继坎贝尔委员会之后，又成立了维利斯（Wallis）金融体系调查组，开展了一场从效率、竞争和灵活性着手，旨在提高金融体系监管的绩效性、稳定性、完整性和公平性的调查。1997年提交了一份被称作"维利斯金融体系调查"的报告，其中的建议为澳大利亚现行的金融监管体系奠定了基础。根据维利斯金融体系调查报告的建议，澳大利亚政府将监管功能中的审慎监管和金融消费者保护分开，确立了审慎监管和金融消费者保护的"双峰"监管框架。新成立的澳大利亚审慎监管局负责银行、建筑协会、信用合作社、保险公司和养老基金的审慎监管，实现了监管的一致性，降低了监管不足和监管套利的可能性。

进入21世纪，澳大利亚金融监管理念继续延续维利斯金融体系调查报告的"双峰"监管理念，一方面实施《巴塞尔协议Ⅱ》，加强审慎监管，另一方面提高金融产品信息披露要求，加强投资者保护。依靠"双峰"模式，澳大利亚金融体系成功抵御了2008年国际金融危机的冲击。

国际金融危机之后，澳大利亚金融监管改革吸取了危机以后国际金融监管改革的措施和建议。在审慎监管方面，澳大利亚审慎监管局要求银行业自2013年1月开始正式实施《巴塞尔协议Ⅲ》，并鉴于澳大利亚金融业混业经营程度的提高，澳大利亚审慎监管局在原先对单一机构的一级监管和对同业金融集团的二级监管的基础上，提出建立对混业金融集团的三级监管框架。在加强投资者保护方面，澳大利亚政府开启了名为"金融咨询前景"（Future of Financial Advice，FOFA）的改革，就金融顾问的信托责任、金融顾问服务的收费等方面作出相关规定；成立全国金融申诉专员服务机构（Financial Ombudsman Service，FOS）；颁布和实施了《全国消费信贷法规》等。

二、国际金融中心建设与经济发展

20 世纪八九十年代的金融放松改革完成之后，澳大利亚联邦政府随即提出了致力于向外国投资者开放金融领域、打破金融机构之间的竞争壁垒、促进金融服务机构之间展开竞争、深化金融市场、鼓励金融创新，并在此基础上致力于将澳大利亚打造成亚太地区首屈一指的金融中心的目标，并设立了专门机构——澳大利亚投资局负责悉尼国际金融中心的发展工作。

经济持续高速增长有力推动悉尼国际金融中心发展。根据国际货币基金组织公布的《2015 年第四条款磋商报告》数据，澳大利亚 GDP 平均增长率从 1998 年至今保持在 3.25%，是同类国家发展速度的两倍，并且在 25 年内未曾发生过技术性经济衰退。澳大利亚人均收入增长迅速，2014 年人均收入 6.1 万美元，居全球之首。

稳定的政治环境、良好的政府与企业财政状况，为金融中心的健康发展创造了条件。澳大利亚政治稳定，政府主权评级优等，财政状况良好（净债务在 GDP 中的占比为 15%，远低于 G20 发达国家的均值 79%），金融机构稳健，经济政策框架对宏观、微观经济因素反应敏锐。这些都为悉尼成为国际性金融中心提供了良好的外部环境。

金融市场与金融创新快速发展是金融中心发展的有利条件。金融业是澳大利亚经济发展的重要产业，其金融发展指数从多方面看都在全球排名靠前。澳大利亚拥有亚太地区（除日本之外）最大的股票市场、基金管理业，其基金既有开展广泛战略投资的对冲基金业，也拥有亚太地区最大、全球第二大（仅次于美国）的房地产投资信托市场和亚太地区最大的（除日本之外）养老基金业务。澳大利亚还有增长最快的外汇交易市场。自从 1983 年澳元自由浮动以来，澳大利亚外汇交易市场已成为最具流动性的全球性市场之一。此外，澳大利亚交易清算系统发达，能提供及时、有效的清算服务。悉尼国际金融中心的交易时段承接欧美市场，具有较好的价格传导和价格发现功能。

澳大利亚金融监管体系相对完善，为国际金融中心的发展提供了良好的金融环境。20世纪80年代末的金融动荡，促使澳大利亚各界对其金融自由化改革进行反思。90年代中后期开始对金融监管体制进行大幅度调整，建立了新的监管框架，包括澳大利亚储备银行、澳大利亚审慎监管局和澳大利亚证券投资委员会三个监管机构和一个监管理事会——澳大利亚金融监管理事会。新的监管体制分工明确、合作密切，有力地保证了澳大利亚金融业的健康发展，这也是悉尼国际金融中心健康发展不可或缺的重要条件。

第二章

金 融 机 构

澳大利亚金融体系庞大而稳健。主要金融机构包括授权存款机构（银行、建筑协会、信用合作社等）、非授权存款机构（注册金融公司、证券化公司）、保险公司和基金公司（超年金基金等）等。

第一节　授权存款机构

澳大利亚授权存款机构（Authorized Deposit – taking Institutions，ADIs）是指依据澳大利亚《1959 年银行法》（*Banking Act* 1959）授权可吸收存款业务的金融机构，其业务接受澳大利亚审慎金融监管局（APRA）的审慎监管。授权存款机构包括银行、建筑协会、信用合作社和其他授权存款机构（指提供储值支付服务和专门信用卡的机构）四大类机构。

截至 2014 年 3 月末，全澳大利亚共有 70 家银行、9 家建筑协会、85 家信用合作社和 7 家其他授权存款机构，所有授权存款机构资产总额达 3.96 万亿澳元。其中，银行资产总额达 3.88 万亿澳元。澳本土四大银行——澳大利亚国民银行（NAB）、澳大利亚联邦银行（CBA）、澳新银行（ANZ）和西太平洋银行（Westpac）构成银行体系的主体，资产总额达 3.1 万亿澳元，占授权存款机构资产总额的 78.4%。建筑协会、信用合作社和其他授权存款机构的资产分别为 233 亿澳元、411 亿澳元和 72 亿澳元，共占授权存款机构资产总额的 1.8%。[1]

1　数据来源：Quarterly Authorised Deposit – taking Institution Performance（http://www. apra. gov. au/）。

一、银行

银行是从事银行相关业务的授权存款机构，银行业务指吸收存款、提供贷款以及根据《1959 年银行法》规定[2] 的相关业务。根据澳大利亚审慎金融监管局规定，申请银行经营资格的金融机构，其核心资本必须达到5,000 万澳元。截至 2014 年 3 月末，澳大利亚一共有 70 家银行（四大国内银行、16 家其他国内银行、8 家外资银行子公司和 42 家外资银行的分行）。

澳大利亚的银行业体系健全并且资本充足，银行规模在全球范围内相对较大，具有强健的零售业务基础，在理财管理方面也具备很强的能力。此外，澳大利亚银行完善的商业、贸易金融和企业咨询服务也在本地区具有良好的声誉。根据 2014 年 2 月标准普尔公司发布的报告，由于澳大利亚银行业利润不断上升而坏账数量不断减少，澳大利亚是 86 个接受银行业风险评估国家（地区）中风险最低的国家之一。其银行业被列为全球最安全的五大银行业之一，排在瑞士之后，与加拿大、德国和中国香港的银行业处于同级水平。

澳大利亚金融机构电子化服务的设施较为先进，绝大多数的银行交易都可通过自动柜员机、售货点电子转账终端、电话银行和网上银行实现，只有少于 20% 的业务通过银行在各地的分支机构来做。

（一）银行业的发展历史

澳大利亚的银行发展历史可以分为四个阶段，即私人银行阶段、联邦银行阶段、储备银行阶段和自由化阶段。

1. 私人银行阶段（1817 – 1911 年）

1817 年，麦格里在任新南威尔士州总督期间，鉴于货币的无政府状态，成立了澳大利亚历史上最早的银行，即新南威尔士银行（Bank of New South Wales）。成立目的是使之成为货币发行银行，提供稳健的货币。1982 年，该行更名为西太平洋银行。

---

2 《1959 年银行法》第 5（1）部分。

随后，澳大利亚的私人银行业得以发展。在那个时期，银行吸收存款，再通过票据贴现的方式将资金贷出。没有中央银行，银行可以自己发行货币。每家私人银行的盛衰都建立在各自的信誉之上。只要它们的资产被认为是安全的，它们所发行的货币就可以自由流通。

在经济发展良好时期，银行可以通过发钞迅速扩大资产负债表，但当出现经济恐慌时，人们就会要求银行承兑他们手中的货币，银行承担所有的损失。这种现象在 19 世纪频繁发生，并不断发展到巅峰。19 世纪 80 年代，澳大利亚房地产市场的投机热潮，引发了 1893 年银行业危机。由于政府缺少对已成立银行的监管，12 家银行在 6 个星期内倒闭，这些银行当时占据了澳大利亚银行资产的 2/3。

2. 联邦银行阶段（1911－1957 年）

银行业不断发生的危机促成了中央银行的建立。1911 年，澳大利亚联邦政府成立了联邦银行（Commonwealth Bank），发行的货币由国家担保。联邦银行和之后成立的储备银行发行的货币，始终被用作法定货币。自1920 年起，澳大利亚联邦银行开始履行部分中央银行职能，并在第二次世界大战期间得以扩展。

在这个阶段，银行业其他问题也得到缓解。1894－1979 年，只有 3 家银行倒闭，并且都发生在 1931 年。

第二次世界大战期间，银行业得到更加严格的管制，由中央银行统一规定透支利率、法定存款准备金比率和流动资产比率。

3. 储备银行阶段（1957－1983 年）

1960 年 1 月 14 日，澳大利亚联邦银行履行的中央银行职能转入了新成立的澳大利亚储备银行（Reserve Bank of Australia）。在这段时期，银行业受到严格监管。随着 20 世纪 50 年代战后经济的繁荣发展，银行在各种限制中开始发生矛盾和摩擦。金融公司（Finance Company）迅速发展起来，它们不受中央银行管制，可以为国内客户提供汽车、住房和公司等各种贷款。

一个边缘银行体系开始出现。持牌银行继续受到监控，但是金融公司、商人银行、外资银行甚至州立银行并不受澳大利亚储备银行监管。

这些边缘体系中的银行家于20世纪70年代和80年代大批涌现的企业牛仔（Corporate Cowboy）和投机商之间有着必然的联系。投机商期待获取100%的利润，所以也并不在意支付10%或20%的利息。当然它们也为银行家赚得了高额利润，但有时这些利润会直接充作贷款资本给投机商，如果投机商经营失败，则贷款永远无法偿还。或许经过十余年的时间，损失可以挽回，但银行家可能也已退休。

银行，特别是边缘银行，不断提供不良贷款的原因在于，一是可以从高风险行业获得高额利润，二是迫于争取或保持市场份额的压力。

从20世纪70年代开始，金融体系开始震荡起来。1971年倒闭的矿业证券公司（Mineral Securities）引发了澳大利亚1893年以来最严重的货币恐慌。1974年，干线和剑桥信贷公司（Mainline and Cambridge Credit）倒闭。1977年，南澳大利亚和昆士兰州的建筑协会出现恐慌，两家银行所有的金融公司由它们的母行出手相救。1979年，联合证券公司（Associated Securities）倒闭，阿德莱德银行（Bank of Adelaide）被澳新银行收购。

4. 自由化时代（1983年至今）

1983－1985年，澳大利亚放松了对金融体系的管制：1983年12月，取消外汇管制，澳元开始自由浮动；1984年，颁发40份外汇兑换许可证；1985年，为16家外资银行颁发经营许可证。

这进一步加速了贷款竞争。银行开始降低贷款安全标准和利率，疯狂地借贷给牛仔公司。当牛仔公司倒闭后，银行的损失高达上百亿澳元。澳大利亚的四大银行在20世纪80年代都受此影响，并从中得到了教训。

（二）四大银行

澳大利亚银行体系的主体由四大银行——澳大利亚国民银行（NAB）、澳大利亚联邦银行（CBA）、澳新银行（ANZ）和西太平洋银行（Westpac）构成。截至2014年3月底，四大银行资产约占全部银行资产的80%。四大银行均是澳大利亚证券交易所（ASX）市值排名前五十位的上市公司，全球银行排名在前50位。

1. 澳大利亚国民银行（NAB）

澳大利亚国民银行（National Australia Bank）是澳大利亚最大的银行。

总部位于墨尔本，全球化的网络覆盖澳大利亚、美国、英国、新西兰，以及中国香港、新加坡、日本等亚洲地区。2013 年 9 月 30 日，资产总额达到 8084.27 亿澳元。澳大利亚国民银行，在自然资源、能源和基础设施、农业领域的金融服务方面，具有独特的优势。

澳大利亚国民银行成立于 1893 年。前身是成立于 1858 年的"澳大拉西亚国民银行"（National Bank of Australasia Ltd.）。最早业务主要集中在维多利亚州，后来一些区域性银行不断加入。

1858 年 10 月 4 日，亚历山大·哥比（Alexander Gibb）和安德鲁·克鲁克香克（Andrew Cruickshank）一起在墨尔本创立了澳大利亚国民银行，并于同年在南澳大利亚建立了第一个分行；随后，向全澳大利亚推进——塔斯马尼亚岛分行（1859 年）、西澳大利亚分行（1866 年），新南威尔士分行（1885 年）和昆士兰分行（1920 年）。当时，澳大拉西亚国民银行获维多利亚政府授权，可以发行法定货币。

1859 年，澳大拉西亚国民银行的第一间海外分行在毛里求斯开业，但不到一年就被迫关闭了。随后，于 1864 年在伦敦设立分行，获得成功。1893 年，澳大拉西亚国民银行未能在银行危机中幸免，被迫倒闭。当年 6 月 23 日，总经理富兰克·史密斯（Frank Grey Smith）将原本关门的银行进行合并重组后，成为一家有限责任公司再度营业。

此后，澳大利亚国民银行不断扩大海外市场，并在兼并收购过程中壮大。20 世纪 80 年代陆续在北京、芝加哥、首尔、吉隆坡、法兰克福、台北等地设立代表处或开办分行业务。1981 年 10 月 1 日，与悉尼商业银行（Commercial Banking Company of Sydney）合并后，成立澳大利亚国民商业银行股份有限公司（National Commercial Banking Corporation of Australia Limited），随后更名为"澳大利亚国民银行有限公司"（National Bank of Australasia）。1983 年公司化，1984 年成为有限公司。1987 年收购了苏格兰克莱兹代尔银行（Clydesdale Bank）和北方银行（Northern Bank）；1990 年收购了英格兰和威尔士的约克郡银行（Yorkshire Bank）；1992 年收购了新西兰银行（Bank of New Zealand）；1997 年收购了美国佛罗里达州从事房产抵押服务的公司 HomeSide Lending；2000 年收购了澳大利亚资产管理公司 MLC，完成了澳大利亚历史上最大的一次公司合并。

2. 澳大利亚联邦银行（CBA）

澳大利亚联邦银行（Commonwealth Bank of Australia），是澳大利亚第二大商业银行，成立于 1912 年。该行在国内市场中占有坚实的地位，拥有最大的客户群和最大的金融服务网点。

澳大利亚联邦银行近百年来一直关注于金融服务，其南极星标志在澳大利亚是最广为人知的品牌，在市场策略全球化之后，其业务已遍布澳大利亚、英国、美国等 15 个国家和地区。2013 年 6 月 30 日，资产总额达到 7538.76 亿澳元。

澳大利亚联邦银行业务涉及保险、基金管理、银行、退休计划、证券等内容。该行不仅以提供综合性金融服务著称，而且还拥有资产管理品牌"康联首域"（Colonial First State）和网上经纪服务品牌"联邦证券"（CommSec）和"西澳银行"（BankWest）。凭借多年来良好的经营状况，CBA 分别获得惠誉国际、穆迪投资及标准普尔的 AA 级、Aa3 级及 AA－级信贷评级，是世界银行之中最稳健的银行之一。

CBA 是澳大利亚最主要的房地产信贷银行、最大的信用卡发行银行、最大基金经理、最大零售退休金管理公司和最大人寿保险公司，2000 年与 Coloniae 集团合并缔造了有史以来最大的商业合并。其于 2001 年、2002 年连续两年被评为澳大利亚最佳银行，被《商业周刊》评为澳大利亚第四大企业及世界千强中第 178 位，《远东经济评论》中亚洲 200 强中排名第五，同时是澳大利亚第五大市值上市企业，成为摩根士丹利全球股票指数成分股。

澳大利亚联邦银行于 1911 年在安德鲁·费舍尔（Andrew Fisher）的工党政府支持下的《1911 年联邦银行法》成立，是一所国有化银行，并兼有中央银行的作用。这也是第一所由联邦政府支持和保证的银行。联邦银行在当时既具有央行的作用，又有普通银行的功能，比如存储业务等。联邦银行的第一所分行于 1912 年 7 月 15 日在墨尔本成立。1913 年，在六个州逐步建立了不同的分行。1916 年总部迁到了悉尼，并随澳大利亚军队在新几内亚成立了第一所分行。1920 年，联邦银行取代了财政部的部分职能，如发行货币。但在 1920 年以后其中央银行的职能逐渐增强。第二次世界大战以后，由于经济形势的相对好转和在第二次世界大战中通过的法律条文，使联邦银行的权力进一步扩大，得到了基本上拥有央行的所有权限。这也是当时政府的意图。由于第二次世界大战后大量移民涌入澳大利亚，联邦政府试图用 1945 年的《联邦政府银行法案》使各个州的银行也效仿联邦政府对银行的控制，但是澳大利亚高等法院最终宣布此举的非法性，所以导致澳大利亚央行与澳大利亚联邦银行分家的决定。澳大利亚政府于 1961 年成立了现在的澳大利亚央行——澳大利亚储备银行。

1959 年，立法保留了其企业组织成立了澳大利亚储备银行，执行中央银行的职责；同时其商业和储蓄银行服务转到一个新的机构，并保留了澳大利亚联邦银行的名字。1911 年公布的联邦银行法案只赋予了联邦银行商业银行和储蓄银行的一般职能，不具备发行货币的权力。行长负责联邦银行的管理。联邦银行于 1912 年开业，联邦财政部从私有贸易银行和昆士兰政府手中接管了货币发行的职能。澳洲联邦银行是当时澳大利亚联邦政府唯一拥有的国有独资商业银行。澳洲联邦银行改制是在澳大利亚银行业放松管制、市场竞争等一系列因素推动下进行的。1990 年 12 月，澳大利亚政府和议院通过澳大利亚联邦银行重组法案。该法案旨在将澳大利亚联邦银行变成一个按澳大利亚《公司法》要求成立的上市公司。1996 年 7 月，澳大利亚政府再次减持余下的 50% 澳大利亚联邦银行股份，所得款项再一次成为联邦政府的财政收入。澳大利亚联邦银行股改后，不但在提高利润率和降低成本上取得实效，而且几乎在所有衡量经营业绩指标方面都超过其澳大利亚银行界的竞争对手，更为重要的是，澳大利亚整体银行业变得更为稳定和强壮。

1994 年初，在澳大利亚政府的支持下，澳大利亚联邦银行制定了把中国作为重点对象的亚洲发展计划，长期致力于推动中澳贸易发展。2000 年同中国人寿保险公司合资成立中保康联人寿保险有限公司，持股 49%，在北京设立直接投资基金——康联马洪投资管理公司。2004 年入股济南市商业银行，持股 11%。2005 年 4 月 21 日，澳大利亚联邦银行同杭州市商业银行正式签约，斥资 6.25 亿元人民币入股 19.9%。2005 年 4 月 25 日，澳大利亚联邦银行在上海正式宣布，以 1280 万元人民币收购其全部股权，成立澳金投资咨询（上海）有限公司。

3. 澳新银行（ANZ）

澳大利亚和新西兰银行集团有限公司（Australia and New Zealand Banking Group Limited，ANZ），简称澳新银行，是澳大利亚四大主要银行之一。同时，在收购新西兰国民银行（The National Bank of New Zealand）后成为新西兰第一大银行。银行的大部分利润来自澳大利亚。2013 年 9 月 30 日，资产总额达到 7,029.91 亿澳元。

澳新银行的全球总部位于墨尔本，即其前身澳亚银行在 1835 年首次开业的地方。澳新银行在世界各地拥有 1,190 个网点，在澳大利亚拥有 742 个分行。澳新银行为《财富》500 强公司并且为全球银行界中具有很高声誉的商业银行。

澳新银行提供全面的商业银行产品和服务。在澳大利亚，澳新银行已连续多年获得年度最佳银行奖。澳新银行的风险管理，包括其健全的内部控制制度，现在被国际银行业广泛认可为全球最佳实践模式。澳新银行的风险管理制度，包括内部控制制度的有效性也反映在国际评级机构历年来对澳新银行的高评级上。澳新银行认识到完善的内部控制体系，尤其是有效的风险管理体系对于业务成功的重要性。澳新银行的风险职能独立于业务部门，明确由董事会授权，在一个完善的框架内运作。

澳新银行历史悠久。最早是 1835 年在悉尼成立的澳大利亚银行（Bank of Australia），此后在 1951 年与澳大利亚联合银行（Union Bank of Australia）合并，1970 年又与英格兰、苏格兰和澳大利亚银行有限公司（English，Scottish and Australian Bank Limited）完成了当时澳大利亚最大的银行合并，成立了澳大利亚和新西兰银行集团有限公司。

20 世纪 90 年代亚洲金融危机后，澳新银行是首批重返亚洲的澳大利亚银行之一。澳新银行集团在中国、印度尼西亚、菲律宾、柬埔寨和越南都有投资。此外，它正在考虑重新进入印度市场。

澳新银行与中国的交往源于 1948 年与中国银行建立代理行关系。澳新银行在中国北京和上海都设有分行，是较早进入中国市场的外资银行之一。1986 年，澳新银行在北京设立办事处，1993 年设立了上海分行，1997年北京办事处升为分行。澳新银行上海分行经中国人民银行核准，已于2002 年获得了中华人民共和国金融机构（外资）营业许可证，为中国居民和中资企业提供全面外汇业务。同时受益于 WTO 条款的实施，澳新银行上海分行的经营地域范围将从原来的上海、江苏和浙江扩展为上海、江苏、浙江、深圳、青岛、大连和天津。

此后，2011 年 3 月 24 日，澳新银行在重庆设立中国西部首家分行，致力于支持重庆发展成为中国西部地区的金融中心。2012 年 1 月，澳新银行杭州分行开业。

4. 西太平洋银行集团（Westpac Group）

西太平洋银行集团（Westpac Group）是澳大利亚第一家银行，拥有近200 年的历史。其前身是成立于 1817 年的新南威尔士银行（Bank of New South Wales），1982 年在收购澳大利亚商业银行（Commercial Bank of Australia）后更名为西太平洋银行，总部设在悉尼。

西太平洋银行的分行及联营机构遍布太平洋地区和世界各地的主要金融中心。2013 年 9 月 30 日，资产总额达到 6,966 亿澳元，雇员多达35,597 人。集团业务主要涵盖三大分支，即澳大利亚金融服务（Australian Financial Services，AFS）、西太平洋机构银行（Westpac Institutional Bank）和西太平洋新西兰（Westpac New Zealand），为 1,200 万客户服务。

西太平洋银行在协助客户达成其财务目标方面，拥有 192 年的丰富经验。在亚洲和澳大利亚，有专门的团队通晓不同文化、不同语言及当地市场，同时也提供多种语言服务，协助新移民和新企业满足其银行服务需求。

西太平洋银行主要业务集中在澳大利亚、新西兰及太平洋岛屿。西太平洋银行于 1995 年与西澳大利亚的挑战银行（Challenge Bank）合并，1996 年与新西兰信托银行（Trust Bank New Zealand）合并，1997 年与维多利亚州的墨尔本银行合并。

西太平洋银行在五个主要业务范围内经营。

（1）商业及零售银行服务（Business and Consumer Banking），包括接

受存款、提供存取账户、信用卡及其他信贷服务。

（2）财富管理（Wealth Management），包括在澳大利亚和新西兰的资本管理、投资管理及人寿保险业务。

（3）西太平洋机构银行（WIB）为公司及机构客户提供理财服务，为澳大利亚和新西兰的公司及机构在现金、经费、资金及市场风险管理方面提供协助和意见。

（4）新西兰零售银行服务（New Zealand Retail）为新西兰各地客户提供全面的零售及商业服务，是当地中小型企业的主要银行服务供应商，同时为新西兰政府提供银行服务。

（5）太平洋银行服务（Pacific Banking）为个人及商业客户提供全面的存款、贷款、存取账户及国际贸易设施服务。在某些地区，还提供财务公司和汽车贷款业务。

（三）其他银行

在澳大利亚，除了四大国内银行在整个零售和商业银行业务中所占的份额最大，其他比较大的国内零售银行还有新科—美威银行（Suncorp-Metway Limited）、麦格理银行（Macquarie Bank Limited），本迪戈和阿德雷德银行（Bendigo and Adelaide Bank Limited）以及昆士兰银行（Bank of Queensland Limited）。

澳大利亚还吸引了众多外资银行，福布斯25强银行中已有20家银行落户澳大利亚。在持有子公司或分行牌照的外资银行中，荷兰ING集团、苏格兰银行、花旗银行、德意志银行和汇丰银行在澳大利亚的银行在资产方面是占据份额最大的几家。此外，还有众多其他外资零售银行为特定的移民客户群体服务，其中包括阿拉伯银行、中国银行、塞浦路斯银行和贝鲁特希腊银行等。

二、客户所有银行业（Customer Owned Banking）——信用合作社、建筑协会和互助银行

澳大利亚是世界上拥有较大并且较为成功的客户所有金融服务体系的国家。信用合作社、建筑协会和互助银行都是客户所有的授权存款机构

（ADIs），通过互助原则组建起来，实行客户成员享有同等的话语权，即"一人一票"制，以服务成员和社区为经营宗旨。目前，澳大利亚共有82家信用合作社、6家建筑协会和11家互助银行。

（一）发展现状

截至2014年6月，澳大利亚客户所有银行业资产总额已达877亿澳元，年增长率达3.8%。信用合作社、建筑协会和互助银行在家庭储蓄市场的份额约占10.4%。作为一个整体，信用合作社、建筑协会和互助银行在澳大利亚家庭储蓄市场中排名第五位。

澳大利亚客户所有银行业为400万成员服务，占澳大利亚总人口的五分之一。其中，新南威尔士州和南澳大利亚州分别有27%和26%的人口是客户所有银行的成员。

表2.1 澳大利亚最大10家客户所有银行业机构

单位：亿澳元

排名	机构	资产总额
1	CUA	90
2	Heritage Bank	80
3	Newcastle Permanent	75
4	People's Choice Credit Union	61
5	IMB	49
6	Greater Building Society	48
7	Teachers Mutual Bank Limited	40.8
8	Community CPS Austria	35
9	P&N Bank	29
10	Bankmecu	28

资料来源：Building Societies and Credit Unions：2011。

（二）经营优势

信用合作社、建筑协会和互助银行都是以互助的形式构建起来的，它们的客户也是机构所有人，其服务客户的宗旨与外部股东的利益之间没有冲突。客户所有银行机构能最大限度地满足客户的要求，诸如客户所关注的问题、能给客户带来社区归属感、提供业务指导、经营有诚信、程序简便、价格优惠等。

作为一个整体，信用合作社、建筑协会和互助银行在市场占有率方面仅次于四大银行，在全澳大利亚有广泛的营业网点。

在产品和服务方面，信用合作社、建筑协会和互助银行大多能提供全方位的个人银行服务。所提供的贷款利率一般低于四大银行，储蓄投资账户和 90 天定期存款的利率，也优于四大银行。

信用合作社、建筑协会和互助银行资本充足。根据澳大利亚审慎监管局 2014 年 3 月数据统计，信用合作社和建筑协会的资本充足率均超过四大银行 5% 左右（四大银行资本充足率为 11.9%，信用合作社资本充足率为 16.7%，建筑协会资本充足率为 17.5%）。

（三）行业监管

澳大利亚信用合作社、建筑协会和互助银行都是政府批准的授权存款机构（ADIs）。根据《1959 年银行法》，所有授权存款机构都受到澳大利亚审慎监管局（APRA）密切监管——银行、信用合作社、建筑协会和互助银行都遵守同样的、严格的、法律强制执行的资本、流动性、风险管理和治理的审慎标准。

自 2012 年 2 月 1 日起，信用合作社、建筑协会和互助银行 25 万澳元以内的存款，都受到澳大利亚联邦政府提供的存款担保。

除了需要获得开展银行业务的许可牌照外，所有的信用合作社、建筑协会和互助银行还要持有澳大利亚金融服务执照（Australian Financial Services Licence，AFSL）。根据 2001 年的《公司法》，它们都接受澳大利亚证券与投资委员会（Australian Securities and Investments Commission，ASIC）的监管。AFSL 持有人有申请经营许可和信息披露等一系列义务。

此外，澳大利亚的信用合作社、建筑协会和互助银行还受到其他一系列法律的规范和约束，包括《消费信贷法》、《隐私法》（1988 年）、《反洗钱和反恐融资法》（2006 年）、《支付体系监管、电子资金转账管理规定》和《互助银行操作规定》等。

（四）行业协会

2006 年 7 月，澳大利亚信用合作社行业联合会（The Credit Union Industry Association，CUIA）和澳大利亚永久建筑协会联合会合并成立了共同的行业协会组织——建房协会和信用合作社联合会（The Association of Building Societies and Credit Unions，Abacus‐Australian Mutuals）。

2008 年 7 月，澳大利亚友好互助协会（Friendly Society）开始加入建房协会和信用合作社联合会。

2009 年 7 月，建房协会和信用合作社联合会成为上市有限公司。

2013 年 7 月，建房协会和信用合作社联合会更名为客户所有银行协会（Customer Owned Banking Association）[3]。

第二节　非授权存款机构

一、注册金融公司

注册金融公司（Registered Financial Corporations，RFCs）在澳大利亚作为借贷双方的中介机构，由于不能吸收存款，其融资来源于批发债务工具。注册金融公司不受澳大利亚审慎监管局（APRA）的审慎监管，但当机构资产超过 500 万澳元时，必须在 APRA 注册，并需履行相关的报告义务。若这些机构向客户提供信贷、出售金融产品或提供金融咨询，则需要符合澳大利亚证券投资委员会（ASIC）在信息披露、执照申请和经营方面的各项要求。同时，注册金融公司必须遵守《公司法》在市场运作及其他方面的规定。

注册金融公司在澳大利亚金融体系中的地位，在 2008 年国际金融危机后有所下降，2010 年 12 月其资产在金融体系中的占比低于 4%，2005 年占 6%。2010 年 12 月，在 APRA 注册的 130 家注册金融公司中，21 家是货币市场公司，其余的是金融公司。公司规模也大小不一，最大的公司资产高达 200 亿澳元，30 家左右公司规模在 1 亿澳元或 1 亿澳元以下。绝大部分货币市场公司由外资银行或证券公司所有，其业务与其他国家投资银行

3　该协会还代表着 13 家友好互助协会（Friendly Society）及多个附属机构，这些机构不是授权存款机构。

相似。许多金融公司从事汽车销售融资，或是机器和设备的融资。一些规模较大的金融公司为澳大利亚银行所有，澳大利亚审慎监管局对授权存款机构（ADIs）的监管也包括对这些附属机构的管理。

二、证券化公司

从 20 世纪 90 年代到 2008 年国际金融危机爆发，澳大利亚的证券化市场发展迅速。2007 年，证券化机构资产占金融体系的 7%。资产支持证券（ABS）在澳大利亚债券市场占 30%，发行量约为 2,800 亿澳元，其增长速度超过了澳大利亚债券市场其他券种的发展。

澳大利亚的大部分资产支持证券是住房抵押贷款支持证券（RMBS）。由于 2007 年美国住房抵押贷款支持证券（RMBS）问题波及全球证券化市场，2010 年 12 月澳大利亚证券化机构资产下降至金融体系总资产的 3%。尽管澳大利亚住房抵押贷款支持证券的抵押品资质良好，2007 年末之后，住房抵押贷款支持证券的发行量依然急剧下降。随之而来的是通过证券化融资的住房贷款市场份额也开始减少。

为支持住房信贷市场的竞争，澳大利亚金融管理办公室（Australian Office of Financial Management，AOFM）经财政部授权，2008 年 9 月购买了 80 亿澳元住房抵押贷款支持证券，其中 40 亿澳元资金提供给了非授权存款机构（Non－ADIs）的抵押贷款发放者。2009 年 10 月和 2010 年 12 月，澳大利亚金融管理办公室分别又购买了 80 亿澳元和 40 亿澳元的住房抵押贷款支持证券。此后，随着住房抵押贷款支持证券发行量的缓慢恢复，澳大利亚金融管理办公室的购买数额才逐渐下降。

第三节　保险公司

保险业是澳大利亚经济的重要组织部分，保险公司通过风险定价、风险转移、风险集合和风险减轻来管理风险，分散政府、企业和个人所承担的可保险风险。保险公司分为两大类：人寿保险公司和财产保险公司。澳大利亚审慎监管局是保险行业的监管机构。

一、人寿保险公司

作为以人的生命身体健康为保险对象的行业，人寿保险业的发展主要受国家保障体系的影响，特别是受退休金体系的影响。澳大利亚人寿保险业在过去 30 年间发生了重大变化，并呈现出两个主要特征——银行控股集团在人寿保险业中占据重要地位和行业的集中度较高。

（一）人寿保险业发展的两个特征

第一个重要特征是银行控股集团纷纷进入人寿保险行业，并占据重要地位。20 世纪 80 年代金融业自由化时期，澳大利亚四大商业银行通过兼并收购或开设新机构进入保险业。1986 年，大太平洋人寿公司（Greater Pacific Life）被澳新银行收购，并于 1989 年改名为澳大利亚新西兰人寿公司（ANZ Life）。1986 年，澳大利亚国民银行成立了澳大利亚国家财务管理公司（National Australian Financial Management），随后将其转移给 2000 年收购的 MLC 保险公司。1987 年，澳大利亚联邦银行成立了自己的人寿保险公司，后将其业务转移给 1998 年收购的互助人寿保险公司（Colonial Mutual Life）。西太平洋银行于 1987 年成立了西太平洋人寿保险公司。保险公司数量在 1989 年达到顶峰。此后，银行控股公司一直在人寿保险行业中占据重要地位，旗下的寿险公司占整个寿险行业资产和保费收入的一半。

第二个特征是行业集中度高，2013 年末，最大的 5 家人寿保险公司的资产占全行业资产的 80%，保费收入占整个行业的 2/3。自 20 世纪 90 年代起，由于收购兼并活动频繁，保险公司数量开始减少。1990 年，澳大利亚有 61 家人寿保险公司，其中 6 家为再保险公司。而到 2013 年末，澳大利亚人寿保险公司只剩 28 家，其中 7 家为再保险公司，总资产约 2700 亿澳元。

（二）再保险公司

澳大利亚人寿保险行业中的再保险公司数量较少，且全部为外资所有。专业的再保险公司最早于 20 世纪 50 年代末进入澳大利亚市场，其中有：1955 年设立的澳大利亚再保险公司（Australian Re），1957 年开业的 M&G 保险集团，以及 1959 年的胜利人寿再保险公司（Victory Life Re）

［即此后的汉诺威保险公司（Hannover Re）］。在专业再保险公司出现以前，较大的人寿再保险公司通过共同承担保险风险实现再保险保障。最初再保险公司为规模较小的寿险公司提供再保险支持，随后再保险服务替代了大保险公司之间的共同保险协议。再保险公司提供辅助服务，例如核保、理赔、产品设计和定价建议。2010 年以来，再保险公司的一个发展趋势是进入直接保险领域，向养老基金托管人和个人提供核保服务。1993 - 2013 年，澳大利亚再保险公司数量稳定，为 5 ~ 7 家，全部为外资公司。只是母公司所处国家发生了变化，原来全部为欧洲公司，现在也出现了美国公司。

（三）友好互助协会

澳大利亚人寿保险业中的另一个小分支是友好互助协会，其资产低于行业总资产的 3% 。友好互助协会源自英国，是提供医疗保险的合作组织。友好互助协会提供与生命相关的储蓄、投资和保险产品，包括教育储蓄计划、超年金产品、健康和保险产品以及葬礼计划。过去 20 年，友好互助协会发生了一系列收购兼并活动，行业集中度进一步加强。截至 2013 年 6 月，友好互助协会业管理 63 亿澳元资产。截至 2013 年末，澳大利亚有 13 家友好互助协会，其中最大的 2 家占整个行业资产的 50% 。澳大利亚最大的友好互助协会是澳大利亚生命计划（Lifeplan Australia），管理资产近 20 亿美元，拥有 16.9 万名客户。最小的友好互助协会是 Noble Oak 人寿保险公司，管理 1,200 万澳元资金，拥有 5500 名客户。就股权结构看，一部分友好互助协会采用互助结构的股权组织形式。

二、财产保险公司

财产保险公司业务包括财产险和责任险。主要产品有汽车险（包括第三方责任保险）、房屋险、火灾险、产品责任险、雇主责任险、抵押和消费者信用卡险以及旅行保险等。

澳大利亚财产保险行业发展较快。截至 2014 年 3 月底，澳大利亚有 117 家保险公司，其中再保险公司 12 家。保险业资产总额达 1,130 亿澳元，负债 850 亿澳元，其中直接保险公司为 1,010 亿澳元，负债 770 亿澳元。2013 年总保费收入超过 410 亿澳元，其中直接保险公司保费收入 390 亿澳元，其余为再保险公司的保费收入。

与国际同行相比，澳大利亚的保险深度和密度处于中等水平。从保险深度来看，澳大利亚非寿险保费收入占 GDP 的 2.76%，而美国为 4.52%，英国为 2.84%，加拿大为 3.89%，新西兰为 5.26%。就保险密度而言，澳大利亚人均保费为 1,935 美元，美国为 2239 美元，英国为 1,094 美元，加拿大为 2,040 美元，新西兰为 1,975 美元。

（一）行业结构

财产保险行业集中度逐步提高，保险公司数量有所减少。2014 年 3 月，直接保险公司为 105 家，再保险公司为 12 家。而 1997 年末，直接保险公司有 133 家，再保险公司有 31 家。最大的五家财产保险公司年保费收入超过行业年收入的 70%，而 1995 年低于 50%。最大的四家保险公司是澳大利亚保险集团，Suncorp 集团，澳大利亚昆士兰保险公司（QBE）和安联保险集团（Allianz），均为澳上市公司的子公司。相比直接保险公司而言，再保险市场集中度更高。最大的两家再保险公司约占整个市场份额的 75%，所有 12 家再保险机构均为外资所有。

（二）盈利能力

财产保险业盈利能力强劲。尽管受全球金融危机和自然灾害的负面影响，但澳大利亚财产保险行业保持了良好的承保和投资收益。而在 2003 年以前，行业经历了较长时间的承保损失，只能靠投资收益来保持盈利。2003 年后，得益于多方因素，行业承保业务重新开始盈利。这些因素包括：大量互助型保险公司退出市场，使市场对盈利要求提高；地方保险公司增强了风险处置和定价能力；审慎监管局强化了审慎监管框架；多个保险业务的理赔成本下降。

三、监管情况

澳大利亚保险业主要由《1973 年保险法》和《1995 年人寿保险法》两部法律进行规范，两部法律旨在保护投保人和潜在投保人利益。

澳大利亚保险业的监管机构是澳大利亚审慎监管局。审慎监管局出台了审慎资本标准、风险管理指南、财务状况汇报和投保人保护安排等措施。审慎资本充足的监管框架基于三个支柱：第一支柱是对法定资本金、合格资本金和负债数额的数量型要求；第二支柱是监管评估过程，包括风险和资本管理；第三支柱是鼓励市场自律的信息披露要求。

2001 年 3 月，澳大利亚第二大保险集团 HIH 公司破产，对澳大利亚金融、经济和政治产生巨大影响。政府于 2001 年 9 月指定皇家调查委员会（Royal Commission）对其进行调查。皇家调查委员会在 2003 年 4 月向澳大利亚议会提交了调查报告，指出了破产原因主要是管理不善以及对国际保险市场出现的问题应对不力，并提出了 61 项政策建议，包括加强信息披露，改进会计准则，增强会计师事务所的公司治理，此外，还对澳大利亚会计准则委员会和审慎监管局提出监管执行方面的政策建议。根据调查结果，政府改进了审慎监管局的治理结构，董事会成员由全部兼职并且是非执行董事变为董事会需有 3~5 名全职的执行董事，还进一步明确了审慎监管局的职责。审慎监管局的权力有所增强，预算资金也更为充裕。审慎监管局自身也采取了改进措施，推出了新的风险评估和监管应对工具，即可能性和影响评估体系（PAIRS）以及监管和应对系统（SOARS）。

第四节　基金公司

近年来，澳大利亚基金业蓬勃发展，得益于多个有利因素：庞大的投资群体、成熟和富有创新力的金融市场、国际优秀的金融机构参与者、不断创新的金融产品、高效的监管者以及最重要的强制养老金机制（超年金基金）。截至 2013 年 6 月末，澳大利亚基金业管理的资产为 2.13 万亿澳元，其中 73% 的资产是超年金基金管理的资产。

一、超年金基金（Superannuation）

目前，超年金基金已发展成为澳大利亚金融体系中除银行之外的第二大类金融机构。截至 2013 年 6 月底，超年金基金持有资产 1.6 万亿澳元，占 GDP 的 106%。

（一）行业结构

根据所针对的人群，超年金基金可细分为五种类型。公司基金（Corporate Funds）是针对特定企业或集团员工的养老金，由成员和雇主共同管理。行业基金（Industry Funds）是针对同一行业或几个相关行业员工的超年金基金。公共部门基金（Public Sector Funds）是针对政府雇员的超年金基金。零售基金（Retail Funds）是基于商业原则，由金融机构向公众提供的超年金基金，一般有独立的托管人。小型基金（Small Funds）是以个人和家庭为基础，由 3~4 个成员组成的超年金基金。

表2.2　各类超年金基金的数量变化　　单位：家

基金种类＼年份	1997	2005	2013
公司型	4,106	962	108
行业型	176	90	52
公共部门	77	43	38
零售	353	228	127
小型	149,971	296,813	512,375
总计	154,683	298,136	512,700

数据来源：澳大利亚审慎监管局。

除小型基金外，其他类型基金数量自1997年后大幅减少（见表2.2）。而同期，小型基金数量增长迅速，增长了三倍多，其中，小型基金中最重要的一类是自我管理小型基金（SMSFs），成员少于 5 人，并且所有成员均为托管人的超年金基金。近年来，自我管理小型基金资产增长同样迅速，所占资产在行业中排名第一位。

超年金行业集中度不高，资产最多的 20 家超年金基金包括 10 家零售基金、6 家行业基金、3 家公共部门基金和 1 家公司基金。这些基金的总资产占整个行业资产的 55%。澳大利亚最大的养老基金管理公司是澳大利亚联邦银行（CBA）、西太平洋银行（WBC）、澳新银行（ANZ）和澳大利亚国民银行（NAB）。

（二）监管机构

对于超年金制度的监管，发挥重要作用的政府机构有三家：澳大利亚审慎监管局（APRA）、澳大利亚税务局（ATO）和澳大利亚证券投资委员会（ASIC）。审慎监管局负责监管公司基金、行业基金、公共部门基金、零售基金和小型基金。自我管理小型基金由税务局监管。所有基金的托管人和财务顾问由证券投资委员会监管。审慎监管局的监管原则包括：提供规范的产品和参考建议，对基金及投资人维持少量有效的干预，即政府提供法律规范，创造公平的竞争环境，保障投资人权益。审慎监管局还负责对养老信托基金、各种金融机构和信托人进行审慎监管，要求信托人提供年度报告，定期审计养老信托基金，监督法定运作标准的执行，以确保基金的持续运营。证券投资委员会负责监管投资活动，要求投资经理为养老信托基金提供可靠的收益，同时负责发放销售和咨询中介的执照，确保委托人权益得到保护以及处理法律方面的投诉。税务局负责税法的实施工作，对雇主进行审计，监督他们按规定交纳职员的超年金。为使监管法规的顺利执行，降低政策的执行成本，监管机构之间、监管机构和养老基金行业代表之间均保持着紧密联系。

（三）自我管理型基金

超年金基金业中增长最快的是自我管理型基金。2013 年 6 月，自我管理小型基金拥有 5,000 亿澳元资产，约占整个超年金基金的 1/3，比 1995 年增长 9%。自我管理小型基金的数量也增长迅速，2003 - 2013 年，基金数量增长了两倍。

自我管理小型基金增长强劲的原因主要在于一系列法律的变化。一是 2005 年 7 月出台的《基金选择法》允许个人自己选择投资超年金基金。二是 2007 年 7 月生效的《简化超年金法》对 60 岁及以上超年金成员领取退休收益免除税收，还对税后超年金缴款设立了上限。三是法律的新规定使自我管理小型基金可投资不动产，年轻人因此更乐意成立此类基金。此外，影响自我管理小型基金快速增长的原因还包括有：投资者希望在基金的投资方向上有更大的话语权，其他基金投资业绩不佳，以及出于节约成本的考虑。

与其他基金相比，自我管理小型基金表现出如下特点：自我管理小型基金成员年龄更大，收入更高，账户余额更多。自我管理小型基金持有的国内证券约占投资资产的 1/3，持有的国外证券占比极少，拥有的现金比例高于其他基金，对房地产投资更青睐，直接的房地产投资占总资产的15%，另外还通过信托或基金间接投资房地产。

二、其他类型的基金管理公司

（一）公共单位信托基金（Public Unit Trusts）

澳大利亚第二大类基金管理公司是公共单位信托基金，资产占基金业的 21%，其中大部分在澳大利亚证券交易所上市的公共单位信托基金，投资房地产和基础设施。

（二）现金管理基金（Cash Management Trusts）

现金管理基金在 20 世纪 90 年代中期发展迅速，以高于存款机构的利率和更大的投资灵活性吸引了很多存款。到 90 年代末，现金管理基金的市场份额翻番，达到 5%。但近年来，由于存款机构提供收益较高的网上银行存款品种，现金管理基金的市场份额有所下降。

（三）对冲基金（Hedge Funds）

近几年，基金管理业发展较快的还有对冲基金，但其绝对规模仍较小。对冲基金尚无统一定义，一般指投资品种较广、投资策略多样的基金管理公司，例如投资衍生品和使用卖空技术的基金公司。澳大利亚对冲基金由证券投资委员会负责监管。

截至 2012 年 9 月末，603 家对冲基金管理的资产约为 659 亿澳元，仅占澳大利亚基金管理业 2.13 万亿澳元总资产的一小部分。其中，单一策略基金管理的资产约 507 亿澳元，对冲基金管理的资产为 152 亿澳元，分别占整个基金管理业的 2.4% 和 0.7%。澳大利亚对冲基金规模一般较小，超过 50% 对冲基金管理的资产少于 5,000 万澳元，只有约 8% 的对冲基金管理的资产超过 5 亿澳元。澳大利亚对冲基金行占全球行业份额较小，截至2012 年 6 月，全球对冲基金管理的资产是 2.3 万亿美元。

对冲基金的数量在 2010 - 2012 年相对稳定。2006 年，新成立的对冲基金数量达到顶峰，为 75 家。随后，受国际金融危机影响，新成立基金数量下降，2012 年 1 ~ 9 月，仅有 11 家新基金成立。澳大利亚的对冲基金大部分为在岸基金，约60%的对冲基金的注册地在澳大利亚，20%的注册地为开曼群岛。从对冲基金选择的策略来看，股票多空策略排第一位，占所有基金的45%；多重策略排第二位，占23%；排在第三位的是全球宏观策略，占7%。从资产配置来看，对冲基金约1/3的资产投向了股票，第二大和第三大投资产品分别为股票衍生品和G10主权债券。受金融危机影响，近年澳大利亚对冲基金业绩表现平平。2011年9月至2012年9月，对冲基金的年均收益率为3.7%。自2006年以来，有两年的年均回报为负，即2008年和2011年回报率分别为 – 13.1%和 – 3.6%。澳大利亚对冲基金的主要投资者是批发投资者，而对冲基金只占这些投资者投资的很小一部分。批发投资者范围很广，从超年金基金、财务公司到高净值个人投资者。对冲基金最大的投资者是超年金基金，占对冲基金管理资产的41.1%，而其实超年金基金仅向对冲基金投资了资产的3.6%。

（四）房地产信托基金（Real Estate Investment Trusts）

作为全球第二大房地产信托基金市场，澳大利亚房地产信托基金业的发展历史，可追溯到1971年。但在创建初期的20年中，基金发展较为缓慢。当时，未上市房地产投资信托产品以其在税收和流动性等方面的优势吸引投资者关注，特别是1987年澳大利亚股市崩溃后，大量资金从股市流入该市场，市场得到逐步扩大。20世纪90年代初，澳大利亚进行了金融市场化改革，上市房地产投资信托产品可在二级市场交易，由此推动了房地产信托市场的迅速扩张。1997年亚洲金融危机后，机构投资者将大量资金从传统证券市场转投到房地产信托市场，促进了该市场的发展。据澳大利亚证券交易所统计，截至2008年末，澳大利亚共有66只上市房地产信托基金，总市值781亿美元，年交易量1,114亿美元，占当年澳大利亚证券市场交易量的12%；房地产信托基金的平均资产负债率为45%，平均派息收益率达5.73%，该收益率在过去十年高于美国及全球市场平均水平。澳大利亚房地产信托基金市场的发展，有以下四个特点：

1. 依法分工严密监管是澳大利亚房地产信托基金健康发展的重要保障

完善的法律体系为外部监管奠定了坚实的法律基础。与房地产信托基金相关的法律有《公司法》和澳大利亚储备银行、澳大利亚审慎监管局、澳大利亚证券投资委员会以及澳大利亚证券交易所等规定的一系列法律法规。其中，《公司法》和证券投资委员会的有关规定，主要用来约束房地产信托基金公司的运作；《公司法》和证券交易所有关上市公司的规定，主要用来规范房地产信托基金上市过程；《公司法》、证券投资委员会和证券交易所关于管理投资计划的规定，用来规范房地产信托基金管理投资方面的内容；而储备银行和审慎监管委员局对房地产信托基金市场实行宏观监管。

明确的监管分工与良好的监管合作协调机制，确保外部监管严格有效。房地产信托基金复杂的运作流程设计以及双重代理关系，增加了产品信息不对称程度。澳大利亚房地产信托基金的运作过程必须符合以下三个方面的要求：

一是要符合《公司法》等法律法规关于房地产信托基金的相关要求。《公司法》是国家层面的法律，涉及内容广泛，严格规范了澳大利亚公司、证券、金融产品和金融服务等方面的行为。证券投资委员会是《公司法》的执行机构，依《公司法》要求制定具体执行细则。

二是必须满足储备银行和审慎监管局关于房地产信托的规章制度，两家监管机构有权对房地产信托基金运行的各环节实施现场检查，并有义务向两家监管机构定期汇报，接受其指导和建议。

三是满足证券交易所的风险监管要求。证券交易所为每个市场参与者制定了一个标准的风险管理体系，目的是提高市场参与者对风险管理的认识。所有的参与者必须在证券交易所提供的风险管理体系的基础上，严格检查现有的风险管理体系，达到证券交易所对风险管理的要求。为此，市场参与主体的主要负责人每年签署一份《关键风险因素和内控系统声明》，与年度财务报告一起保送交易所。

在外部监管合作与协调方面，澳大利亚设立了金融监管理事会（The Council of Financial Regulators，CFR）。金融监管理事会是一个合作主体，成员来自财政部、储备银行、审慎监管局和证券投资委员会，储备银行行长担任主席，秘书处也设在储备银行内。理事会通常每季度召开一次会议，就共同关心的议题进行探讨。

2. 严格的经营管理层次是房地产信托基金平稳运行的关键因素

井然有序的管理层次，确保经营管理职责明确。房地产信托基金经营管理分为四个层面，分别是基金管理、投资组合管理、资产管理和物业管理，每层管理的具体内容和分工见表2.3。董事会在基金成立的同时，组建基金管理团队对基金进行全面管理，是第一层次的管理；基金管理团队随后组建专业的管理团队对基金的投资组合和资产方面进行管理，形成第二层和第三层管理；物业管理是传统房地产管理的核心，也是房地产信托基金最基层的管理。

表 2.3   房地产信托基金经营管理明细

层次	管理内容	角色和职责
基金管理	<ul><li>公司日常运营</li><li>战略决策</li><li>合规管理</li><li>公司治理</li><li>披露报告</li><li>投资者管理</li></ul>	<ul><li>满足监管要求</li><li>向证券投资委员会和证券交易所报告</li><li>向投资者披露</li><li>战略规划</li><li>持续经营</li><li>投资管理</li></ul>
投资组合管理	<ul><li>根据投资者目标分析资产管理人信息和建议，使风险调节后资产组合回报最大</li><li>在基金的多项资产组合层面上，管理处置房产</li></ul>	<ul><li>与投资者交流，设立组合目标和投资标准</li><li>确定投资组合策略</li><li>监督实施投资组合策略</li><li>监督合并、部署资产管理以及再投资决策</li><li>对资产组合收益负责任</li><li>客户报告和现金管理</li></ul>
资产管理	<ul><li>广泛关注多个物业的运作和市场表现</li><li>雇用物业管理公司进行日常管理</li><li>监管物业管理绩效</li><li>交易管理</li></ul>	<ul><li>开发物业的战略计划</li><li>分析是否持有和出售物业</li><li>寻机重配物业并鉴别主要资金投入</li><li>监视物业成果并依次管理评估物业管理人</li><li>协助处理租赁人关系</li></ul>

层次	管理内容	角色和职责
物业管理	• 关注物业日常运作 • 保证提供高质量的物业环境给租户，并以不断的租金收入作为回报	• 与租赁人的联系 • 租金收入 • 控制经营支出 • 地产维护 • 计划资本投入 • 危机管理

分层管理可以有效提高风险控制水平。房地产信托基金经营管理中储备了大批高水平的专业化人才，各层面均由专业团队进行管理，风险控制手段不同。在基金管理层面，公司要对基金整体的系统性风险和非系统性风险进行管理和控制。系统性风险主要涉及规划、环境、保险、税务、会计准则等相关方面的法律、法规和政策变化，对基金业绩产生重大影响的风险。因为房地产信托基金的资产缺乏流动性，所以基金管理公司的负责人需根据随时可能出现的外部环境变化，对旗下基金作出相应调整。非系统性风险控制包括保持金融执照合法合规性、董事会成员和基金高级管理人员的专业水平，通过公司章程和合同控制委托代理风险以及与投资者有关的风险等。公司成立的风险管理委员会负责管理此类风险。

在投资组合管理层面，房地产信托基金的系统性风险来自于房地产市场和资本市场，其中宏观经济周期、利率、汇率、国际资本流动、通货膨胀等因素对基金有重大影响。由于基金持有的资产缺乏流动性，投资组合经理难以在短时间内以低成本调整资本结构，所以需准确把握以上因素，确定投资组合层面的风险暴露程度，才能提前作出正确的决策。一般情况下，投资组合经理会采取分散投资的策略规避非系统性风险，投资组合的分散程度是衡量房地产信托基金风险的重要指标之一。

在资产管理层面，资产管理部门具体实施基金管理和投资组合管理的决策，同时监督物业管理人员的工作，是个承上启下的环节。由于资产管理涉及资产的买卖和资本性投资等活动，而资产价值的波动又对基金业务有较大影响，所以控制资产重估风险是资产管理部门的主要职责。资产管理部门需要对物业的买入、卖出时机仔细甄选，尽力维持和提升持有物业的价值。

在物业管理层面，房地产信托管理公司主要通过与物业管理公司签订合同，明确责任义务、资料备案、预算审批及审查控制等，控制与物业管理人的委托代理风险。物业管理公司通过提供满意服务以及维护与租客关系等管理手段，控制空置、租金拖欠等经营风险。

3. 市场规模迅速扩张、结构变化突出是房地产市场风险积聚的主因所在

2000 年之后，房地产信托基金市场发生了巨大变化，主要表现在两个方面：市场规模的迅速扩张和市场结构的变化，其中，结构变化中的海外投资比例的增大和杠杆率的提高，使基金在产生很大收益的同时，也积聚了巨大的潜在风险。

一是市场规模迅速扩张。20 世纪 90 年代，澳大利亚金融市场监管放松，上市房地产信托可在二级市场交易，此时才成就了真正意义上的房地产信托基金市场。经过十几年的发展，澳大利亚已成为全球运用房地产信托基金进行证券化程度较高的市场之一。2008 年，澳大利亚房地产信托基金市场规模位居全球第二位，仅次于基金发源地美国。另外，与澳大利亚资本市场中其他板块相比，房地产信托基金的总市值已占澳大利亚证券市场市值的 12%，仅次于资源类和银行类板块，位列资本市场市值第三位。

二是市场结构变化突出，潜在风险剧增。市场自身结构发生了很大变化，主要表现在以下五个方面：海外物业投资比例增大；杠杆率提高；更多的基金涉足地产开发及资产管理等非纯租金收入业务；通过收购兼并，扩大基金规模，市场集中度提高；逐步涉足非传统物业类别，如市政基础建设、酒吧、种植园、养老院等。

1996 - 2008 年，澳大利亚十年期国债利率基本稳定在 6%，低利率环境为房地产信托基金的投融资提供了相对宽松的货币环境。与同期股票、债券和直接房地产投资的表现相比，房地产信托在 1997 - 2008 年中有 8 年最好。房地产信托基金杠杆率从 20 世纪 90 年代的平均 10% 一直不断提

高，达到目前的 35% 以上，个别甚至达到 70% 。

杠杆率的高低与风险大小呈正相关。在运行良好的市场环境下，杠杆率的提高为扩张提供资本以及理想的回报率。但在衰退市场环境下，过度的杠杆率将导致风险急增。金融危机期间，物业资产的估值会受到下调影响，从而导致负债率水平进一步上升。那些持有大量低质量物业资产的房地产信托基金，负债率上升更快，将会遭到投资者抛售，迫使其价格更快地向下调整。

正是上述这些规模与结构上的变化带来了诸多不确定性，增加了房地产信托基金市场的潜在风险，如更容易受海外市场影响，对利率变化也更为敏感，对房地产市场状况的反应更为滞后，分散投资组合的风险能力也可能减弱等。美国次贷危机期间，2007 年年中至 2008 年末的 18 个月，房地产信托基金市场总市值缩水。总之，房地产信托基金市场较为剧烈下挫，不仅受外部环境影响，也是其内在风险逐步暴露与释放的结果。

4. 产品不断创新是房地产信托基金活跃发展的动力来源

合订结构（Stapled）房地产信托基金迅速流行并占据市场主导地位。合订结构不同于传统的房地产信托基金结构，它将 1 个房地产信托单位和 1 家基金管理公司的股份捆绑在一起，且一经合订，两者就不能分开交易。合订结构的出现帮助房地产信托基金解决了两个主要问题：一是通过与业绩优良公司合订上市，提高房地产信托基金的业绩，增加了对投资人的吸引力；二是房地产信托基金可通过合订扩大投资范围和投资领域，合理规避法律对主动开发和非依靠稳定现金流投资的限制。

据澳大利亚证券交易所统计，截至 2015 年 11 月，在产品名单中的 49 只房地产信托基金中，使用合订结构的共 30 只。其中，市值前十位的基金中，采用合订结构的基金就有 9 只，占市场份额的 82% 。由此可见，合订结构已成为资产管理模式的主流。

广义的房地产信托基金产品拓宽了大项目融资渠道。房地产信托基金的基础资产所覆盖的领域由初期的成熟出租型物业发展到包括基础设施领域在内的更多类型。如收费公路、飞机场、广播电视塔、码头、铁路设施、燃气管道等。

第三章

金融市场

澳大利亚金融市场参与者众多，包括个人投资者、超年金基金、基金管理业、国内和外资银行、交易商和经纪人等。澳大利亚金融市场发达，作为世界第十二大经济体，大部分金融市场排在全球前十位。最受注目的是股票市场，而最大的市场是衍生品和外汇市场。澳大利亚拥有亚洲最大的利率衍生品市场，世界排名第五位。澳元是世界第五大交易货币。与其他市场相比，债券市场发展较慢，特别是公司债市场。

第一节　货币市场——回购市场

澳大利亚回购市场是债券持有人短期融资的重要市场，促进了债券市场的有效运行，也是储备银行公开市场操作的主要渠道。澳大利亚储备银行和澳元国债做市商是澳洲回购市场的主要参与者。目前，回购市场大部分交易为隔夜回购，90%交易品种是政府债券。每年交易额为3.5万亿~4万亿澳元。

2004年，澳大利亚金融管理局[1]（Australian Office of Financial Management，AOFM）推出了"证券借出便利"（Securities Lending Facility），允许市场参与者以惩罚性利率借入证券来对冲空头头寸，有助于提升债券市场流动性。此项便利意味着金融管理局能增加各种联邦政府债券的供应，交易商可以通过与储备银行的回购交易购买政府债券。自该计划启动以来，联邦政府债券市场违约率得到有效控制。"证券借出便利"使用最频繁的是在2008年，因为当时联邦政府债券二级市场流动性恶化。金

1　澳大利亚金融管理局是一家负责管理政府债券的官方机构。

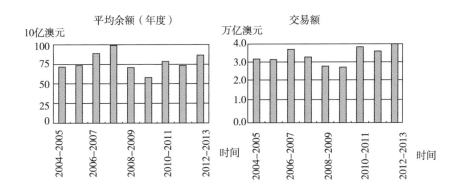

资料来源：澳大利亚储备银行。

图 3.1 澳大利亚回购市场余额和交易额

融危机使市场对无风险资产的需求增加，债券提供方由于担心对手风险，从而退出市场。2008 年以来，政府预算由盈余转变为赤字，联邦政府和州政府发债额大增，减轻了回购市场抵押品不足的压力，提高了二级市场的流动性。

受 2008 年国际金融危机影响最严重时，为了向市场提供流动性，储备银行扩大了其市场操作的合格抵押品范围，增加了私人部门发行的债券（期限最长为 1 年）。改革措施使得 PS 回购余额大增，尽管由于私人部门证券交易期限较长，交易量增长不多。到 2009 年末，随着一大批私人部门回购到期，回购市场余额中占主要份额的仍为一般抵押品。

一、市场结构和抵押品

回购市场的资金提供方主要为储备银行，占市场的 20%。资金使用方主要为基金公司和国内代理公司（Domestic Nominee Companies），占市场的三分之一。回购市场抵押品分为两类：一般抵押品（General Collateral，GC）和私人部门证券（PS）。一般抵押品是与政府有关的证券，包括澳大利亚联邦政府、州政府、超年金基金和其他具有政府担保机构发行的证券。一般抵押品又分两类 GC1 和 GC2，GC1 包括联邦、州政府债券，其他的为 GC2。根据《巴塞尔协议Ⅲ》流动性要求，GC1 是澳大利亚唯一符合高质量流动资产（HQLA）标准的证券。PS 包括短期、长期存款机构发行的证券和某些高评级的证券。

二、定价

虽然回购交易一般在场外市场进行，只有小部分是在由经纪人提供的电子平台上进行。因为存在历史交易信息，电子平台交易有助于价格发现。最终的价格和期限由交易双方通过电话协商确定。2009 年中期以来，普通抵押品回购利率出现上升，利率水平已超过了无担保利率（过去十年中的大多数时间，隔夜普通抵押品回购利率均低于隔夜无担保拆借利率）。回购接近于抵押融资，但回购利率高于信用贷款。尽管我们通常认为有担保利率应该低于无担保利率，但债券持有量的增加（这既有证券发行增加的原因，也有澳大利亚市场债券交易台数量增长的原因）以及由此带来的融资需求的增长，给有担保借款利率带来了压力。银行债券台经常面临着很高的内部借款成本，从而促使它们通过外部借款（回购）来为自己的债券存货融资。除澳大利亚储备银行外，回购融资的主要来源为银行司库部门。然而，由于一天中回购市场的闭市时间早于银行司库部门现金头寸的清算时间，债券交易台通常不得不支付更高的费用以获得银行司库部门之外的融资来源。

三、市场基础设施

回购交易的证券部分交割一般在澳大利亚证券交易所所属的清算系统债券电子登记和结算系统（Austraclear）完成。而现金部分则通过储备银行的信息和交换系统（RITS）交易。

回购交易的证券结算主要通过 Austraclear 进行，它提供不可撤销的实时券款对付结算（DvP）。资金清算通过储备银行信息和交换系统（RITS）进行，后者是澳大利亚大额支付系统，金融机构利用该系统在实时全额结算（RTGS）基础上对自己的支付义务进行结算。然而，也有部分回购交易通过国际中央证券托管机构（如欧洲结算系统 Euroclear）或托管银行的账户进行结算。

目前在澳大利亚市场上，债券的三方抵押品管理业务还极其有限。澳大利亚证券交易所（ASX）于 2013 年下半年与明迅结算托管银行（Clear-stream）合作推出了三方回购服务（ASX Collateral）。

四、法律和税收安排

在澳大利亚，所有的回购交易都受全球回购主协议（GMRA）规制。为了与澳大利亚储备银行开展回购交易，参与者还必须遵守储备银行信息和交换系统（RITS）规则。

澳大利亚税务局（ATO）将回购交易视作贷款，因此对回购征收利息所得税而不是资本利得税。不过，这只对澳大利亚回购市场参与者适用，澳大利亚储备银行本身可以免税。在澳大利亚回购市场上获得利息收入的非居民需代扣所得税。

第二节　债券市场

一、债券市场基本情况

澳大利亚债券市场在澳大利亚金融系统中起着重要作用。澳大利亚债券市场上的产品有政府债券、金融机构发行的债券、公司债券、长期资产支持债券和袋鼠债券（Kangaroo Bonds）。发行金额最高的两类债券分别是银行债券和资产支持类债券，两者总和占澳大利亚债券市场余额的一半。另外，公共部门发行的债券余额占总余额的 16%（见表 3.1）。2007 年 6 月，债券市场市值相当于澳大利亚 GDP 的 84%。在此后的七年里，债券市场发行额不断增加，发展到市值与 GDP 相当。增量主要是联邦和州政府发行的债券，为其在危机中支持经济增长而产生的财政赤字融资。从 2012 年以后，银行更加依赖吸收存款获取融资，所以银行的债券发行额减少。由于投资者丧失信心，受金融危机影响最大的是资产支持类债券。从 2007 年 6 月到 2013 年末，资产支持类债券余额已减少近一半。

表 3.1 澳大利亚债券余额

项目 \ 时间 \ 种类	余额（亿澳元）		余额（占 GDP 的%）		占总额的比例（%）	
	2013 年末	2007 年 6 月	2013 年末	2007 年 6 月	2013 年末	2007 年 6 月
公共部门	504	148	33	14	33	16
联邦政府	288	58	19	5	19	6
州政府	217	90	14	8	14	10
金融机构	506	304	33	28	33	33
银行	445	248	29	23	29	27
非银行	61	56	4	5	4	6
公司	233	136	15	13	15	15
资产支持类债券	122	225	8	21	8	25
住房抵押贷款	104	204	7	19	7	22
商业房地产抵押贷款	2	12	0	1	0	1
其他资产支持贷款	16	9	1	1	1	1
袋鼠债券	158	103	10	10	10	11
总计	1,522	916	98	84	100	100

数据来源：澳大利亚储备银行。

澳大利亚的资产担保型证券市场经过二十多年的发展，已为澳大利亚的商业和住房抵押、信用卡、汽车和设备租赁以及其他资产支持证券（ABS）领域提供资金支持。市场中最大的业务是住房抵押贷款支持证券（RMBS），市场份额占澳大利亚 ABS 发行量的 77%。全球 ABS 市场受金融危机影响明显，但澳大利亚 ABS 市场运行良好。澳大利亚的 RMBS 发行额从 2008 年的 99 亿澳元上升到 2009 年和 2010 年的 141 亿澳元和 195 亿澳元。

袋鼠债券是非居民以澳元计价的在澳大利亚市场发行的企业、半政府或养老金债券。袋鼠债券市场在澳大利亚国内债券市场中增长最快，自 20 世纪 90 年代末以来，袋鼠债券市场增长迅速。2000 年后的十年间，国外企业纷纷在该市场发行债券，袋鼠债券余额从 90 亿澳元增长至近 1,300 亿澳元，年复合增长率达 27.7%。

二、债券市场投资者情况

非居民对澳大利亚债券需求旺盛。一方面，特别青睐联邦政府债券，非居民投资者持有的债券份额在 2014 年接近历史新高，其中的很大一部分需求来自于国外官方储备投资需求，因为与其他国家政府债券相比，澳大利亚政府债券利息较高，政府信用评级稳定。非居民持有州政府债券在不断下降，同时，澳大利亚的商业银行对州政府债券的需求在增加。主要由于根据澳大利亚储备银行的规定，这类债券属于高质量流动性资产，并且收益率略高于其他同类资产。另一方面，非居民持有的澳大利亚公司债处于历史高位，澳大利亚公司在国际债券市场上发债仍然便利。

第三节　股票市场

澳大利亚最重要的证券交易所是澳大利亚证券交易所（ASX），于 1987 年合并了六家独立的股票交易所成立，1998 年成为一家以盈利为目标的上市公司，并于 2006 年 7 月收购了悉尼期货交易所，提供的服务涵盖了上市、交易、结算和托管，交易产品包括股票和衍生产品。2012/2013 财年收入 6.17 亿澳元（收入组成见图 3.2）。2013 全年募集资金 5.53 亿澳

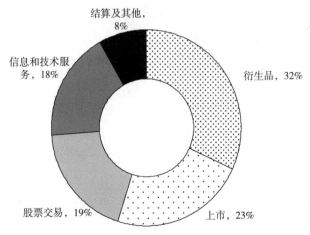

数据来源：ASX 网站。

图 3.2　2012/2013 财年 ASX 收入结构

元。截至 2014 年 6 月末，证券交易所有 2，200 家上市公司，每日交易额约 46.85 亿澳元，市值总计 1.5 万亿澳元。以市值计算，ASX 是全球十大交易所之一，基准指数是 S&P/ASX200。

2010 年 8 月之前，ASX 还负责市场监管，之后，监管职能移交给证券投资委员会。交易所保留了市场管理职能，当市场出现波动或交易错误时，交易所可根据实际情况进行处理。为保证市场公平、有序和透明，交易所有权采取措施，包括暂停、取消或修改交易。

2010 年 3 月，为了引入市场竞争，澳大利亚政府批准 Chi－X 全资子公司在澳大利亚设立股票交易市场，交易在 ASX 上市的股票。2011 年 10 月末，Chi－X 子公司开业，截至 2013 年末，交易量占市场份额的 15%。据澳大利亚证券投资委员会旗下的智囊机构估计，自 Chi－X 子公司开业至 2013 年，由于市场竞争，每年至少获得 3 亿澳元的收益。

第四节　外汇市场和汇率市场化改革

一、汇率市场化改革

1983 年以前，除货币局制度外，其他类型的固定或有管理的浮动性汇率制度在澳大利亚都被采用过，并曾实施过严格的资本管制。但结果表明，这些措施都是低效率的（Stevens，2013）[2]。

1931－1971 年，澳大利亚实行盯住英镑的固定汇率制度。当时，所有外汇交易均需要央行批准，采取宽进严出的政策，没有银行间外汇市场，所有商业银行只是央行的代理人，央行为商业银行提供外汇远期的套期保值服务（Forward Cover）。1971－1973 年，改为实行盯住美元的固定汇率制度。布雷顿森林体系瓦解后，澳大利亚面临大量的资本流入，澳元有强烈的升值压力。为了维持固定汇率，储备银行入市干预的力度很大，外汇储备迅速增长，一度达到 GDP 的 6%。同时采取了加强资本管制的措施，

2　Glenn Stevens，"The Australian Dollar：Thirty Years of Floating"，Speech to the Australian Business Economists' Annual Dinner，21 November 2013.

对资本流动实行严进宽出，如不允许借入期限短于两年的资金（贸易融资除外），期限超过两年的资金需按一定比例存放在央行。但这些措施收效甚微，升值压力未减，通货膨胀上升明显。1974－1976年，形势发生逆转，为应对国内经济下滑、失业率攀升、资本外流加剧的状况，储备银行对澳元进行了贬值，同时将汇率制度调整为盯住贸易加权指数（Trade－Weighted Index，TWI），该指数由政府和储备银行的高级官员组成的小组来决定。20世纪70年代中期以后，澳大利亚的外汇市场发展出现了新的变化。由于储备银行在为商业银行提供套保服务时限制性条件较多（如只限于贸易项下的资金、需在7天以内提交申请等），已经远不能满足外汇市场成员的避险需要，由市场成员自发形成的外汇远期市场逐步发展起来。储备银行并未干预和限制，而是有意引导市场成员在此过程中提升交易技能、提升风控能力，1976－1983年，又进一步将汇率制度调整为爬行盯住贸易加权指数，允许汇率每天有小幅变化，并逐步放宽波动幅度，这些都为以后汇率的完全浮动打下了良好基础。

1983年12月，澳大利亚政府宣布实行浮动汇率制度，同时取消了几乎全部的外汇管制。鉴于该决定非常敏感，为了防止对市场造成大的冲击，澳大利亚政府特别选择在星期五公布了有关消息并于当天停止交易，并充分利用周末时间让市场进一步消化。至此，汇率的市场化改革完成。

汇率自由浮动后，为了防控风险，储备银行没有马上终止对外汇市场的干预。最初几年，采取了较为频繁的"平滑和测试"（Smoothing and Testing）操作，熨平市场波动，但不设定任何官方目标。这种操作基于以下考虑：一是外汇市场发育仍未成熟，市场参与者风控水平较低，市场对波动的自我调节功能不足；二是央行需要保持对外汇市场的敏感度，适当参与交易以把握最新动向；另外，央行的"保姆"思想仍根深蒂固，不愿意彻底放手。之后，随着外汇市场的逐步培育、参与者的日趋成熟及央行自身操作技巧的不断提高，干预频率大幅下降、效率明显提高。从储备银行数据看，1990年以后仅进行过几次大规模的外汇市场干预，分别发生在1992年欧洲英镑危机、1997年亚洲金融危机、2001年"9·11"事件和2008年国际金融危机前后，都是在澳元遭遇外部冲击出现大幅贬值的情况下进行介入的，主要目的是阻止澳元汇率过快、大幅下行，维持市场信心和金融稳定。在干预过程中，储备银行十分注重效率问题及成本收益分析。储备银行一般通过商业银行买卖外汇来进行干预，但不公开披露有关情况，主要是基于在干预效率最大化（公开披露后操作）和维护市场稳定（不公开披露）之间的权衡。

二、外汇市场的发展情况

1983 年，在实行浮动汇率制之初，澳大利亚外汇市场的规模较小，也不发达，市场的主要参与者都是国内的商业银行，随后数家外资银行取得牌照后参与进来，极大地促进了竞争。市场在浮动汇率制后发展和成熟起来。2013 年，外汇市场已成为流动性高、全球化、以场外市场为主的市场。根据国际清算银行（BIS）三年一次的外汇交易及衍生产品调查，2013 年 4 月，澳元的日均交易量为 4,620 亿美元，占全球外汇交易的 8.6%，成为世界第五大交易货币，排在美元、欧元、日元和英镑之后。澳元兑美元交易是全球第四大交易货币对。

从交易量看，2009 年 7 月至 2014 年 6 月，现汇市场的交易量有小幅下降（见表 3.2），主要原因是汇率波动幅度缩小，投资机会下降。

表 3.2　外汇交易市场交易额　　　　　　　单位：亿澳元

时间 项目	2009/2010 财年	2010/2011 财年	2011/2012 财年	2012/2013 财年	2013/2014 财年
现汇市场	146,800	118,530	108,430	110,710	108,110
外汇衍生品市场	274,620	333,950	300,060	326,060	331,860
外汇互换	248,840	303,910	268,310	288,180	293,200
外汇远期	18,720	22,740	22,420	25,140	27,830
外汇期权	7,060	7,300	9,270	12,740	10,830

数据来源：澳大利亚金融市场协会。

第五节　澳大利亚场外衍生品市场

澳大利亚场外衍生品市场结构与全球场外衍生品市场结构相似。澳大利亚场外衍生品市场主要是银行间市场,交易集中在利率和外汇衍生品上,这些产品占整个市场名义未偿本金和市值余额的90%（见表3.3）。尽管外汇衍生品市场交易额远高于单一货币利率合约,但由于后者平均的久期更长,所以从余额占比的角度来看,数值更大。利率合约主要交易固定利率与浮动利率互换合约,澳大利亚市场主要交易澳元标的的合约。

表3.3 场外衍生品市场不同产品的余额（2012年6月末）

单位:%

产品	澳大利亚		全球	
	名义未偿本金余额占比	总市值余额占比	名义未偿本金余额占比	总市值余额占比
外汇	32.2	35.1	11.2	9.4
单一货币利率	64.7	57.8	82.2	81.2
信用	1.4	1.3	4.5	5.0
股权	0.4	1.0	1.0	2.7
商品	1.3	4.8	0.5	1.7

数据来源:国际清算银行、澳大利亚储备银行。

外汇衍生品约一半是外汇互换,约40%的产品是交差货币互换,其余的产品主要为外汇远期和期权。场外衍生品市场中商品、信用和股权产品占比很小。外汇衍生品中很大比例是澳大利亚商业银行的衍生品头寸,头寸远高于一般大型的商业银行。主要由于澳商业银行需要对冲自己的离岸外汇借款,其对手方主要是外国银行。

与全球平均水平相比,澳大利亚银行持有的信用衍生品占比很小。主要是由于美国公司债券市场规模大（信用违约合约的主要标的）,而澳大利亚公司债券市场规模小很多。而在商品衍生品产品上,澳大利亚银行发行的份额是全球市场的三倍,反映了资源行业在澳大利亚经济中的重要地位。

全球市场和澳大利亚市场的主要货币为美元、欧元、日元和英镑,而包括澳元在内的其他货币仅占利率合约交易量的10%和外汇合约的23%。而与此相对比,澳元标的的产品占整个利率产品余额的80%。由于澳大利亚商业银行和公司主要的外汇融资为美元,所以澳大利亚市场外汇合约余额中约 75% 的货币标的为澳元或美元。

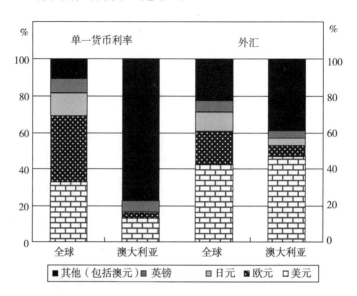

资料来源:澳大利亚储备银行、国际清算银行。

图 3.3　场外衍生品合约中货币标的（占余额名义本金的比例）

全球和澳大利亚市场场外衍生品主要集中在银行间市场。全球市场和澳大利亚市场上超过 90% 的合约余额发生在银行间市场,其余的交易涉及非金融机构。

第四章

支付结算体系

澳大利亚拥有高效、安全、稳定和便捷的支付结算系统。提供支付服务的机构主要有商业银行、建筑协会和信用合作社。澳大利亚储备银行是支付体系的法定监管机构，此外，支付清算协会（Australian Payments Clearing Association）是行业自律组织。支付方式主要包括现金、支票、借记卡、贷记卡、直接入账。支付系统主要有储备银行信息和转账系统（RITS）、债券电子登记和结算系统和澳大利亚证券交易所的结算所电子附属登记系统（CHESS）。

与其他国家一样，澳大利亚支付系统在21世纪的十多年里发生了巨大变化。这些变化既是来自技术进步和消费者行为变化的推动，也是监管改革的结果。

第一节　支付体系概况

一、支付体系立法状况

澳大利亚与支付体系相关的法律法规种类很多，其中澳大利亚立法机构正式颁布的法律有七部，具体情况如表4.1所示。这些法案由国会颁布，并根据需要不断修订。《储备银行法》、《支付系统监管法》、《支付系统和交割法》、《公司法》等就设立支付系统董事会、赋予其监管职责，以及监管非现金支付工具等作出了规定，构成了澳大利亚支付体系监管最主要的法律基础框架。

表 4.1　澳大利亚支付结算相关法律

英文名称及颁布时间	中文译名	最新修订时间
Cheques Act 1986	《1986 年支票法》	2007 年 9 月 24 日
Corporations Act 2001	《2001 年公司法》	2014 年 7 月 24 日
Electronic Transactions Act 1999	《1999 年电子交易法》	2011 年 6 月 22 日
Financial Services Reform Act 2001	《2001 年金融服务改革法》	2005 年 7 月 18 日
Payment Systems and Netting Act 1998	《1998 年支付系统与净额结算法》	2013 年 7 月 24 日
Payment Systems（Regulation）Act 1998	《1998 年支付系统监管法》	2011 年 4 月 15 日
Reserve Bank Act 1959	《1959 年储备银行法》	2014 年 8 月 5 日

资料来源：澳大利亚储备银行网站。

《储备银行法》（*Reserve Bank Act*）。1959 年颁布，2015 年最新修订。该法明确在澳大利亚储备银行内部依法设立支付系统董事会（Payment System Board，PSB），赋予支付系统董事会制定储备银行支付系统政策的职责，并提出了政策制定的三个目标：一是控制金融系统风险，二是促进支付系统效率提升，三是在金融系统总体稳定基础上促进支付服务市场竞争。虽然该立法没有明确，但实践中，储备银行也把维护支付系统稳定和安全作为职责之一。

《支付系统监管法》（*Payment Systems Regulation Act*）。1998 年颁布，该法进一步明确了支付系统董事会的以下权力。一是指定（Designate）需要接受监管的支付系统。二是确定（Determine）被指定系统的参与者规则，包括接入规则。由于接入规则牵涉到公平竞争问题，在决定接入规则时，储备银行应与澳大利亚竞争和消费者委员会（Australian Competition and Consumer Commission）联合确定。三是制定被指定系统的安全和效率标准，包括技术要求、程序、定价等。四是对系统参与者未遵守标准要求的行为发出指令（Direction）。五是如果有需要，对被指定支付系统的有关接入、金融安全、竞争、系统风险等方面的争议进行仲裁。

《支付系统与净额结算法》（*Payment Systems and Netting Act*）。1998 年颁布，该法消除了支付系统中重要的法律缺陷。明确了经认可（Approved）的支付系统（目前主要是实时全额支付系统和多边净额安排）的交易结算不受"零点规则"（Zero Hour Rule）影响。"零点规则"是指，法院关于债务清偿命令自该发布之日起零时生效，这项规则将使那些破产机构在法院债务清偿命令发布当天零时至清偿命令发布时所进行的支付行为无效，但这一规则会破坏支付系统中交易不可撤销的根本属性，带来严重的系统性问题。

《公司法》（*Corporations Act* 2001）和《金融服务改革法》（*Financial Service Reform Act* 2001）。这两部法律都将非现金支付工具视为金融产品，经营非现金支付工具属于金融服务。根据《公司法》，从事金融服务需要接受许可、业务行为和信息披露等监管要求，具体由澳大利亚证券投资委员会实施。

此外，还有 1986 年颁布的《支票法》（*Cheque Act*，1998 年修订），该法是澳大利亚纸质支付工具最重要的一部法案，规定了支票开具、接受和偿付的整体框架。1959 年颁布的《银行业法案》（*Banking Act*，1998 年修订），对授权的存款类机构进行监管，并将通用型可赎回预付支付工具（Purchased Payment Facilities，PPF）视为银行业务，这类工具提供商需要接受监管。1988 年颁布的《金融交易报告法》要求包括金融机构、证券交易机构等机构在客户开立结算账户前必须确认客户身份，并将所有 1 万澳元以上的现金交易、可疑交易信息和所有跨境资金转移等情况及时向澳大利亚交易报告分析中心报告。

二、主要监管机构及职责

（一）澳大利亚储备银行

1998 年，澳大利亚储备银行根据同年修订的《储备银行法》成立支付系统董事会。该董事会与储备银行董事会（Reserve Bank Board）并列，专职负责监管澳大利亚支付系统，保证其安全高效运行。《储备银行法》规定，支付系统董事会的成员结构为：储备银行代表 2 人，澳大利亚审慎监管局代表 1 人，其他代表不超过 5 人。储备银行代表 2 人分别是行长（任支付系统董事户主席）和行长任命的另一位代表（通常为副行长，任支付系统董事会副主席）。值得一提的是，其他代表不由储备银行任命，而是由澳大利亚财政部部长任命，具有独立性。支付系统董事会负责制定支付结算系统接入和效率标准，并根据国际结算实践发展和本国实际情况修订标准。储备银行内部负责支付系统董事会监督职责的职能部门是支付政策部（Payments Policy Department）。

除了监管职能，储备银行也提供一些重要的支付服务。一是建设运营澳大利亚的实时全额结算系统，即储备银行信息和转账系统（Reserve Bank Information and Transfer System，RITS），为金融机构之间的汇款转账、金融市场交易、澳元外汇交易等提供支付结算服务。该系统由储备银行的支付结算部（Reserve Bank's Payments Settlements Department）负责运营管理。二是作为政府的银行，为澳大利亚政府和部门提供收付款服务。三是负责现钞的印制、发行、回收和销毁等。

（二）澳大利亚审慎监管局

澳大利亚审慎监管局（Australian Prudential Regulation Authority，APRA）于1998年成立，对银行保险业务实行审慎监管，以使监管体系适应金融市场发展的需要。《澳大利亚审慎监管局法》（Australian Prudential Regulation Authority Act，1998）规定，审慎监管局可监管存款类金融机构（主要是银行、建筑协会、信贷联盟）、非运营的金融控股公司、财产保险、寿险、再保险、养老金信托等。审慎监管局负责发放存款类金融机构的业务牌照（License）。

在支付方面，澳大利亚审慎监管局与储备银行的关系十分密切，其在储备银行支付系统董事会拥有一个代表席位。此外，由于澳大利亚把信用卡发行、信用卡受理、可赎回通用型预付支付工具发行视为银行业务，需要接受审慎监管局的监管，由其批准（Authorization）经营。获得信用卡发行或受理资质的机构，被称为特别信用卡机构（Specialist Credit Card Institutions，SCCIs），获得可赎回通用型购买预付工具发行资质的机构被称为购买预付工具提供商（Providers of Purchased Payment Facilities，PPFs Providers）。

（三）澳大利亚竞争与消费者委员会

基于市场竞争可以增加消费者福利和繁荣市场的理念，澳大利亚专门设立了竞争与消费者委员会（Australian Competition and Consumer Commission，ACCC），实施《竞争与消费者法》 （*Competition and Consumer Act* 2010）。其职责是促进竞争、确保交易公平和监管全国性基础设施，以提高经济效率和人民福祉。

在支付体系方面，澳大利亚竞争与消费者委员会一直就有较强的监管职责，其要监督支付系统符合《交易行为法》（*Trade Practices Act* 1974，即《竞争与消费者法》前身）有关竞争和市场准入规定。如果竞争和消费者委员会认为某些机构的行为或者协议安排符合公共利益，可以豁免该行为或协议安排。该委员会在支付系统的交换费（Interchange Fee）、参与者接入规则的制定和修订方面都发挥了重要作用。由于竞争和消费者委员会与澳储行对支付系统的接入、定价都有法定管理权力，因此两者通过签署备忘录的形式确定了共同制定相关准则的方式。双方同意就支付系统涉及竞争和效率的问题进行政策协商、信息共享，力求达成一致。双方同意每年至少举行一次高级别官员的协调会。

（四）澳大利亚证券投资委员会

澳大利亚证券投资委员会（Australian Securities and Investments Commission，ASIC）是澳大利亚金融服务和金融市场的法定监管机构。主要履行《澳大利亚证券投资委员会法》（*Australian Securities and Investments Commission Act* 2001）、《公司法》赋予的职责。

澳大利亚证券投资委员会基本职能体现在维护市场诚信和保护消费者权益方面。市场诚信是指防止市场的人为操纵、欺诈和不公平竞争，保护市场参与者免受金融欺诈和其他不公平行为的影响，从而增强投资者对金融市场的信心，主要通过充分、及时的市场信息披露来实现。当投资者权益受到不公正的对待而遭受损失时，可以通过适当的途径得到补偿。澳大利亚证券投资委员会主要监管三类机构或者服务。一是监管消费信贷。对从事消费信贷活动的个人或者企业（包括银行、信用合作社、金融机构等）实行许可和监管。二是监管金融市场。评估金融市场（股票、期货及金融衍生品）按照法定义务公平有序、透明的运营的情况。三是监管金融服务行为。对从事金融服务进行许可和监控。这些业务包括养老金、基金、股票和公司证券、衍生品及保险服务。

在支付结算方面，《公司法》和《金融服务改革法》明确了非现金支付工具（Non-cash Payment Facilities）属于金融产品，需要接受澳大利亚证券投资委员会的许可监管，主要是金融服务的业务许可、业务行为和信息披露要求。

三、支付清算行业自律组织

支付清算协会（APCA）组建于1992年2月，是澳大利亚支付业最主要的自律组织，同时也是支付服务机构合作的媒介。在协会组建之前，澳大利亚金融机构之间的支付清算事务由各种正式及非正式的协议进行规范。为加强支付清算服务机构之间的沟通和协作，共同促进澳大利亚支付体系的安全、可靠、便利和高效，澳大利亚组建了支付清算协会，负责监督管理支付清算体系的运转和发展。协会并不参与具体的支付清算过程，而是制定各类支付工具的管理规章、程序、标准等规范，由各协会会员按照这些规范完成各类支付工具的信息交换、资金清算及结算，以此促进整个支付结算体系安全、可靠、公正、便利和高效。近年来支付清算协会的职能扩展至行业战略发展规划及监管政策制定，为行业合作提供平台，与政府、监管当局、行业利益相关方、个人等紧密合作以推动行业发展。

（一）治理结构

协会是一个由众多金融机构共同持股的有限责任公司。公司董事由股东会员任命，董事会是协会的决策机构，下属管理委员会、技术委员会、工作组和咨询小组。董事会由一位独立董事、一位首席执行官和8位非执行董事组成，负责制定支付清算协会战略发展计划和治理结构事务。

协会设立5个支付清算系统，每一个支付清算系统设立一个管理委员会，分别负责治理支票、直接借记和直接贷记、支付卡、大额支付和批量现金的清算及结算。各个管理委员会的委员由各自系统参与者选举任命，董事会有权力额外任命每个管理委员会的委员，具体的任命办法在协会章程及各个系统规章中作出规定。管理委员会负责支付清算系统的技术标准、收费政策、经营政策、操作程序、争端调解、会员审批等各类事项。总体来说，董事会董事及每个管理委员会的委员的任命权主要取决于各会员机构的支付业务量，而非持股比例。

在 5 个清算系统中，纸基清算系统（APCS）、批量电子清算系统（BECS）和消费者电子清算系统（CECS）三个小额清算系统都设有咨询委员会。咨询委员由对这些清算系统感兴趣的非系统参与会员组成，包括零售商、发卡机构、电信公司等各类机构。咨询委员会设立的目的是使非清算系统参与者能对影响自身或者社会的支付系统相关问题提出各自的意见。

（二）会员类型

支付清算协会可吸纳其管理的任一支付系统的直接参与者为会员，现共有 90 个会员，包括储备银行、全国性和区域性大银行、住房协会、信用联盟、大型零售商和其他支付服务提供商等。会员按照交易额的一定比例交纳会费。会员分为业主会员、清算系统会员、基建系统会员、咨询会员和准会员几个层级。只有业主会员能进入董事会。

每个清算系统都有自己的参与者会员标准，但参与各清算系统的机构都必须符合以下条件：是在澳大利亚长期经营的法人机构；能够遵守澳大利亚所有适用的法律，以及支付清算协会的章程、规章、规程、相关的技术及操作标准；同意支付各类费用。

（三）与储备银行的关系

储备银行是澳大利亚法定支付体系监管机构，支付清算协会是支付结算行业自律性组织。二者在促进支付体系健康发展方面的目标是一致的，但储备银行行使监管职权是依据法律授权而进行的，支付清算协会的职权则是以协会会员共同协商确定的协会章程、规则、协议等契约为基础的。

1. 储备银行是协会的会员

作为支付系统的参与者，储备银行在支付清算协会设立起就一直是协会的会员。储备银行参与了除 ACDES 系统之外的 4 个清算系统，并是协会的股东会员。储备银行代表政府通过各清算系统办理各种政府补贴的发放、税收返还等业务。

2. 储备银行可以向协会委派代表

储备银行拥有向协会董事会及各清算系统管理委员会委派代表的特殊

权利。考虑到储备银行具有制定支付体系正式规章的权利,储备银行已决定放弃向协会委派代表的特殊权利,包括其董事席位,但在部分清算系统委员会中仍驻有代表。

3. 储备银行与协会保持密切的沟通协作关系

鉴于储备银行和支付清算协会具有促进支付系统健康发展的共同目标,两个机构于2007年5月共同制订了一套联络机制。根据该文件,两个机构的高级官员要定期就共同关心的问题进行商讨和交流。

四、澳大利亚支付理事会（Australian Payments Council）

2014年8月,澳大利亚储备银行和支付清算协会共同发起成立了一家新的支付行业战略协调机构——澳大利亚支付理事会。其职责主要是确保支付行业创新、安全和公平竞争以满足澳大利亚企业和消费者不断变化的支付需求,确保行业和监管部门之间顺畅的信息交流和有效协调,并组织行业和储备银行支付体系委员会之间高级别的对话。理事会决策委员会成员来自行业的多家机构的管理层,包括金融机构、支付标准制定者和支付服务提供者。截至2014年9月,支付理事会共有除储备银行和支付清算协会外的33家机构会员。会员注册仍开放,理事会欢迎对支付体系有兴趣的机构加入。支付理事会的秘书处和其他支持由支付清算协会提供。

五、支付结算服务机构

澳大利亚的支付结算服务机构种类很多,除了银行、建筑协会、信用合作社等经营存贷款业务的机构外,还有一些专门提供支付服务的信用卡、借记卡、签账卡发行公司,以及专门为建筑协会等中小金融机构提供代理支付结算服务的特殊服务商。遍布澳大利亚全国的邮局营业网点也提供代理支付结算服务。

（一）银行、建筑协会和信用合作社

银行、建筑协会和信用合作社是澳大利亚支付结算服务的主要提供者。

银行是受联邦法律约束的金融机构,截至2014年3月底,澳大利亚一共有 70 家银行（4 大国内银行、16 家其他国内银行、8 家外资银行子公司和 42 家外资银行的分行）。

建筑协会是依据各州法律建立的地区性中小金融机构，通常是为了住房融资而由会员在平等互利基础上建立起来的。从 1999 年起，建筑协会开始由审慎监管局进行监管。经过不断整合，目前，全国共有 6 家建筑协会。大部分建筑协会提供各种零售支付服务，并可以直接发行或与银行合作发行支票。大多数建筑协会通常通过一个专门的支付结算代理服务商为客户提供批量直接入账、ATM 提款及商户 POS 机终端消费服务。

与建筑协会类似，信用合作社也是根据各州法律建立的小型金融机构，由审慎监管局统一监管。经过不断的合并，澳大利亚目前有信用合作社 82 家。信用合作社为会员提供存款和贷款服务，贷款主要集中在汽车、房产以及其他耐用消费品方面。大型信用合作社都能为会员提供各种支付结算服务。大多数信用合作社会与一家全国性银行签订协议，以便其储户签发的支票能通过代理银行的网点兑现。信用合作社通常会通过一个支付结算代理机构为会员提供 ATM 和 POS 机服务。

（二）非银行金融机构的特殊服务供应商（SSPs）

特殊服务供应商是为建筑协会行业和信贷联盟行业提供各种结算服务和金融服务的行业代理服务机构，由审慎监管局实施监管。目前有一家专门为建筑协会服务的 SSP，有两家专门为信贷联盟服务的 SSP。有两家 SSP 在储备银行开设了结算账户，代理建筑协会或信贷联盟完成大额实时支付、直接入账以及 ATM 和 POS 机交易的跨行结算。

（三）信用卡组织和借记卡、签账卡发行机构

在澳大利亚唯一的本土信用卡组织 Bankcard 由于竞争失利在 2006 年退出信用卡市场后，澳大利亚目前只有万事达（MasterCard）和维萨卡（Visa）两家信用卡组织。因此，澳大利亚所有的信用卡都使用这两个品牌。另外，很多银行、建筑协会和信贷联盟都发行能在 ATM 和 POS 机终端交易的借记卡。

美国运通（American Express）和大莱俱乐部（Diners Club）也在澳大利亚发行签账卡。目前只有一家银行发行美国运通卡，其余为美国运通公

司的代理商。美国运通卡持卡人可通过某些银行 ATM 提款，并在澳大利亚部分商店消费。一些海外银行卡机构也与澳大利亚的银行和商户签订协议，以使其持卡客户能在澳大利亚的 ATM 和 POS 机终端交易。目前中国银联（China Unionpay）在澳大利亚拓展业务迅速，银联持卡人可在澳大利亚国民银行（National Australian Bank）ATM 提现，并可在澳大利亚大部分商户消费。

专栏4.1　中国银联进入澳大利亚支付体系

一、中国银联在澳大利亚的业务概况

2005 年，中国银联在悉尼成立了代表处。根据澳大利亚法规规定，海外分支机构的注册形式一般为三种：代表处、海外公司和子公司。代表处形式一般仅用于政府或非营利性机构；海外公司近似于分公司的概念，即海外企业在澳大利亚当地建立的分支机构，不具有企业法人资格；子公司具有独立法人资格，经济上与母公司存在着被控制与控制的关系。中国银联在澳大利亚证券投资委员会注册为海外公司，但中文名称和对外称呼均为代表处。

当地市场对维萨卡和万事达卡实行监管，中国银联的业务采取与当地银行合作的模式，不需要监管审批。

2006 年，澳大利亚国民银行（NAB）正式开通了银联卡在澳大利亚的 ATM 和 POS 机受理业务。由此揭开银联业务在澳大利亚发展的序幕。

目前，澳大利亚可受理银联卡的 ATM 涵盖四家银行（澳大利亚国民银行、中国银行、汇丰银行、花旗银行）以及四家 ATM 运营公司（FDI、EFTEX、Travelex、Customers）。截至 2012 年末，澳大利亚超过 1.6 万台 ATM 可受理银联卡，约占整个澳大利亚 ATM 总数的 53%。

POS 机收单方面，合作机构有澳大利亚国民银行（NAB）、澳大利亚联邦银行（CBA）和 Dynamic Payment。其中澳大利亚联邦银行（CBA）为 2013 年年中刚刚投产的项目，该项目 2013 年底项目完成后，使银联卡在澳大利亚的商户受理覆盖面超过50%。2015年6月，银联国际与澳大利亚西太平洋银行集团在悉尼宣布开通商户受理业务，至此，澳大利亚四大银行全面开通了ATM和POS机的银联卡受理业务，预计到2016年底，当地银联卡商户受理面将提升至80%以上。

在悉尼、墨尔本、布里斯班、珀斯等中国游客旅游热点城市的各行业，诸如，国际机场免税店、高端品牌商店、珠宝钟表商店、高档服装店、纪念品商店、药品店、旅游景点、餐饮酒店等，基本实现银联卡受理。近年，银联卡的受理进一步扩展到公共交通、教育等行业。

银联卡在澳大利亚的网上支付（UPOP）业务于2011年5月开通，使中国消费者足不出户就可通过银联卡网上支付购买澳大利亚奶粉、蜂蜜、衣物、羊毛制品等特色产品。

在澳大利亚政府的帮助下，中国银联与澳大利亚海关合作开始启动银联退税项目开发，2012年8月实现了银联信用卡在澳大利亚海关的直接退税，进一步方便持卡人在澳大利亚的购物退税。

中国银联与中国银行（澳大利亚）有限公司在澳大利亚合作发行第一张预付费卡和借记卡，为银联在澳大利亚的本土化和国际化创造了有利条件。

中国银联目前在当地开展的营销活动主要集中在机场和免税品商户。随着CBA项目的上线和完成，在受理面得到保证的情况下，营销活动将向商圈方向发展，营销效果将更加显著。

综上所述，中国银联在澳大利亚基本实现了ATM、POS机、网上支付、海关退税、发卡等多项业务，并配合以营销活动推广，初步实现全面发展。

二、中国银联在澳大利亚的业务发展面临的挑战

首先，自2009年8月开始，澳大利亚国民银行将所有维萨（Visa）/银联双标卡的结算转走维萨（Visa）通道，对市场受理影响较大。新拓展机构澳大利亚联邦银行明确所有双标卡不走银联通道。此外，国内发卡行重点推介维萨/万事达双标卡，对银联单标卡的抑制更加明显。这一方面使银联卡在澳大利亚受理质量明显下降，另一方面也使原本对

单标卡、双标卡的区别不甚明确的持卡人更加混淆。中国银联时常收到双标卡但想走银联的结算通道，或者想参加中国银联的营销活动的持卡人投诉，却无法解决相关问题。

其次，维萨卡（Visa）、万事达卡（MasterCard）等竞争对手开展跨境营销，使银联单标卡的"汇率直接转换、减少汇兑损失"的优点尽失，受理短板更加明显。

再次，银联信用卡"签字＋密码"的方式与澳大利亚本地"Pin or Sign"（"密码或签字"）的消费习惯不符，可能会在商户培训时产生问题。

最后，在网上支付业务拓展方面，支付宝公司（Alipay）的境外业务拓展及其与 CyberSource 公司的联手、中国银联的跨境收单特别是与西联汇款对大学类商户拓展等，是银联在网上商户拓展和维护时不得不面对的竞争和挑战。

（四）邮局

澳大利亚邮局（Australia Post）与联邦银行等很多金融机构合作，为客户提供支付代理服务。客户通过澳大利亚邮局的 GiroPost 服务网络系统（1995 年开始投入使用），可以在全国约 3,300 个邮局与联网金融机构进行跨行交易，也可在邮局进行开户、存款、提款、余额查询、账单支付等操作。

澳大利亚邮局目前为 450 家公司（包括公用事业单位、保险公司等）提供代理收费服务，其电子柜台服务网络（ECS）是澳大利亚最大的单一账户支付系统网络。此外，澳大利亚邮局也对外发行邮政汇票（Money Orders），但近年邮政汇票的使用率呈逐年下降趋势。澳大利亚邮局发行的汇票仅限于澳元面额，其外币汇票由美国运通公司代理发行。

（五）零售商

零售商通常不提供第三方支付服务，但许多商场和连锁店发行店内使用的支付卡，一些石油公司也发行信用卡或借记卡，主要为了商业用途。

澳大利亚许多商店还利用 POS 机终端为客户提供取现服务。

第二节　主要支付方式

一、现金

（一）现金类型

澳大利亚目前使用的现金包括硬币和纸币，由储备银行独家发行。硬币最大面额为 2 澳元，还包括 1 澳元、50 澳分、20 澳分、10 澳分、5 澳分面额；纸币面额有 5 澳元、10 澳元、20 澳元、50 澳元和 100 澳元，澳大利亚纸币材质全部采用特殊合成聚合物（Polymer Substrate），透明、防水，并具有多重安全保护措施，可有效避免仿制。

（二）现金支付情况

与非现金支付不同，现有资料没有关于现金支付的全面统计。为了研究普通居民的支付方式，澳大利亚储备银行在 2007 年和 2010 年对大约 600 位居民在两周内的支付行为进行了两次调查，结果表明，尽管近几年电子支付工具发展迅速，但现金目前仍是居民使用最广泛的支付工具。交易额在 25 澳元以下的个人支付约 80% 通过现金完成。从居民支付的总体来看，约 62% 的交易数量由现金完成。但现金支付每笔平均金额相对较小，因此，现金支付只占个人日常交易总金额的 23%。

现金支付平均金额是 28 元，但有一半的现金支付金额在 11 元以下。金额在 10 元及以下的个人日常交易几乎全部采取现金支付方式。在交易金额较小的一些行业，现金支付使用率非常高。例如，外卖店 95% 的交易采用现金支付。

（三）取现情况

2012/2013 财年调查表明，ATM 是居民获取现金最主要来源。居民取现总金额的 60% 以及总笔数的 71% 是通过 ATM 进行的，每笔的平均金额为 185 澳元。与前一年同期相比，金额和笔数分别下降了 3% 和 4%。第二大现金来源是 POS 机终端[1]，占取现总量的 25%，但仅占总金额的 7%，每笔平均金额为 63 澳元。POS 机终端取现继续保持增长，金额和笔数比前一年同期分别增长 8% 和 4%。柜台取现次数不多，占总笔数的 2%，但金额较大，占居民取现总金额的 29% 左右，柜台取现金额增长约 4%。

二、非现金支付方式

澳大利亚主要的非现金支付方式包括支票、借记卡、信用卡、签账卡、储值卡、直接贷记、直接借记、大额实时支付等。另外，澳大利亚主要金融机构还组建了专门从事账单支付的 BPAY 公司。澳大利亚 18 岁以上公民平均每人每年大约发生 250 笔非现金支付。总体看，非现金支付在 2012/2013 财年增长显著，支付总量增长 8%，总金额增长 13%，但各种支付方式所占份额在不断调整。

在所有非现金支付中，借记卡、贷记卡和直接贷记[2]是应用最普遍的三种方式，每种方式的使用量大约占非现金支付总量的 25%。2012/2013 财年，澳大利亚个人和企业卡支付量 50 亿笔，金额总计 4,340 亿澳元。但就金额来说，大额实时支付方式占非现金支付总金额的将近 75%。

（一）支票

在 1998 年以前，澳大利亚仅允许银行向客户提供支票服务。1998 年《支票法案》修订以后，建筑协会、信用社等存款吸收机构也都获准发行支票。支票在澳大利亚主要用于账单支付和企业间支付，在销售端使用较少。随着各种电子支付方式的不断增长，澳大利亚支票支付量在过去十年中逐步下降。自 2003 年起，支票的使用量减少了近 2/3。2013 年每个工作日支票的使用量小于 100 万张，而 20 世纪 90 年代中期最高达到约 400 万张。支票支付的金额也从 1997 年每月峰值的 5,490 亿澳元降到 2013 年的 940 亿澳元。虽然使用量在逐年下降，但支票在支付体系中还占着重要地位。支票的支付量占非现金支付的 3%，金额占 8%，其中，支付金额超过了借记卡、贷记卡和 BPAY 的总和。

1　澳大利亚很多商户都利用 POS 机终端提供取现服务（Cash – out）。
2　即付款人主动发起的转账支付，如企业向职工支付工资等。

（二）借记卡

1．业务量

澳大利亚大多数存款吸收机构都发行借记卡，用于在 ATM 和 POS 机终端交易。1997 年，借记卡销售点终端每月交易量为 3,560 万笔。到 2013 年，交易量增长 8 倍，为 2.79 亿笔。借记卡 POS 机终端每笔交易约为 56 澳元。

2．网络

澳大利亚目前有两个借记卡运营网络，一个是澳大利亚本地的 EFT-POS 系统[3]，该系统能够支持持卡人在销售点终端支付和取现。另一个是维萨（Visa）国际组织运营的维萨借记卡（Visa Debit）网络系统。这两个系统是经澳大利亚储备银行指定的借记卡支付系统。

3．收费政策

借记卡持卡人在 POS 机终端消费及在开户银行的 ATM 取现一般不收取费用，但在 POS 机终端和非开户行的 ATM 取款要收取一定的费用，澳大利亚大型银行对跨行取现目前的收费一般为每笔 2 澳元。

EFTPOS 系统的借记卡交换费是由发卡机构向收单机构支付。同时发卡机构向其持卡人按笔收取借记卡跨行交易服务费，但很多发卡机构都给予持卡人每月一定的免费交易笔数。储备银行对借记卡交换费标准进行了规定，目前的标准是：在 EFTPOS 系统中每笔最高 5 澳分，最低 4 澳分，具体标准由收单机构和发卡机构协商确定；维萨借记卡（Visa Debit）系统中每笔 12 澳分。该标准是以收单机构处理借记卡业务发生的相关成本为基础计算出来的。目前借记卡系统的统一基准交换费标准是每笔不超过 12 澳分。交换费标准每 3 年计算一次，该标准由参考年当年的贷记卡交易成本基数和借记卡交易的平均金额计算得出。

（三）贷记卡

澳大利亚目前有两大信用卡品牌，分别是万事达卡（MasterCard）和维萨卡（Visa）。澳大利亚的银行是信用卡的主要发行者，一些非银行组织

3　Electronic Funds Transfer at Point of Sale，即销售点资金转账系统。

和大型零售商也提供信用卡服务。除此之外，美国运通（American Express）、大莱俱乐部（Diners Club）等非存款机构还发行签账卡（Charge Card）。目前万事达卡和维萨组织的信用卡所占市场份额占贷记卡交易量和金额的80%以上。

1. 业务量

截至2008年6月底，贷记卡发行总额为1,412万张，授信总额为1,198亿澳元，账户余额为445亿澳元。

贷记卡平均每笔POS机交易金额为139澳元，是借记卡每笔交易金额的两倍多。

2. 网络

澳大利亚储备银行指定的两个信用卡运营网络是万事达卡的信用卡网络和维萨卡的信用卡网络。

3. 收费政策

与信用卡相关的收费包括：发卡行向持卡人收取的信用卡年费和利息费；发卡行向收单行收取的信息交换费（Interchange Fee）；收单行向商户收取的服务费；商户向持卡人收取的附加费用（Surcharge）。除信息交换费外，信用卡收费都是以市场化方式确定的。储备银行规定发卡行向收单行收取的信用卡加权平均信息交换费不能超过交易金额的0.5%。

储备银行不允许信用卡组织以协议等方式禁止商户向消费者收取附加费。此规定的目的是让消费者面临最直接的价格信号，从而选择综合成本最低的支付方式。调查表明，尽管很多商户并没有向信用卡持卡人收取附加费用，但附加费用总体上还是在增加。大型商户中收取信用卡附加费用比例最高，在年收入超过3.4亿澳元的商户中，有26%的商户至少向其中一种品牌的信用卡收取附加费。商户收取附加费的标准一般与向收单机构支付的服务费持平，也有一些商户对所有信用卡采用一致的收费标准。目前美国运通卡和大莱卡的平均收费为2%，万事达卡和维萨卡的附加费标准平均为1%。

（四）直接入账（Direct Entry）

直接入账在澳大利亚支付领域占有重要的地位。2013年，直接入账支付金额占非现金支付金额的 87%。直接入账包括直接贷记（Direct Credit）和直接借记（Direct Debit），是在预授权支付方式基础上发展而来的，类似于中国的定期借、贷记业务。支付清算协会管理的批量电子清算系统（BECS）是专门处理该类业务的清算系统，储备银行也加入其中，以处理养老保险等各种政府支付。跨行直接贷记和直接借记均采用延时结算方式，资金在业务发起后第二个营业日上午 9 点之前记入收款人账户。直接入账允许单位客户定期向大批的员工支付薪水，或者向广大客户收取费用。

直接贷记是指付款人主动发起支付指令，将一笔资金转入到收款人账户内。直接贷记允许单一付款人向多个收款人转移资金，付款人开户银行定期通过双边网络向收款人开户银行发送支付指令，支付指令一经清算不能撤销，主要用于支付工资、分红、社会保险以及税收返还等。直接借记业务是收款人主动发起的业务，主要用于抵押贷款还款、定期账单支付等，付款人须提前签署付款授权协议。许多服务商都在制式服务协议中规定必须采用直接借记支付方式，特别是在电信、互联网和付费电视行业，其他一些服务商通过优惠费率鼓励客户使用定期借记支付。

近年来，澳大利亚的直接贷记和直接借记业务量和交易金额都增长迅速。1997 年，直接贷记交易量为每日 180 万笔，交易金额为 34 亿澳元；直接借记交易量为 40 万笔，交易金额为 16 亿澳元。到 2013 年 5 月，直接贷记每日的交易量和交易金额分别增长至 500 万笔和 239 亿澳元，直接借记增长至 240 万笔和 192 亿澳元。

（五）BPAY

BPAY 公司于 1997 年由澳大利亚六家大型银行[4]设立，专门从事账单支付服务。最初，消费者通过电话向 BPAY 发起支付指令。随着网络技术的发展，BPAY 很快就允许消费者通过网络发起支付指令。从 2003 年开始，通过网上银行发起的 BPAY 账单支付开始超过电话发起方式。2007年，网上银行发起业务量占 BPAY 业务总量的将近 80%。目前，很多金融

---

4 澳大利亚四大银行，以及圣乔治银行和西部银行。

机构又在网上银行中开辟了 BPAY 界面（BPAY View），使消费者能够通过网上银行接收并查看电子账单，然后使用 BPAY 完成支付。

BPAY 电子账单支付方式，在很大程度上能够替代支票和直接借记支付。2013 年，BPAY 的支付金额首次超过了银行卡。BPAY 支付占非现金零售支付总量的 4.2%，但仅占总金额的 1.8%。与其他支付方式相比，BPAY 业务发展较快。2007－2013 年，BPAY 业务量年均增长 8.5%，业务金额年均增长 10.7%。2012/2013 财年，BPAY 支付业务总量比上年增长5.3%，总金额增长 10.5%。

2010 年，澳大利亚有 160 多家金融机构提供 BPAY 账单支付服务。包括企业、公共事业单位、政府部门等众多大型机构在内的 18000 多家收费单位通过 BPAY 收款。2012/2013 财年，平均每笔 BPAY 支付金额为 785 澳元。该金额比银行卡支付平均金额要高，但明显低于直接入账方式的平均金额。BPAY 主要用于一些金额较大但不经常发生的支付种类，例如支付房屋及公共事业费、各种税费、罚款等。

（六）大额实时支付

对于时效性要求高的大额资金转账，通过支付清算协会的大额清算系统（HVCS）可以实时清算和结算。包括储备银行、商业银行以及专门为建筑协会和信贷联盟等中小金融机构提供结算服务的两个特殊服务商都加入了大额清算系统。大额清算系统的参与者必须在储备银行开立结算账户（ES 账户）。

三、小结

主流支付工具发展趋同，各自在一定领域占据主导地位。现金、支票、借记卡、贷记卡、直接入账和大额实时支付都是经过市场长期检验的支付方式，各自在一定领域内占据主导地位。现金交易成本低、速度快，在居民日常小额购买中一直占有绝对主导地位。银行卡在金额相对较大的居民购买支付中使用较多，其中借记卡的平均交易金额要小于贷记卡。直接入账主要用于企业、政府等部门的批量对外支付和收费。大额支付和时效要求高的支付一般采用大额实时支付系统，确保资金实时入账。这些支付方式在澳大利亚支付市场长期存在并占据相对稳定的市场份额，表明其符合特定消费者的支付需求，在市场中具有一定的竞争力。

支票发展空间有限。随着经济发展，澳大利亚各类支付工具的绝对使用量都在增长，但支票业务从1995年开始下降，近十年这种下降趋势进一步加强。2013年支票的签发量为1.94亿笔，比2003年大幅下降了70%。数据表明，随着各类电子支付工具的兴起，支票的使用范围有不断收缩趋势，支票的平均每笔支付金额不断增长。与各种迅速发展的电子支付工具相比，支票在很多情况下并没有优势，特别是在零售支付领域。在大额支付方面，由于支票托收、结算周期较长，无法与实时到账的电子支付工具相比。在零售支付领域，因为存在空头支票的风险，支票的接受范围难以扩大，个人支票发展空间受限。因此，今后支票主要以单位提现和有固定交易关系的客户之间使用为主。

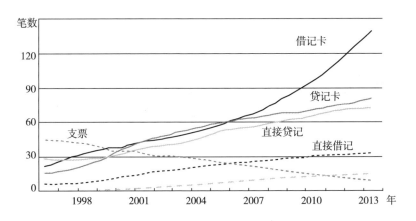

资料来源：澳大利亚支付清算协会2013年报。

图4.1　澳大利亚平均人均非现金支付量

利用价格信号引导居民选择支付方式。近年，澳大利亚支付体系改革的目标之一是加强消费者支付时面临的价格信号。因此，储备银行在万事达卡（MasterCard）和维萨卡（Visa）信用卡服务费定价标准文件中明确规定，禁止这两个信用卡组织限制商户向持卡消费者收取额外费用。商户因此可以根据其接受该支付工具所需要付出的成本决定是否向消费者收取附加费用。签账卡发行组织美国运通和大莱俱乐部也自愿同意接受该规定，允许其签约商户向消费者收取额外费用。

储备银行出台此禁止性规定的主要考虑是：对消费者来说，使用信用卡的成本要远小于借记卡；而信用卡所耗费的资源却远大于借记卡；在很多情况下，信用卡、借记卡和现金可以互相替代，因而价格信号将很大程度上影响消费者对支付工具的选择。储备银行希望成本信息能有效传递至消费者，以利用市场手段选择综合成本最低的支付方式。

第三节　清算及结算系统

一、结算系统

储备银行依据支付系统与净额结算法案，批准了三个实时全额结算系统，分别是储备银行信息和转账系统（RITS）、债券电子登记和结算系统（Austraclear）以及澳大利亚证券交易所的结算所电子附属登记系统（CHESS）。其中，RITS 系统是澳大利亚支付体系的核心，所有的跨行支付在完成清算后，都需要通过 RITS 系统及各机构在储备银行开立的结算账户完成最终结算，大额支付采用逐笔全额实时结算，零售支付采用批量延时净额结算。

（一）储备银行信息和转账系统（RITS）

RITS 系统始建于 1991 年 8 月，在 1998 年 6 月被改造为澳大利亚的实时全额结算系统（RTGS），由澳大利亚储备银行拥有和运营。RITS 系统在澳大利亚支付体系中占据核心地位，所有的持照银行、资金拆借市场参与者及批量支付服务商（Batch Administrators）都需要加入该系统，以完成其跨行支付的最终结算。负责债券结算的 Austraclear 系统和负责股票结算的 CHESS 系统的跨行结算也需要通过 RITS 完成。

1. 结算账户

每个 RITS 系统的参与者都需要在储备银行开立结算账户，以完成银行间的最终结算。结算账户必须始终保持贷方余额，储备银行向其过夜余额部分支付利息，但利率比基准利率低 0.25% 。每个获得银行牌照的金融机构都可以在储备银行开立结算账户，但如果某个银行本身有资格持有结算账户，但却希望委托其他机构代为结算，则需要向储备银行和审慎监管局提出申请。

2. 流动性管理

RITS 系统允许银行等参与机构对支付业务的结算实施控制，以方便管理流动性。系统参与机构可以控制支付业务的结算顺序，并从结算账户中圈定资金用于优先结算的支付业务。为保证跨行支付能够顺利完成结算，参与者必须随时保证结算账户中有足够的流动性。参与者的流动性有两个主要来源，一是上一日的账户余额；二是与储备银行的日间回购协议（RBA Repos）。银行可以通过与储备银行签订日间回购协议，在流动性不足时向储备银行出售其在债券登记结算系统中的债券，以紧急获取流动性。此外，RITS 系统还设计了"系统排队"和"双边撮合"等机制以增强系统流动性。

（二）债券电子登记和结算系统（Austraclear）

Austraclear 系统由澳大利亚证券交易所有限公司的全资子公司——Austraclear 有限公司运营，是澳大利亚各类债券的电子登记和结算系统，联邦政府债券及其他债券的结算都通过该系统进行。当 Austraclear 系统将债券买卖交易匹配成功以后，即向 RITS 系统发送银行间结算指令，如果该指令通过结算账户被成功结算，RITS 系统向 Austraclear 系统发出通知，Austraclear 系统随即在系统中完成债券登记。目前，在金融市场有超过 500 个 Austraclear 系统参与者。1999 年 2 月，澳大利亚储备银行批准该系统为实时全额结算系统。

（三）结算所电子附属登记系统（CHESS）

CHESS 系统是澳大利亚证券交易所的股票交易结算系统，能为股票买卖提供实时全额结算服务。储备银行依据支付系统与净额结算法案于 2004 年 3 月批准该系统为 RTGS 系统。由于股票买卖引起的银行间资金结算需要通过 RITS 系统和各银行机构在储备银行开立的结算账户完成最终结算，部分大额交易采用逐笔实时全额结算，其余在每天中午以批量净额结算方式完成最终跨行结算。

二、清算系统

澳大利亚大多数支付清算安排由支付清算协会（APCA）负责组织协调。支付清算协会组建了 5 个清算系统，分别负责管理大额支付、支票、直接入账、银行卡、现金分配等支付方式的清算事项。这些支付系统并非一个具体的电子信息系统，而是规范某类支付工具清算事项的一套规则和机制。每个系统设有一个管理委员会，具体负责各自领域的支付清算事项管理。其他独立于 APCA 的支付清算系统还包括专门从事账单支付的 BPAY 系统。债券结算系统 Austraclear 和股票登记结算系统 CHESS 分别有各自独立的清算安排。

（一）大额清算系统（HVCS）

为了在澳大利亚全面推广实时全额结算系统，支付清算协会于 1997 年建立了大额清算系统。该系统的建立为澳大利亚提供了一种安全、可靠、高效的电子支付机制。该系统建立后，澳大利亚的大额和紧急支付大部分通过该系统进行处理。储备银行、所有持照银行都加入了 HVCS 系统，每个参与者必须在储备银行开设结算账户。通过该系统处理的每笔业务都实时通过储备银行的结算账户完成最终结算，从而有效回避了结算信用风险。HVCS 参与机构之间通过 SWIFT PDS 系统（Payment Delivery System）交换支付信息，所以 HVCS 有时又被称为 PDS 系统。PDS 系统使用 SWIFT 的 FIN - Copy 服务（Y 模式）为系统成员之间提供支付信息交换服务。FIN - Copy 是建立在 SWIFT 全球金融应用网络基础上的一种服务，它允许金融机构在一个封闭的用户组内部交换支付信息。当付款银行通过 SWIFT 计算机终端向 FIN - Copy 发送一笔支付业务后，该业务在支付队列中排队的同时，通过 SWIFT 网络向储备银行 RITS 系统发出结算请求。RITS 系统完成结算后，立即向 FIN - Copy 提交结算回复（Settlement Response）。FIN - Copy 将结算回复与排队队列中的支付业务匹配后，FIN - Copy 将支付业务结算结果转发收款银行以完成该笔支付业务。大额清算系统的运行时间是星期一至星期四 9：15 - 16：30；星期五是 9：15 - 17：00。

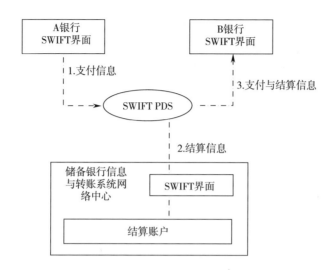

资料来源：澳大利亚支付清算协会年报。

图4.2 大额支付系统流程

（二）零售支付清算系统

澳大利亚支付清算协会负责管理三个零售支付清算系统，包括纸基清算系统（APCS）、批量电子清算系统（BECS）、消费者电子清算系统（CECS）。支付清算协会对系统的管理只限于对业务标准、技术标准以及清算流程等规章的制定和监督，并不参与系统的具体运营。金融机构间是通过双边协议进行支付信息交换的，并没有一个公共交换中心来处理跨行业务。支票、直接入账、银行卡等支付方式的跨行业务采用延时净额结算方式，各参与机构的跨行支付在当日完成清算后，于下一营业日上午9:00通过储备银行的结算账户完成最终结算。

1. 纸基清算系统（APCS）

APCS系统于1993年建立，负责协调、管理支票等纸基支付指令的跨行交换、清算和结算，确保有关的政策和程序得以执行和落实。该系统有三类参与会员，一级A类会员直接与其他机构清算跨行支付业务并通过自己在储备银行开设的结算账户进行结算；一级B类会员委托一级A类会员代理清算自己的跨行业务，但仍通过自己的结算账户完成自身债务结算；二级会员是跨行业务的清算和结算都委托一级A类会员代理的会员。收款人金融机构在收到支票当天就会贷记收款人账户并开始计息，但在确定支票资金最终能收到之前，收款人暂时并不能支取该笔资金。大多数支票会在委收当天被送到各金融机构在省会城市的处理中心。在处理中心，按照付款人金融机构不同，支票被分为本行支票和他行支票。他行支票然后被送到地区清算中心与其他金融机构进行交换。大多数付款人金融机构在支票交换后当天晚上借记付款人账户。在每天清算结束后，各金融机构将每个地区的双边清算结果通知储备银行进行校验（Collator）。在每个交易日第二天悉尼时间凌晨 3 点之前，所有地区的双边清算结果必须传送至储备银行进行校验，储备银行据此算出每个金融机构前一天支票清算的净额，在上午 9 点相应借记或贷记各机构结算账户，完成最终结算。

2. 批量电子清算系统（BECS）

BECS 系统于 1994 年建立，与 APCS 类似，BECS 负责管理批量小额电子交易的相关事宜。该系统目前主要规范批量电子贷记转账和借记转账业务，今后有可能会扩大至其他支付类型。BECS 系统有两类会员：一级会员对本身的跨行业务直接进行清算和结算；二级会员委托一级会员对自身跨行业务进行清算和结算。

BECS 不是一个集中式的系统，参与者之间的业务依靠双边协议来开展。一级会员之间通过电子连接来传递支付指令文件，接受机构不能处理的业务也通过电子连接退回。在每个营业日终，一级会员对提入和提出业务核对一致后（包括代理的二级会员业务），在当天 23 点之前将双边和多边清算结果报告至储备银行校验，校验员在第二天 9 点将各机构的多边清算结果计入结算账户完成结算。

3. 消费者电子清算系统（CECS）

CECS 系统是经澳大利亚竞争与消费者委员会批准于 2000 年建立的，该系统的规则主要规范银行卡支付的信息交换。各金融机构的私有 ATM 网络相互连接，共同构成一个全国性的 ATM 网络系统，除一些小型金融机构外，所有银行卡都能在全国任何一个 ATM 终端使用。澳大利亚各机构的 POS 机终端也相互连接共同形成一个全国性 POS 机终端系统，任何一个 POS 机都允许各类银行卡使用。

金融机构每天计算出与其他各机构的银行卡交易轧差净额，在下一营业日凌晨 4 点前报告储备银行校验员，储备银行在上午 9 点将全部金融机构的银行卡交易多边轧差净额通过结算账户完成结算。

（三）现金分配与交易系统（ACDES）

ACDES 系统由支付清算协会管理，专门负责澳大利亚金融机构间批量现金的分配与交易。该系统于 2001 年建立，目前有 6 家会员银行。在 AC-DES 系统建立之前，非流通的纸币和硬币由储备银行拥有和管理。为了将现金的持有权和管理责任授予一部分商业银行，储备银行决定建立现金分配与交易系统。ACDES 系统为现金的交易与分配提供了一套安全而高效的规则，这些规则涉及现金买卖、最低交易数量、交易记录、运营时间、会员间的结算流程、纸币及硬币的包装标准等一系列具体事务。ACDES 系统的清算采取延时净额清算方式办理，在交易次日上午 10 点通过储备银行 RITS 系统对结算账户进行入账，完成机构间的最终结算。

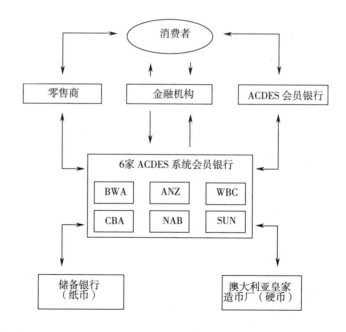

资料来源：澳大利亚支付清算协会。

图4.3 澳大利亚现金分配与交易系统结构

（四）银行卡支付系统

澳大利亚储备银行根据《支付系统（管理）法》授权，于 2001 年任命万事达卡（MasterCard）系统和维萨（Visa）系统为澳大利亚的信用卡支付系统，于 2004 年任命维萨借记卡（Visa Debit）系统和 EFTPOS 系统为澳大利亚的借记卡支付系统。其中 EFTPOS 是澳大利亚本土的借记卡支付系统，其余三个系统都是国际信用卡组织的网络系统。这四个支付系统的准入制度相对宽松，所有吸收存款机构都有资格加入这些系统，并且严禁通过设置不同的标准歧视信用卡专业机构。储备银行目前对这些系统的管理主要集中于跨行支付信息交换费标准的管理：储备银行制定各系统信息交换费的计算方法，然后每三年根据业务量、成本等数据计算出一个交换费标准，金融机构跨行交换费支付必须在此标准范围内。

三、小结

（一）储备银行 RITS 系统和结算账户是支付体系的核心

澳大利亚支付系统的核心是储备银行的信息和转账系统。无论是股票、债券、外汇买卖等涉及的大宗资金的跨行结算，还是支票、直接入账、银行卡等零售支付工具的跨行结算，都必须通过 RITS 系统在各机构结算账户之间完成账务划转。但各外部系统与 RITS 的连接方式并不一致。

按支付业务结算的时效性不同，RITS 提供两种结算模式：一种是外部系统实时转发支付业务，RITS 逐笔实时进行结算，如大额清算系统和 CHESS 系统的部分业务均采用实时结算方式；另一种是延时结算模式，即外部系统将各机构支付业务清算后，将各机构的清算业务一批提交给 RITS 系统，储备银行确认后在一个固定时点通过结算账户完成最终结算，零售支付的跨行支付都采用延时净额结算模式。

（二）零售支付工具的资金清算主要依靠双边安排

在支付清算协会管理的各支付系统中，除了大额清算系统外，其他诸如支票、卡基支付、直接借记、直接贷记等零售支付工具的行间资金清算都是采用机构之间两两双边清算安排，并不存在一个"处理中心"来对跨行支付进行集中处理。各类支付工具的清算规则和流程由支付清算协会相应的支付系统委员会作出规定，并监督各机构的执行情况。

第四节 支付体系监管框架及基本要求

我国通常把支付体系划分为三个组成部分：结算账户、支付工具和支付系统。澳大利亚把支付体系仅划分为两个部分：非现金支付工具和支付系统，其中，结算账户作为支付设施，与其他支付工具一道统称非现金支付设施（以下统一称为非现金支付工具）。

一、非现金支付工具监管

在澳大利亚，非现金支付工具（Non – cash Payment Facilities）是一个比较广义的概念，包含支票账户（即活期结算账户）、储值卡、电子现金、直接借记、工资卡、礼品券、资金转账、电子账单支付、积分方案等。由于非现金支付工具被视作《公司法》监管的"金融服务"范畴，澳大利亚证券投资委员会依法对其实施监管。主要监管框架及要求如下：

（一）许可

非现金支付工具许可遵循澳大利亚证券投资委员会关于金融服务的统一许可框架，基本要求有：

（1）应采取一切必要措施确保高效、诚实、公平地提供服务，采取充分安排来管理金融服务引发的利益冲突。

（2）应遵守金融服务有关法律。

（3）应采取合理措施确保其代理人遵守金融服务有关法律。

（4）应有充分的资源（包括财务、技术和人力资源）来提供金融服务和落实监管要求。

（5）应维持提供金融服务的能力。

（6）应确保代理人得到充分训练、有能力提供有关金融服务。

（7）若金融服务提供给零售客户，则还需要争议解决方案以及零售客户损失赔偿安排。该方案需要按照澳大利亚证券投资委员会要求制定或者

77

经其同意。

（8）应有充分的风险管理系统。

（9）应遵守其他监管要求的义务。

（二）信息披露

向客户发放服务指南。指南的内容包括：服务提供者的名称、联系方式、客户指令的提交方式、产品或者服务的信息、代表人信息、收费情况、有关各方关系、争议解决机制、授权经营声明等信息。

（三）业务行为

（1）不得强行推销（比如电话推销）。

（2）应有在服务提供者停止经营、破产等情况下的客户资金处理安排。

（3）应有财务记录、财务报表、审计。

（4）应报告有关信息。

（5）不得有操纵市场、虚假交易、欺诈、误导等禁止行为，不得有不合理的业务行为。

（6）应该遵循客户优先原则。比如，当客户在交易市场下了交易指令时，服务者不应为自己或者合伙人在客户交易成功之前做相同的交易。

（四）豁免

澳大利亚证券与投资委员会基于以下考虑因素给予豁免：

（1）澳大利亚国家议会是否有意将有关非现金支付工具纳入到公司法定义的金融产品范畴。

（2）是否多数的非现金支付收款方是支付工具提供商自身或者相关公司。

（3）是否非现金支付工具业务是申请人的一个重要业务。

（4）非现金支付工具的性质、规模和复杂程度（尤其是该工具是否简单、易用和易理解）。

（5）非现金支付工具引发的消费者问题的大小。

（6）是否非现金支付工具及相关金融服务受到了其他方的充分监管，比如由某个具体的行业监管部门。

（7）非现金支付工具的性质和使用发生重大发展变化的可能性。

澳大利亚证券与投资委员会根据上述考虑结果，可以给予不同的豁免。

一是授予有条件豁免。当某个支付工具被纳入公司法非现金支付工具监管，但考虑到该工具的具体情况，可以适用于简化修改的许可、业务行为和信息披露要求。

二是授予无条件豁免。当澳大利亚证券与投资委员会认为支付工具当下基本不会为消费者带来问题，但未来发展可能引发这类问题时，适用于无条件豁免。

三是宣布非现金支付工具不被视作金融产品。当证券与投资委员会认为该支付工具不应当纳入公司法的非现金支付工具范畴，将会正式宣布其不被视作金融产品接受监管。

即使澳大利亚证券与投资委员会给予了豁免，但《澳大利亚证券与投资委员会法》第 2 部分第 2 节（Div 2 of Part2）的消费者保护条款以及《公司法》第 7.10 部分（Part 7.10）的不当行为条款仍然适用。同时，即使澳大利亚证券与投资委员会宣布了某个支付工具不被视作金融产品，《澳大利亚证券与投资委员会法》第 2 部分第 2 节的消费者保护条款仍然适用。

（五）预付支付工具的监管

在整个非现金支付工具中，澳大利亚特别定义了一类非现金支付工具，即预付支付工具（Purchased Payment Facilities），该类工具除了要接受澳大利亚证券与投资委员会的监管外，还要接受澳大利亚审慎监管局或者澳大利亚储备银行监管。根据《支付系统监管法》，需要接受澳大利亚储备银行监管的预付支付工具是指满足以下条件的工具（现金除外）：

（1）一人从另一人处购买的工具；

（2）在工具适用的条件下，在可用资金额度内可使用的支付手段；

（3）由工具提供者或其代理人进行该类支付。

澳大利亚储备银行可以对预付支付工具的发行者，即储值持有人（Holder of Stored Value）进行授权或者豁免或者宣布不适用。

在《支付系统监管法》定义的预付支付工具中，澳大利亚审慎监管局认为其中通用型可赎回的预付支付工具类似存款，应被认定为银行业务，需要按照《银行业法》接受澳大利亚审慎监管局监管。2000年，澳大利亚审慎监管局发布公告称，经与澳大利亚储备银行协商，通用型可赎回预付支付工具类似存款，被认定为银行业务，将由澳大利亚审慎监管局许可监管，获得许可的机构称为PPF提供者，并构成了一类特殊的存款类机构（ADI）。而澳大利亚储备银行不对这类工具和机构进行监管。

在上述对预付支付工具的监管安排下，截至目前，澳大利亚审慎监管局仅对Paypal支付公司给予许可。而澳大利亚储备银行尚未对任何预付支付工具发行者给予授权。但澳大利亚储备银行对一些储值得到政府或者存款类金融机构担保的预付工具发行者给予了豁免。同时，澳大利亚储备银行宣布了对一些储值总额不超过1,000万澳元或者储值支付对象不超过50人的预付支付工具不适用《支付系统监管法》，无须接受监管，并予以公告。

二、支付系统监管

根据《支付系统监管法》，支付系统主要由澳大利亚储备银行监管。澳大利亚储备银行对支付系统的主要监管权力如下：

（一）指定

澳大利亚储备银行认为符合公共利益的，可以指定某系统为支付系统，并予以公告。指定后，澳大利亚储备银行有权制定该系统的参与者接入制度，制定支付系统参与者应遵循的标准，对与支付系统相关的争议进行仲裁，可对支付系统参与者发布指令。

（二）制定指定支付系统的接入制度

对于指定支付系统，澳大利亚储备银行可以在征求意见的基础上，制定其参与者接入制度，并要予以公告。制定该制度时，澳大利亚储备银行需要考虑以下因素：

（1）设立接入制度是否符合公共利益；

（2）是否符合系统中当前参与者的利益；

（3）是否符合未来希望加入系统的机构的利益；

（4）澳大利亚储备银行认为相关的其他事项。

若被拒绝加入指定支付系统的机构认为，被拒绝加入违反了参与者接入制度，则该机构可要求澳大利亚储备银行依法利用其权力发布指令以作出补救。也可向联邦法院申请裁定。

（三）制定指定支付系统的标准

若澳大利亚储备银行认为制定标准符合公共利益，则可以书面形式制定支付系统参与者应遵守的标准，并予以公告。比如，澳大利亚储备银行会为指定支付系统的交换费制定标准。但是，未遵守标准不会视作违法，但澳大利亚储备银行可根据规定对该行为发布整改指令。

（四）与指定支付系统相关的争议仲裁

澳大利亚储备银行的仲裁只适用两类争议：一是两个或两个以上指定支付系统参与者之间，因系统相关事项而产生的争议；二是某个人与两个或两个以上指定支付系统参与者之间关于是否遵守了接入制度的争议。

若澳大利亚储备银行认为争议会引起支付系统的参与者资金安全、效率、竞争力或者金融系统的风险；同时，争议双方同意澳大利亚储备银行安排仲裁的情况下，澳大利亚储备银行必须安排仲裁。仲裁由澳大利亚储备银行行长或其书面指定人处理。

（五）向指定支付系统发布指令

若澳大利亚储备银行认为参与者未遵守标准或者未遵守准入制度，可向其发出书面指令，要求参与者采取或不得采取所规定的行动。参与者违反指令即属违法，将要缴纳一定的罚金。

此外，澳大利亚竞争与消费者委员会依据《交易行为法》对支付系统也有监管权力，有权参与接入制度和交换费标准制定。因此，澳大利储备银行需就此与该委员会进行政策协商，联合制定有关接入制度和标准。

三、澳大利亚储备银行主要监管改革工作

支付系统董事会 1998 年成立，成立当年建成澳大利亚实时全额支付系统。其后，董事会的工作重心转移到零售支付系统监管，以不断促进零售

支付的效率和促进竞争。澳大利亚储备银行在支付系统董事会成立以来的主要监管改革工作有以下几个方面。

（一）加强支付系统研究

澳大利亚储备银行密切关注支付系统的发展趋势和状况，定期收集金融机构和支付系统运行者的支付业务数据并每月发布，同时每年编制支付系统董事会年报，以整体反映国内国际支付行业发展情况。澳大利亚储备银行会与其他海外国家的有关监管当局保持联系，尤其是国际清算银行的支付与市场基础设施委员会（CPMI）的各央行成员单位。澳大利亚储备银行的重要研究工作有：一是不定期开展监管改革工作成效评估。2007－2008年，澳大利亚储备银行开展了此前的卡支付系统改革评估，2010－2012年开展了澳大利储备银行支付系统创新战略研究。二是定期开展支付成本研究。早在2000年，澳大利亚储备银行与澳大利亚竞争与消费者委员会就支付成本问题开展了联合研究，发现当时的卡支付系统存在定价不合理，定价过高，与卡支付的相应成本严重背离。其后又于2007年、2014年再次对支付成本问题专题研究。三是澳大利亚消费者支付方式研究。澳大利亚储备银行先后于2008年、2010年、2013年三次对澳大利亚人的支付方式进行研究，以了解澳大利亚人的支付模式演变及趋势。

（二）卡支付监管改革

总体上，澳大利亚对支付系统的监管干预很少，支付系统董事会倾向于鼓励行业自身能够找到解决问题的办法，而只有当行业自身无法解决而又不利于公共利益时才会采取监管措施。在总体监管干预不多的背景下，卡支付系统和ATM系统却是澳大利亚储备银行依法监管干预较多的系统。这些监管干预（也称监管改革）的目的是解决这些系统的定价和接入的不合理问题。

一是交换费改革。在澳大利亚，交换费通常是指在刷卡交易中收单行支付给发卡行的费用[5]。2001年，根据《支付系统监管法》，支付系统董事

5　交换费容易被误解为等同中国的商户刷卡扣率，其实不然。

会指定了澳大利亚银行卡（Bankcard）[6]、万事达贷记卡（MasterCard Credit）、维萨贷记卡（Visa Credit）为支付系统。2003 年，支付系统为上述三个系统分别制定了标准，设定了不同的基准交换费，并要求增加透明度。2006 年，支付系统董事会在测算卡系统的平均成本基础上，统一基准交换费为 0.5%。在借记卡方面，2004 年，支付系统董事会指定了维萨借记卡（Visa Debit）、EFTPOS 借记卡系统。2006 年，支付系统董事会为每个指定的借记卡系统制定了交换费标准。2013 年，支付系统董事会又根据 EFTPOS 系统结构的变化制定了一项新的标准。目前，指定的借记卡系统的统一基准交换费标准是单笔不超过 12 澳分。万事达借记卡（MasterCard Debit）系统由于规模较小，没有被指定，但是其自愿采取统一基准交换费标准。这些卡系统被指定后，平均交换费出现了较大幅度下降。

二是取消无附加费规则。附加费是指商户在持卡人刷卡过程中在消费金额之外附加收取的费用，商户可以借此转嫁和弥补刷卡交易的成本。无附加费规则即禁止了商户将刷卡成本转移持卡人。2003 年之前，澳大利亚卡系统实行无附加费规则。在这一规则下，各卡系统为了增加其品牌卡交易，会通过提高交换费以使发卡行有更多的动力来发行该品牌卡，同时发卡行也有更大动力采取积分或回馈等优惠措施促进持卡人使用。这也意味着各卡系统竞争结果不是使交换费降低了，而是提高了。在无附加费的规则下，商户如果不能通过提高零售价格转嫁这一成本，则必须自己承担。商户如果通过提高零售价格转嫁这一成本，则对现金付款消费者不公平，他们未使用刷卡服务，却承担了刷卡交易成本。也就是说，在无附加费规则下卡系统的竞争首先造成了交换费的提高，其次造成了要么现金付款者要么商户承担了不应承担的交换费成本。2003 年，支付系统董事会制定了指定贷记卡系统的一个标准，该标准允许商户可视情况向贷记卡持卡人收取附加费。没有被指定的美国运通卡（American Express）和大莱卡（Diners Club）自愿接受这一标准。2007 年，支付系统董事会又制定了针对维萨借记卡系统的标准，即允许商户向持卡人收取附加费。2013 年，为防止

6　该卡系统已于 2007 年停止运营，澳大利亚储备银行已撤销了对其的指定。

商户收取过多附加费，支付系统董事会修改了关于附加费的标准，即允许卡系统适当将商户收取的附加费限制在一个与成本相适应的合理范围内。

三是取消全卡受理规则。全卡受理规则要求商户接受某卡系统的一种卡（如贷记卡），就必须接受该系统的其他所有卡（如借记卡）。该规则的取消，意味着商户拥有拒绝同系统的其他卡的权利，从而增加了商户与收单行就商户服务费谈判的筹码。

四是改革接入规则。2004 年，支付系统董事会制定了万事达卡和维萨贷记卡系统接入标准。该标准要求，特别信用卡机构（Specialist Credit Card Institutions，SCCIs），可以像其他存款类金融机构一样接入贷记卡系统。2014 年，在征求意见的基础上，支付系统董事会宣布一项原则性的决定，允许卡系统更大范围扩大接入会员。在借记卡系统方面，支付系统董事会也实施了 EFTPOS 系统的接入标准。这个标准是为了解决该系统的新入者需要与众多现参与者逐一协商的问题。该标准限制了现参与者对新参与者收取不合理交换费或者其他费用。

四、ATM 系统改革

2008 年末，根据行业建议，支付系统董事会指定了 ATM 系统。其当时主要基于三个考虑：一是 ATM 系统的交换费不合理，缺乏透明度和弹性，尤其是在他行 ATM 交易的交换费基本脱离了其交易成本。二是储备银行认为缺乏弹性的交换费长期将会导致 ATM 数量下降，因为 ATM 布放机构尤其是那些独立的非银行机构认为，布放 ATM 无利可图，特别是在成本高而交易量少的地区。三是拟加入 ATM 系统的新参与者要面临较大的困难，可能会有损竞争。在 2009 年，支付系统董事会制定了 ATM 系统的接入标准。该标准对接入费用（现参与者对新参与者收取的一次性联接成本）设定了限额并取消了大多数情况下的交换费。为配合储备银行的接入标准，澳大利亚支付清算协会也制定了相关接入规范。2012 年，支付系统董事会修订了接入标准，增加了储备银行对某些不符合接入标准和有关交换费要求的 ATM 安排的豁免权。支付系统董事会对 ATM 行业参与者提议的减少某些偏远社区的高昂 ATM 费用的安排给予了豁免。储备银行对

ATM 的改革消除了发卡银行对持卡人在他行 ATM 上交易的费用。目前，持卡人在 ATM 上交易将直接由 ATM 布放机构收取相关交易费用，在交易过程中，消费者可以了解到收费标准并可以取消交易。据有关调查显示，ATM 系统的改革导致了持卡人消费行为的改变，更多的人愿意在本行 ATM 取款，每年大概可节约 1.2 亿澳元费用支出。他行 ATM 交易成本有降有升，平均费用不变。而接入标准的改革使得新参与者的接入更容易。改革随后两年 ATM 数量的增幅有所扩大。

专栏4.2 澳大利亚 ATM 系统收费改革

2009 年 3 月 3 日，由澳大利亚储备银行牵头的 ATM 系统收费改革正式实施。此项改革的目的在于提高澳大利亚 ATM 业务的竞争性与透明度。主要做法是将储备银行此前所拥有的定价权转移给 ATM 所有者，并改变收费模式。这是储备银行将公共政策由传统干预型和单纯关注型向主动认识型转变的成功实践。

研究发现，储备银行在推动此项改革时，主要考量了五个方面因素：一是参与者的竞争与合作，是确保零售支付系统持续发展的基础；二是支付系统公共政策目标，是系统的整体利益和社会利益；三是卡基零售支付系统的发展，必须妥善处理与信用卡国际组织的关系；四是提高安全性是以在线支付为代表的新型支付工具发展的当务之急；五是不断增强支付系统对消费者的透明度，有利于保持支付系统竞争性并提升整体社会效益。

一、澳大利亚 ATM 系统收费改革基本情况

（一）改革动因：提高服务的竞争性、透明度以及效率

改革前，澳大利亚 ATM 系统跨行交易收费标准由澳大利亚储备银行负责制定，基本规则是由储备银行制定 ATM 系统信息交换费的计算方法，然后每三年根据跨行交易业务量在全部业务量中的占比、ATM 系统的运营成本、相关设备的折旧等基础数据计算出一个跨行交易费用。实

85

质是 ATM 系统跨行交易收费标准执行储备银行规定的管制价格。从 2001 年开始，澳大利亚 ATM 系统的相关参与方以及储备银行逐渐认识到该收费规则存在三个重要缺陷。

一是 ATM 所有者不能决定对使用其服务的客户的收费标准。改革前，如果持卡人使用了非发卡行的 ATM，ATM 所有者将向发卡人行（持卡人开户行）收取跨行交易费用。该费用实际上已经固定了许多年，而且对 ATM 所有者而言，这一费用是不可能协商增加的。随着 ATM 布放成本的日益增高，ATM 所有者在许多地方配置机具无利可图的风险持续增长（尤其是非银行的专业化公司在高成本和低业务量地区布放的 ATM）。

二是收费安排缺乏透明度。改革前，发卡行向 ATM 所有者支付跨行交易费用后通常均将该费用转嫁至持卡人，即当 ATM 所有者未向持卡人收取 ATM 跨行使用费时，绝大多数的持卡人因该交易被发卡行收取了通常被称为"外来费用"（Foreign Fee）的转嫁费用。这些外来费用在跨行提款或查询余额时并不显示，而是在银行收费的一般条款中披露并在月末借记客户账户。这种收费模式（或者说费用转嫁模式）导致许多持卡人因无法清楚地记得使用他行 ATM 而觉得混乱。

第三个缺陷则与新参与者的准入有关。澳大利亚 ATM 系统并无严格的准入限制，金融机构、非银行的专业化公司均可以布放 ATM 机具。但在跨行交易收费最终取决于 ATM 所有者和金融机构（发卡行）之间的双边安排的情况下，储备银行近几年来收到了大量与新参与者进入 ATM 市场时面临困难的投诉。新参与者需要与每一个现有参与者进行联系并与他们建立关系，而非通过一个点接入整个系统。

基于公认的上述三大缺陷，为进一步提高澳大利亚 ATM 服务（供给）的竞争性，增加对消费者的透明度以及确保 ATM 系统的活力与效率，在储备银行的推动下，澳大利亚 ATM 系统跨行交易收费标准改革在 2009 年 3 月 3 日正式实施。

（二）改革内容及意义：从管制价格到市场价格的"跳跃"

澳大利亚 ATM 系统收费改革的核心内容是以持卡人的直接收费方式（Direct Charging at ATM）替换此前"分段式"的间接收费（ATM 所有者向发卡行收取跨行交易费、发卡行则以收取"外来费用"的方式向持卡人转嫁费用）。

直接收费方式的具体做法是当持卡人在非发卡行 ATM（Foreign ATM）上进行提现或查询余额时，ATM 所有者将立即向持卡人收取费用。该费用在该笔交易正式进行前将在 ATM 屏幕上明确显示，如客户不愿支付费用或者认为附近有收费更便宜的 ATM，即可取消该笔交易。直接收费在使用发卡行拥有的 ATM 时则不会征收。此外，一些有适当安排的典型的小机构将允许其客户免费使用非其所有的 ATM 提取现金。

对 ATM 所有者而言，直接收费赋予其 ATM 跨行交易收费标准的定价权，改变了原间接收费状态下收费标准由储备银行确定且难以协商变动的状况。

对发卡银行而言，直接收费一方面简化间接收费方式下，月末借记客户账户的程序，杜绝了因转嫁（增收）费用而收到的大量客户投诉；另一方面其作为重要的 ATM 所有者，同样拥有了上述定价权。

对储备银行而言，直接收费完成了跨行交易收费从管制价格到市场定价的"跳跃"，也摆脱了围绕基础数据制定收费区间的烦琐工作。

（三）改革的基本原理：市场机制下的资源配置最优化

总体来看，以所有者向使用者的直接收费，取代原有间接收费的基本原理，是以市场机制下的价值规律引导资源配置最优化的必然选择。

从 2001 年开始，储备银行多次对 ATM 系统中跨行交易费用的改革表示过关切。跨行交易费用在管制价格下的不透明（客户事后得知、双边协议安排），使跨行交易收费陷入"尴尬"境地。管制价格的结果是，ATM 系统运行的宏观、微观层面产生了根本性的矛盾。微观层面上，由于跨行信息交换的成本、收益不配比而且几乎没有竞争压力，形成了 ATM 所有权与收益权的错位和持卡人被动承担固定跨行交易费用的弱势地位。而宏观层面上，随技术进步和交易量日渐增加，使用 ATM 跨行服务的总体费用呈下降趋势，但持卡人却无法享受服务成本下降的利益（这部分利益被发卡银行"侵吞"了）。

相反，直接收费赋予了 ATM 所有者定价权，纠正了 ATM 所有权与收益权的错位现象，而允许 ATM 所有者通过提供比附近地区 ATM 更低的费率来直接展开业务竞争，又在微观层面将竞争机制引入了 ATM 服务供给领域，为 ATM 服务进一步细分提供了可能。此外，竞争机制的引入，也有望在未来为持卡人提供更低成本的 ATM 系统，这与改革前 ATM 所有者的收入和持卡人的支出，均被居于强势地位的银行控制相比更为理想。

（四）实施效果

实施直接收费后的第一个重要效果，是此前广泛存在的跨行交易费用转嫁方式——"外来费用"彻底消失。

该项改革实施后，竞争的力量如预期被广泛释放。起初，澳大利亚四大银行中的两家宣布仍将保留外部费用，虽然其中一家适当降低了收费标准。但由于银行客户的迅速反映，这两家银行废止了"外来费用"。

效果二是在竞争机制作用下，差异化的直接收费标准已初步形成。在新的安排下，绝大多数 ATM 所有者收取 2 澳元/笔的跨行交易费用，但澳大利亚国民银行收取 1.50 澳元/笔，还有一些 ATM 所有者的收费标准低于 1 澳元，以及部分小机构为其客户提供免费跨行提现服务，另一些机构则联合其他小机构组成免费 ATM 网络。总之，绝大多数持卡人在 ATM 交易方面未比原先支付更多，且有了节省的机会。此外，部分 ATM 所有者还针对不同地区、不同时间的跨行交易制定了不同的收费标准。

效果三是由于收费被要求强制披露，收费标准应在持卡人提现或查询账户前提示，交易取消就不产生任何费用，大大增强了 ATM 跨行交易收费透明度。尽管基于不同机构，收费标准出现了更多变化，因此也产生了持卡人新的质询，但由于在跨行交易实际发生前，持卡人就可获知收费标准，因此改革前的投诉和纠纷大大减少。

效果四是银行卡跨行提现交易出现了下降迹象。根据部分 ATM 所有者的报告，当一些顾客在被提示收费时决定不再提现。

此外，储备银行所担心的实施直接收费后，可能出现 ATM 所有者会在缺乏竞争的地区提高收费标准的情况尚未被证实。

从实施效果来看，储备银行力推该项改革以增强 ATM 系统竞争力和透明度的主要目标已初步实现。同等重要的是，现在 ATM 所有者可以在一个竞争的市场中决定其服务价格，具备了改革和发展 ATM 网络的动力。

二、澳大利亚储备银行关于零售支付系统发展基本问题的考量

澳大利亚 ATM 系统收费改革实施后，储备银行行长格伦·史蒂文斯和副行长菲利普·洛威于 2009 年 3 月下旬分别论述了澳大利亚零售支付系统改革的基本问题。

（一）参与者的竞争与合作是确保零售支付系统发展的基础

支付系统是基于网络技术上的金融服务。联网运行是支付系统发展至今的重要特征。在联网运行的支付系统中，参与者在彼此竞争的同时，有时必须合作。因此，整个支付产业面临的挑战，就是如何促进该领域必需的竞争与协调。

储备银行在 2007－2008 年组织支付系统评估时发现，以双边协定为基础框架的澳大利亚 ATM 和 EFTPOS 系统，表现出的协调性差的问题已延迟了零售支付系统改革创新的步伐。虽然各类改革建议被付诸实施，但进展有限。这或许反映出这些改革建议并不符合市场需求的事实。但储备银行认为，缺乏高效、有力的跨机构协调机制，是造成零售支付系统改革进展缓慢的重要因素。这也是储备银行高度重视并积极参与 ATM 和 EFTPOS 系统改革进程的重要原因。

储备银行认为，有足够的理由来重新审视支付系统的合作和竞争。虽然科技自 ATM 和 EFTPOS 系统建立以来已发展了 25 年左右，但过去二三十年中澳大利亚支付系统的根本建筑并未发生大的变化。因此，尽管支付系统基础设施仍能较好地服务于澳大利亚经济，但革新和改变的压力也一直在积蓄。

储备银行认识到，澳大利亚零售支付系统的网络结构需要更新，而且消费者服务已开始落后于其他国家。储备银行很早就开始关注网上实时支付系统、B2B支付和在线支付等产品，这些产品已在其他国家取得进展，但在澳大利亚却一直未能得到充分发展。尽管金融机构已在发展支付产品方面，开展了足够的竞争，但在改革创新方面的合作，仍不充分。

（二）中央银行支付系统公共政策目标是系统的整体利益和社会利益

储备银行认为，支付系统公共政策的目标是尽最大可能确保竞争的益处与合作的必要性之间的正确平衡，以确保广泛利益的需要和合理标准。其中，竞争对于确保长期成本最小和消费者选择最大化至关重要，合作则是确保支付网络能被广泛接受，进而提升经济福利的关键。

从网络经济学的观点分析，当且仅当充分的标准或标准之间的变化不能在竞争性的网络中及时获得时，应通过公共政策采用调整性的干预。公共政策所扮演的角色，就是处理市场参与者决策固有的外部性问题及尊重和维持竞争力。

储备银行认为，零售支付系统的协调问题，最好能由支付系统参与者或支付产业自身解决，如果不能实现，就须考量其他选择，包括中央银行以规则制定者的身份进行监管。换句话说，储备银行所肩负的维护支付系统安全与效率的职能，主要应用于支付系统参与者或支付产业无法依靠自身力量解决的"外部性"问题。尽管现有的澳大利亚ATM系统收费改革是在储备银行推动下作为一项公共政策而实施的，但储备银行仍希望有一种共同管理的模式在未来出现。

（三）卡基零售支付系统的发展，必须妥善处理与信用卡国际组织的关系

以卡基支付工具为载体的支付命令是各国零售支付系统处理的主要业务。目前在各卡通用的规则下，零售支付系统的使用者不仅仅是其国内居民，还包括持有各类信用卡国际组织标识银行卡的外国人。在日益

开放的经济环境下，各国零售支付系统的发展必须妥善处理与信用卡国际组织的关系。目前储备银行为促进零售支付系统正与维萨、万事达等信用卡国际组织就以下议题展开谈判。

1. 改变现有的各卡通用规则

储备银行认为，改变各卡通用规则，赋予商户受理或拒绝某种卡的自由，是促进竞争环境的重要方式。储备银行已多次就此与信用卡国际组织开展了讨论。

2. 增强信用卡国际组织的收费透明度

储备银行正和信用卡国际组织讨论提高收费透明度的可能性。第一种可能是信用卡国际组织披露收单方在标准交易中支付的平均费用。第二种是信用卡国际组织披露其与澳大利亚交易相关的特殊费用标准。第三种是信用卡国际组织允许收单方向商户披露其向信用卡组织支付的费用，并且向储备银行提供这些信息以便随时监管。

3. 督促信用卡国际组织就信息交换费上限作出承诺

ATM 系统收费改革后，储备银行曾担心信用卡跨行交易收费会上升，最终损害持卡人利益。储备银行希望，信用卡国际组织能承诺，将加权平均的跨行信息交换费限制在交易金额的 0.5% 以内。而信用卡国际组织所关心的则是储备银行公共政策的竞争中立性，因此信用卡国际组织并未排除作出承诺的可能性。

（四）提高安全性是以在线支付为代表的新型支付工具发展的当务之急

在零售支付系统中，除 ATM 和 EFTPOS 系统外，储备银行也十分关注在线支付的发展。但与其他零售支付系统相比，澳大利亚在线支付发展明显滞后。储备银行指出，过去一两年间，尽管系统主要参与者通过新型在线支付方式 BPAY 努力推动其广泛应用，但满足主要参与者诉求的进展一时还难以取得。

一方面，消费者希望在线购物时有更多的支付选择，而不必使用国际组织发行的信用卡。缺乏足够的选择削弱了竞争。另一方面，在线交易欺诈案似乎也在稳定增长。几乎一半信用卡欺诈案发生在银行卡的在线支付情况下，2008年澳大利亚信用卡欺诈案增长约50%，破坏了消费者对于在线交易的信心。

储备银行认为，在信用卡国际组织花精力应对欺诈率上升的同时，各参与者应为消费者提供更安全的支付选择。在线支付改革方面，必须提高支付系统竞争性和确保在线支付安全性。

（五）不断增强支付系统对消费者的透明度，有利于保持支付系统竞争性并提升整体社会效益

储备银行认为，透明度是增强支付系统竞争力的重要组成部分。这种透明度不仅包括提高改革进程中，支付系统参与者的"介入"程度，确保无论金融机构大小都可以充分参与，而且包括面向零售支付系统消费者的信息开放。对消费者而言，支付系统的两项信息最为重要：一是支付手段的描述，如在卡基支付中，消费者需要了解商户可以受理哪些类型的卡；二是价格信号，即消费者对使用支付系统服务价格（费用）的知情权。

根据上述五个方面的仔细考量要素，储备银行初步确定了以提高竞争程度为方向的四项具体措施，以改革零售支付系统。具体包括：一是改革EFTPOS系统的管理，提高其与信用卡国际组织的竞争力。二是进一步修改各卡通用的规则，允许商户根据受理各类卡的成本和收益，自行决定受理哪些卡。三是促进支付工具的多元化，为消费者提供更多的在线支付方式选择。四是增强收费项目透明度。

五、支付系统创新的战略评估

2012年，澳大利亚储备银行认为，澳大利亚支付系统的合作创新已经滞后，并出现了越来越多的明显不足。为此，支付系统董事会于2012年宣布开展支付系统创新战略评估。

（一）支付系统的不足

澳储行主要从支付的及时性、可接入性、易用性、易兼容性、安全和可靠性等方面分析其支付系统的不足。主要不足存在于以下几个方面。

一是实时支付。公众、政府部门、商业机构目前都还不能普遍实现准实时支付。对于收付款人在不同机构开户的情况，目前澳大利亚的零售支付系统可以保证在下一个交易日到账。支付系统董事会认为这个及时性明显落后于国际最佳实践，也没有达到公众的预期和现代经济的需要。

二是全天候支付。支付系统董事会认为，社会经济的深入发展需要在正常银行营业之外时间能够接入支付系统，即实现 7×24 小时的全天候支付。但是，对于支撑着大多数商业支付和网上银行转账的直接借贷记系统，还不能实现全天候支付。比如，汇款人星期五通过网上银行向他行用户进行付款，收款人最早也要到下周一才能收到款项。因此，支付系统董事会考虑推动实现正常工作时间之外的银行间结算，从而实现在工作日晚上和周末也可以收到资金。

三是信息流和资金流的同时传送。目前，澳大利亚的直接借贷记系统只允许一笔支付附带 18 个字的附言。这意味着基本不可能对一笔电子支付进行解释说明。这对于家庭用户不方便，对于商业用户更加不方便。商业用户为此往往弃用电子支付转而选择可以附页的支票进行支付。或者，他们在支付之外再另行发一个独立的汇款说明信息，并等待收款人匹配这个资金流和信息流。无论哪种方式，对于商业用户都不是很方便。

四是收款人信息。决定支付系统易用程度的一个关键因素是收款人信息的填写过程。目前，支付到银行账户需要填写收款人的银行网点（Bank – State – Branch，BSB）代码和账户号码。很多情况下，个人都记不住这些信息，要输入这些多达 15 位数字的号码经常会出现错误。国际上很多系统都采用诸如电话号码或者邮箱地址等容易记住的东西作为识别标志。

（二）创新评估的结论

2012 年，支付系统董事会完成了支付系统创新战略评估。评估结论认为，消除支付系统合作创新的障碍长期看有助于维护公共利益。为此，储备银行认为可以从两个方面来改进合作。

一方面，支付系统董事会应该提出更加积极主动的战略目标。支付行业应该努力以最有效的方式来共同实现这一目标。支付系统董事会提出了如下创新发展战略目标：

（1）2013 年末前实现所有直接支付的同日结算；

（2）2016 年末前实现实时零售支付；

（3）2016 年末前实现银行工作时间外小额支付；

（4）2016 年末前扩容支付附加信息可容纳的字数；

（5）2017 年末前实现更简单的识别收款人方式。

另一方面，建立一个高级的行业协调机构来识别和实现以上战略目标，以及协调解决行业发展的其他战略问题。

（三）创新战略评估目标落实进展

一是成立了澳大利亚支付理事会（Australian Payment Council）。支付理事会是由储备银行与澳大利亚支付清算协会发起，从战略角度研究支付系统问题的高级别行业协调机构，可以就有关战略问题直接与支付系统董事会对话。由于致力于改进行业的内部协调，支付理事会由支付行业的众多机构组成，包括金融机构、卡组织以及其他支付服务提供者。同时，储备银行也认为，建立支付系统的用户（消费者、商户、商业机构和政府部门）就支付系统重要决定提供有效建议的机制也很重要。因此，在建立支付理事会同时，储备银行也发起设立了用户咨询工作组（User Consultation Group），这为用户在政策制定过程中提供了表达意见的渠道。

二是实现了创新战略评估的第一个目标——直接借贷记系统的当日结算。此前，直接借贷记系统的跨行交易需要在下一个工作日的早上 9 点进行结算。当日结算的实现可以让收款人更加及时收妥款项，同时也消除了收款银行的信用风险。

三是推进建设 NPP 支付平台（The New Payment Platform，NPP）。NPP平台设计初衷就是成为支持未来创新的平台，是储备银行推动实现创新战略评估目标的主要抓手。NPP 系统建成后将成为全球为数不多可提供实时支付与结算的系统。澳大利亚成立了专门机构——NPP 平台指导委员会

（The New Payment Platform Steering Committee）来负责 NPP 平台项目设计和实施。相比于现在分散式双边支付架构，NPP 系统采用集中式的多边支付架构，系统联接存款类金融机构和其他获准接入的机构，可以支持更快更灵活的支付信息交换。同时 NPP 平台还将联接储备银行的账户结算系统，从而可以实现每笔 NPP 支付的实时结算。届时 NPP 系统和储备银行的结算系统都将实现 7×24 小时服务。NPP 系统还可以支持个性化的支付需求。比如，用户可以通过在智能手机上下载一个应用程序，输入收款人的手机号或者邮箱地址，收款人可以在几秒钟后收到款项。系统的实时特征，结合支付指令的较大弹性、可携带充分的支付附言以及方便的收款人信息录入，可以成为未来创新的多功能平台，并可以让支付更好地与其他电子系统整合。储备银行期待 NPP 平台能够大幅提升支付效率，并明显改善支付系统的及时性、易接入性、易操作性。

从目前实施情况看，NPP 项目得到了行业的广泛支持。有 17 家机构为 NPP 系统的开发提供了资金支持，其中既有澳大利亚本地的大型银行，也有外资银行，还有地区性银行、互助金融机构，还有 Paypal 支付公司。NPP 系统建设项目预计在 2016 年末完成。

第五章

货 币 政 策

第一节　澳大利亚货币政策框架概述

澳大利亚货币政策由澳大利亚储备银行制定与执行，主要涉及货币市场隔夜拆借利率——现金率的设定。因市场上的其他利率都或多或少受现金率的影响，货币政策通过现金率影响金融市场的借贷双方。

一、货币政策目标

1959 年《储备银行法》规定，澳大利亚储备银行的货币政策目标主要为：（1）币值稳定；（2）确保澳大利亚的全面就业；（3）促进澳大利亚经济繁荣和澳大利亚人民的福祉。自 1993 年起，以上目标在实际操作中转化为每年 2%～3% 的 CPI 增长率。货币政策旨在中期内实现上述目标。控制通货膨胀维护了货币的价值，长期看，这是货币政策有助于建立经济增长稳固基础的主要方式。

二、货币政策框架

因货币政策的主要中期目标为控制通货膨胀，通货膨胀目标顺理成章为整个货币政策框架的中心。澳大利亚储备银行行长和澳大利亚财长同意，货币政策的合适目标是实现经济周期内平均 2%～3% 的通胀率。这一水平的通货膨胀率足够低，不会对经济决策产生实质性的干扰。实现这一通货膨胀水平的过程，实际为货币政策决策带来了约束，也为私人部门的通货膨胀预期提供了稳定锚。

考虑到预测过程中不可避免的不确定性以及货币政策对经济的滞后效

应,通货膨胀目标被定义为中期平均值。澳大利亚和其他国家的经验表明,在一个较窄区间内对通货膨胀进行微调是困难的。通货膨胀目标也要具备前瞻性。这就使货币政策在整个经济周期中得以熨平产出波动。当整个经济的总产出不足、通货膨胀压力下降时,放松货币政策会对经济活动带来短期刺激。澳大利亚自20世纪90年代初开始采取通货膨胀目标制。

专栏 5.1 澳大利亚通货膨胀目标制的经验与启示

澳大利亚储备银行于1993年4月开始实施通货膨胀目标制,是世界上实施该项政策较早的中央银行之一,目前来看也有比较成功的经验。澳大利亚储备银行的通货膨胀目标制有以下几个突出特点:(1)通货膨胀目标由储备银行与联邦政府联合制定,由中央银行行长和联邦政府财政部部长联合签署协议予以确认。(2)通货膨胀目标被定位在一个经济周期中,平均通货膨胀率为2%~3%。但没有明确指出一个经济周期的具体时间长短。中央银行更多关注通货膨胀率中期表现,允许短期内波动范围超越目标区域。(3)储备银行采取的通货膨胀参数是 CPI,但该参数扣除了包括水果、蔬菜、汽车燃料、按揭贷款利息、公共部门产品和服务,以及其他波动较大的商品价格。(4)货币政策的主要操作工具是现金率。储备银行在制定货币政策后,通过公开市场操作影响现金率,进而影响整个金融机构存款和贷款利率,并通过较长的时滞后,最终影响到经济活动和通货膨胀水平。(5)储备银行拥有较高的独立性和货币政策透明度。负责货币政策决策的9名储备银行委员会委员,除了来自储备银行的3名内部委员外,外部有6名委员,至少5名为非政府官员。

从实施效果看,实施通货膨胀目标制以来,澳大利亚经济和市场调节的有效性提高,具体表现为经济增长率明显提升,通货膨胀率和失业率下降,波动率也明显下降。但不可忽视的是,在实施通货膨胀目标制以来的大部分时间里,正值世界处于通货膨胀下降周期。因此,考察澳大利亚通货膨胀目标制的长期效果,还需要更长时间。

澳大利亚的通货膨胀目标制之所以取得成功，与以下几点经验密切相关。第一，根据本国经济金融发展形势选择实施通货膨胀目标制的最佳时机是目标制取得成功的重要前提。第二，灵活通货膨胀目标期限为中央银行货币政策决策提供的宽松操作空间是通货膨胀目标制取得成功的关键。第三，储备银行较高的独立性是通货膨胀目标制取得成功的根本保证。第四，较高的货币政策透明度为通货膨胀目标制成功实施提供了有力支持。

但澳大利亚通货膨胀目标制也存在两方面问题与不足。一是对通货膨胀目标设定的相对灵活的期限在为货币政策操作提供便利的同时，若处理不当，也可能带来相反效果。如通货膨胀率较长时期在目标范围之外浮动，储备银行又没有提出相应对策和合理的解释，就有可能使公众对储备银行及其货币政策有效性产生怀疑，进而影响储备银行信誉和市场通货膨胀预期。二是通货膨胀目标制似乎没有更多有效方法来遏制输入型通货膨胀的蔓延。因此，澳大利亚通货膨胀目标制在未来一段时期将面临严峻挑战。

澳大利亚通货膨胀目标制经验对中国货币政策有六点启示。第一，各国应根据本国经济金融发展实际选择适合国情的货币政策框架，适合不同经济体的"万能型"货币政策目标与框架尚不存在。第二，在经济全球化背景下，输入型通货膨胀使货币政策有效性受到挑战，货币政策需要其他政策协同配合，才能充分发挥作用。第三，市场经济条件下，提高货币政策透明度，合理引导市场预期，对提高货币政策有效性日益重要。第四，提高中央银行独立性和责任性，成为建立现代货币政策体系的核心。第五，加强对有关经济指标的预测对提高货币政策前瞻性和有效性不可或缺。第六，为进一步疏通货币政策传导渠道，还要进一步加快利率制度改革，积极推进利率市场化进程，逐步形成中国基准市场利率，提高货币政策操作有效性。与此同时，还需有步骤地积极推进汇率的自由浮动，逐步摆脱汇率制度对货币政策的掣肘。

专栏5.2 澳大利亚通货膨胀目标制的制度框架

一、通货膨胀目标制的法律框架

与大多数实行通货膨胀目标制的国家不同，澳大利亚在实施通货膨胀目标制之初，并没有颁布专门的法律和规章对通货膨胀目标制进行规范。只是在1993年4月，由当时的澳大利亚储备银行行长公开进行了宣布。直到1996年，新一任储备银行行长任命之后，才由财政部部长和储备银行行长签署了一个协议，从制度上对澳大利亚实行通货膨胀目标制进行了规定。协议对储备银行与政府的关系、货币政策目标、货币政策透明度进行了规范和说明。协议指出，1959年的《储备银行法》规定了储备银行的货币政策目标是促进币值稳定、充分就业、经济增长和社会福祉。储备银行和澳大利亚联邦政府一致认为，低通货膨胀和低通货膨胀预期对于实现上述目标具有重要意义。因此，货币政策的上述目标需要通过通货膨胀率这一中介目标来实现。这标志着澳大利亚从法律和制度的角度对实行通货膨胀目标制进行了明确。此后，2003年7月、2006年9月和2007年12月，澳大利亚储备银行行长和联邦政府财政部部长先后三次在储备银行行长任命和联邦政府换届之际签署协议，对通货膨胀目标制及其相关内容进行确认和补充。2008年，澳大利亚出于进一步提高储备银行独立性的考虑，准备修改《储备银行法》，在新修订的《储备银行法》中，通货膨胀目标制进行明确界定。

二、通货膨胀目标标准设计

确定一个合理的通货膨胀目标是通货膨胀目标制取得成功的关键。在开始实施通货膨胀目标制的1993年，储备银行将澳大利亚的通货膨胀目标定位为2%~3%，并在1996年通过正式协议的形式进行了明确。此后，虽然几经政府换届和储备银行行长换人，但这一政策目标一直没有变动。目前，澳大利亚采取的通货膨胀参数是扣除了水果、蔬菜、汽车燃料、抵押贷款利息、公共部门产品和服务，以及其他波动较大的商品价格的CPI，并根据经济发展情况，定期进行调整。在正式协议中，储备银行将通货膨胀目标定位在一个经济周期中，平均通货膨胀率为2%~3%。他们认为，这样的一个通货膨胀水平可以较好地促进经济的稳定快速增长。同时，协议指出，如果通货膨胀率能够在中期内保持稳定表现，允许短期内的波动范围超越这一目标区域。但在协议中，储备银行没有明确指出一个经济周期的时间长短，也没有给出储备银行可以接受的短期内通货膨胀率超越政策目标的范围。这就为储备银行的货币政策操作提供了灵活空间。但如果通货膨胀率超过了目标区间范围，储备银行需要对澳大利亚众议院作出解释和说明。

三、中央银行的独立性

一般而言，中央银行的独立性分为完全独立性和部分独立性。完全独立性是指中央银行既获得了货币政策目标的制定权，又被赋予了实施货币政策的独立性。前者称目标制定独立性，后者称工具运用独立性。从目前已实行通货膨胀目标制的国家来看，并非所有中央银行均获得了完全独立性，但几乎所有中央银行都获得了部分独立性，即工具运用的独立性。通货膨胀目标是由政府制定的，而运用货币政策工具来实现货币政策目标则由中央银行独立负责。从澳大利亚的情况看，其货币政策的目标是由储备银行与联邦政府联合确定的，在目标独立性方面要优于一些由政府制定通货膨胀目标的国家，而劣于由中央银行单独确定通货膨胀目标的国家。

在工具独立性方面，《1959年储备银行法》赋予了澳大利亚联邦储备银行独立进行货币政策决策和货币政策执行的职责。在1996年储备银行行长与联邦政府财政部部长联合签署的协议中，进一步强化和明确了储备银行在制定和执行货币政策中的独立性。协议指出，联邦政府承认和尊重储备银行在其制定和执行货币政策中的独立性，并会采取与货币政策相适应的财政政策促进通货膨胀目标的实现。但同时要求储备银行要加强与联邦政府的联系与沟通，及时将货币政策决策知会联邦政府。作为整个宏观经济调控的一部分，联邦政府有对货币政策发表评论的权利。在澳大利亚储备银行官方网站上关于储备银行与联邦政府关系的说明中指出，储备银行委员会货币政策决策独立于任何政治程序之外，不接受联邦政府任何关于货币政策的指导。这一遵循国际惯例的制度有利于消除任何可能对货币政策决策产生影响的政治因素，使货币政策决策能够致力于长期目标。

同时，澳大利亚储备银行也是世界上为数不多的向政府提供借款的中央银行，但这种借款是有严格条件限制的。储备银行与财政部签署的协议在货币政策与政府的债务管理之间建立了一道隔离墙，协议强调储备银行负责货币政策的制定与执行，而财政部负责政府债务的管理。在这一框架下，储备银行根据自身资产组合管理需要，购买国债并提供登记服务。自 2006 年 10 月起，储备银行不再直接向澳大利亚联邦政府提供债券服务，但政府对资金的需求不可能每天刚好与债券发行所得相匹配，为了解决每天支出和融资的错配，财政部需要在储备银行保留一定的现金余额作为缓冲，储备银行同时也为政府提供购置便利，以应对突发性、大规模的不匹配导致现金余额不足的情况。但财政部与储备银行之间的协议对透支便利进行了严格的控制，并对透支按市场利率计息。一般而言，这种透支并不常见，通常只应对不可预见的现金余额不足，并以现钞结清。

此外，在人事任命方面，根据《1959 年储备银行法》，储备银行行长由联邦政府财政部任命，任期 7 年，可以延期。行长的任职期限与联邦政府任期错开，有利于储备银行独立进行货币政策决策。在储备银行和财政部 2007 年签署的协议中指出，联邦政府为了强化储备银行的独立性，将进一步采取措施将储备银行行长和副行长的独立地位提升到与统计局局长和税务局局长同等的水平，其任命权移交给联邦参议院议长。这将进一步强化储备银行在人事方面的独立性。储备银行货币政策决策的机构是储备银行委员会，共有委员 9 名，内部 3 名，外部 6 名（其中至少 5 名为非政府官员），全部由联邦政府财政部任命，任期 5 年，主席由储备银行行长担任。

四、货币政策透明度

在通货膨胀目标之下，货币政策的透明度是指货币政策的目标及通货膨胀目标、中央银行实现通货膨胀目标的政策操作以及中央银行的政策选择向公众公开的程度。在通货膨胀目标制下，较高的货币政策透明度对于稳定通货膨胀预期，实现货币政策目标具有十分重要的意义。提高货币政策透明度的主要手段是加强与公众的沟通。从澳大利亚储备银行的情况看，其与公众沟通的途径主要有以下几种：一是每一季度发表的货币政策报告，报告的主要内容包括当前的经济形势、通货膨胀情况以及对经济增长的前景预测。二是储备银行行长、副行长和其他高级官员每天两次向众议院经济、金融和公共管理常务委员会作货币政策说明，并回答有关货币政策方面的问题。三是储备银行行长与联邦政府关于货币政策框架、储备银行的角色和责任的协议。协议在储备银行行长新任、续任以及联邦政府换届时签署。四是储备银行委员会在每次委员会关于货币政策决策的会议后发表的声明。声明就委员会货币政策决策的原因和理由向公众作出解释。时间是每次委员会会议结束后的当天下午，每年 11 次，1 月除外（不召开委员会会议）。此外，从 2007 年 12 月开始，储备银行委员会还将会议纪要于会议结束后两周后公开出版。总体来看，近年来，澳大利亚储备银行在加强与社会公众沟通，提高货币政策透明度方面做了很多工作，有力促进了社会公众对储备银行及其货币政策的了解。近年来，储备银行的许多货币政策决策基本都符合社会公众的预期。

第二节　澳大利亚货币政策的实施主体
——澳大利亚储备银行

一、澳大利亚储备银行的历史

澳大利亚储备银行于 1959 年 4 月根据议会通过的《储备银行法》成

立，并于 1960 年 1 月 14 日正式运行。储备银行的设立，标志着中央银行业务和职能与联邦银行商业银行业务的正式分离。

澳大利亚储备银行的前身是澳大利亚联邦银行。1901 年澳大利亚联邦成立之后，工党在其全国会议上讨论建立政府所有的、兼具商业银行与中央银行双重职能的金融机构的可能性。但当时，联邦议会获得了铸币与钞票发行权，且负责掌管州立银行以外的银行体系。1910 年，由安德鲁·费舍尔（Andrew Fisher）领导的工党政府，赢得了联邦议会绝大多数席位而上台执政。翌年，费舍尔政府提出了建立澳大利亚国家银行的议案，并建议银行取名为"澳大利亚联邦银行"（Commonwealth Bank of Australia），该银行的性质被定义为一家政府所有的、同时兼有交易银行与储蓄银行功能的商业银行。

虽然联邦银行设立之初是一家政府所有的商业银行，但后来逐步获得了中央银行业务的职能。第一次世界大战期间，当联邦政府首次从海外举债时，联邦银行就深入地参与了政府债务的管理。联邦银行还参与了政府为克服国际贸易中断对传统出口产品造成的影响而采取的各种支持安排。然而，战争结束时，联邦银行仍是一家储蓄和交易银行。1920 年是澳大利亚货币政策历史上重要的一年，当时的纸币发行任务从财政部转移到了独立的澳大利亚发钞理事会（Australia Notes Board，ANB）。该理事会由联邦银行内的一个独立部门负责管理，并由联邦银行行长兼任主席。

《1924 年联邦银行法修正案》中创建澳大利亚中央银行的意图非常明显。纸币发行权从澳大利亚发钞理事会转移至联邦银行。成立了负责"管理"联邦银行业务的理事会，取代了联邦银行成立以来由行长负责的制度。《1924 年联邦银行法修正案》还规定，私人交易银行进行银行间结算时，必须使用联邦银行的支票。为此，各银行需在联邦银行存入存款。

虽然该法案试图将联邦银行改造成为澳大利亚的中央银行，但事实上，联邦银行后来仍然仅仅是交易和储蓄银行。1934 年澳大利亚政府大选期间，工党与国家党发起了一场对澳大利亚银行业和金融体系的公共调查。他们对银行在经济"大萧条"之前及期间所扮演的角色提出了批评。对联邦银行作为中央银行的表现，提出了特别批评：联邦银行不但没有采取积极措施来促进经济复苏，反而支持汇率的高估；联邦银行扣留了政府用于救济和协助农场主的基金；对于那些在经济"大萧条"初期破产的小银行，联邦银行未能履行最后借款人职责。起初，约瑟夫·莱昂斯（Joseph Lyons）领导的工党政府拒绝了对澳大利亚银行业与货币制度进行检查的要求。但该政府在大选中失去大多数的支持，迫使与国家党结成联盟。由莱昂斯再次领导的新政府最终于 1935 年同意建立皇家委员会，对银行业和货币制度展开调查，并于 1937 年提交了调查结果。皇家委员会的相关报告包含 30 条建议，这些建议对之后 20 年的澳大利亚央行业务发展，产生了深远影响。

皇家委员会的许多建议被第二次世界大战时期的"紧急规章制度"所采纳，并以银行立法形式，于 1945 年获得通过。1945 年，两大银行法获得颁布。一个是《1945 年联邦银行法》，完全改写了原有法规中关于联邦银行性质与结构的内容；另一个是《1945 年银行法》，包含一整套货币与银行体系的规章制度。虽然上述两部法律共同致力于加强联邦银行的商业银行和中央银行职能，然而这两部法律，以及 1947 年旨在对澳大利亚银行系统进行国有化改革的计划，均招致了私人银行要求终止联邦银行混合职能的呼吁。后来，随着《1959 年储备银行法》的颁布，联邦银行的中央银行权力和责任，被转移到了澳大利亚储备银行。一同转移的业务还有 1925 年成立的联邦银行农村信贷部。该部门此前大力参与的为许多农村政府提供季节流动性的项目，当时被认为十分符合中央银行的职责。储备银行保留了 1911 年依法成立的联邦银行法人地位。而联邦银行公司（Commonwealth Banking Corporation），作为联邦政府全资所有的全新商业银行，则是拥有三家下属银行的集团公司。这三家银行分别是联邦交易银行，联邦储蓄银行和新联邦发展银行（由联邦银行前抵押贷款银行部和工业融资部组成）。在后来的 20 世纪 90 年代中期，联邦银行公司完全私有化，再次更名为澳大利亚联邦银行（Commonwealth Bank of Australia）。

作为独立的中央银行，澳大利亚储备银行的成立，是澳大利亚中央银行历史的根本转折点。自 20 世纪 20 年代以来，特别是第二次世界大战结束后的头几年，联邦银行此前作为中央银行与私人银行在银行业国有化及特别账户体制等问题上所出现的敌视现象从此结束；中央银行与全国性重要金融机构即私人交易银行间良好的专业合作关系随即出现。

二、澳大利亚储备银行的职能

作为澳大利亚的中央银行，储备银行为澳大利亚政府全资所有。储备银行主要职能有六项。一是制定和执行货币政策。二是持有管理外汇储备和黄金储备。定期在外汇市场开展交易活动以满足客户的外汇需求，协助维持国内的流动性。三是维护金融稳定。储备银行有责任缓解可能导致系统性金融风险的金融波动。为此，储备银行牵头成立了有财政部、银行等机构参加的金融监管委员会，澳大利亚储备银行行长任主席。四是确保支付系统的高效运行。对支付系统和各类支付工具进行监管，确保支付交易安全顺利进行。五是提供金融服务。澳大利亚储备银行向澳大利亚政府及政府机构提供支付、收款、账户管理等金融服务，同时也为外国中央银行和官方机构提供服务。六是现金发行。负责澳大利亚纸钞的设计、生产和发行，履行反假币职责，确保居民对澳大利亚货币的信任。1998 年 7 月 1日，澳大利亚储备银行不再行使银行监管职能，该职能由同日成立的澳大利亚审慎监管局（APRA）承担。

三、澳大利亚储备银行的治理结构

澳大利亚储备银行的最高权力机构是储备银行委员会。委员会负责货币政策的制定和整个金融体系的稳定。委员会由 9 名成员组成，包括储备银行行长、副行长、财政部秘书长和其他 6 名外部成员（主要为澳大利亚大公司董事长）。

澳大利亚储备银行总部设在澳大利亚第一大城市悉尼，在澳大利亚首都堪培拉设有唯一一家分行，主要负责银行及登记服务的操作性业务。在澳大利亚的珀斯、墨尔本、布里斯班、阿德莱德四个州首府城市设有代表处，主要负责分析首府城市所在地区的经济情况，沟通货币政策执行情况等。在伦敦、纽约两个城市分别设有代表处。澳大利亚货币艺术公司设在维多利亚州的克莱基伯恩。

四、澳大利亚储备银行与议会、政府和公众的沟通

作为一家独立的中央银行，澳大利亚储备银行对议会负责。但《1959年储备银行法》第 11 条还规定，储备银行在制定政策时，要与澳大利亚政府商议。简而言之，政府和中央银行需尽力在政策上达成一致。一旦政府和中央银行出现不可调和的争议，中央银行要以书面报告陈述其观点；财政部部长也要以书面报告向中央银行陈述政府的决定；然后财政部部长要书面陈述政府的决定优于中央银行决定的理由；最后，这些文件将在政府告知中央银行其决定后 15 个开会日（Sitting Day）内呈交议会两院。自澳大利亚储备银行成立后，政府和中央银行发生的分歧都通过私下的商谈和讨论得到解决，并没有发生第 11 条规定所描述的情况。

澳大利亚储备银行定期向公众公布大量信息，既涵盖金融市场信息，也服务于范围更广的大众群体。自 1990 年 1 月以来，每次货币政策的变动都会向公众公布，解释隔夜拆借利率变动情况及变动的原因。

五、澳大利亚的货币

澳元是澳大利亚的法定货币，由澳大利亚储备银行负责发行。目前在澳大利亚流通的货币有 5 澳元、10 澳元、20 澳元、50 澳元、100 澳元面额的纸钞，另有 5 澳分、10 澳分、20 澳分、50 澳分和 1 澳元、2 澳元金属货币。澳大利亚储备银行货币发行的最终目标是确保公众对澳元作为有效支付工具和安全财富储藏手段的信心。澳大利亚纸币为塑料材质；5 澳分、10 澳分、20 澳分、50 澳分硬币的成分是 75% 的铜和 25% 的镍；1 澳元、2 澳元硬币的成分是 92% 的铜、6% 的铝和 2% 的镍。

第三节 货币政策决策、执行和传导机制

一、货币政策决策

根据《1959 年储备银行法》，澳大利亚储备银行的决策权归属于储备

银行委员会，储备银行委员会共有委员 9 名。其中内部 3 名，外部 6 名（其中至少 5 名为非政府官员），各委员任期 5 年，主席由储备银行行长担任。委员会每月的第一个星期二召开货币政策会议，每年召开 11 次（1 月除外）。因此，会议时间是众所周知的。每次会前，储备银行都准备一个有关澳大利亚和全球经济发展、金融市场运行情况的详细资料，并提出有关货币政策决策的建议。储备银行的高级官员出席会议并进行陈述，委员会投票决定货币政策决策，并在会议结束后向公众宣布。

二、货币政策的执行

储备银行的国内市场部门负责货币市场的操作，以保证现金率位于或接近委员会决定的目标水平。现金率是金融机构隔夜拆借利率，它对其他利率产生重要影响，并构成了经济活动中利率结构的基础。调整货币政策意味着现金率的变动，并导致金融体系主要利率结构的变化。

储备银行通过公开市场操作，调整银行在货币市场可获取的资金，使现金率尽可能地贴近委员会目标。货币市场对隔夜资金的供需决定了现金率。储备银行对现金率的掌控来源于其控制银行之间交易结算资金供应端的能力。这些交易资金都存放在银行开立于储备银行的账户。如果储备银行对交易资金的供应超出了商业银行愿意持有的数量，银行会倾向于多贷出资金，现金率会有下降趋势；反之，如供应大于需求，银行会在隔夜市场多借入资金，以增加交易结算资金的持有，现金率有上升趋势。

三、货币政策的传导

现金率的变动会快速传导至货币市场利率、债券收益率等其他利率。当然，这些利率也受投资者对风险以及对相应产品随时兑付偏好的影响。现金率和其他市场利率进而共同影响整个存贷款利率结构。澳大利亚的存贷款大多为可变利率或短期固定利率，现金率对存贷款利率影响很大。但因市场利率也受其他因素的影响，存贷款利率的变动并不总与现金率同步。

由于个人和企业行为的改变需要时间，利率变动对经济活动和通胀的影响有较长时间的滞后。一般来讲，利率可以影响企业及家庭的储蓄和支出以及现金流、信贷供给、资产价格以及汇率，这些都会对总需求带来影响。而总需求的变化和总供给一起，影响整个经济体的通胀水平。利率还通过汇率影响进口价格，影响通货膨胀预期，进而影响通货膨胀。

在实际运行中，货币政策的传导过程非常复杂。但不管中间过程如何，利率与需求增长、通货膨胀的逆向关系是明确的。例如，1994年澳大利亚利率的小幅上升导致了需求和通货膨胀增幅的回落。相反地，在2001年，利率的下降则伴随着明显的通货膨胀上升。总之，在应对经济周期性增长和通货膨胀压力时，货币政策对于经济的总需求和通货膨胀自身有十分重要的影响。

四、预测模型的运用

为了提高货币政策的预见性和有效性，澳大利亚储备银行也采用了一些预测模型对宏观经济、通货膨胀率等与货币政策有关的指标进行预测。但与加拿大、新西兰等国家不同，澳大利亚没有采用单一的大型模型对通货膨胀水平进行预测，以避免可能带来的预测偏差。目前，澳大利亚储备银行主要采用数量模型、时间序列模型、变量模型等一些小型模型进行预测，并根据经济金融运行实际情况加入主观判断，以使预测更接近实际情况。此外，澳大利亚储备银行还注重运用社会研究机构的研究成果，定期对社会研究机构的预测情况进行调查，并将调查结果与储备银行的预测相结合，以提高预测的准确性。近年来，澳大利亚储备银行对通货膨胀水平的预测与实际值还是比较接近的。

第四节　货币政策工具和操作

为适应经济金融形势发展和通货膨胀目标制的需要，澳大利亚储备银行实际运用的传统货币政策工具是十分有限的。一方面，在汇率方面，由于实行了浮动汇率制，汇率作为货币政策工具的功能已经失效，澳大利亚不再使用汇率作为货币政策工具。另一方面，存款准备金作为一种较为传统的货币政策工具，由于《巴塞尔协议Ⅲ》的实施，各国中央银行货币政策操作理念的转变以及货币政策透明度的提高，其作为货币政策工具的作用日渐减弱，美国、英国等西方国家基本都放弃了这种货币政策工具而转向其他工具。澳大利亚自实行通货膨胀目标制以来，也基本放弃了这种货币政策工具，只要求商业银行在储备银行保持一定的最低法定准备金以稳定货币市场利率和应对银行系统流动性的机构性短缺。

因此，目前来看，澳大利亚储备银行运用的主要货币政策工具是公开市场操作和常设便利，即主要运用以市场为基础的货币政策工具，以将操作目标利率保持在理想的水平。其中，公开市场业务操作是储备银行使市场利率接近储备银行公布水平的主要手段。

一、公开市场操作

（一）公开市场操作的合格交易对手

凡具有财务交易功能并参与储备银行信息和交易系统的金融机构，均可参与日间公开市场操作。这些金融机构一般拥有财务操作资格，可通过澳大利亚清算系统快速有效地与储备银行开展交易清算。

（二）公开市场操作的交易类型

储备银行公开市场操作，主要包括以合格有价证券为抵押的回购交易和对短期政府债券的买（卖）断式交易。储备银行偶尔也适用当日价格（Same－day Value）外汇掉期交易作为国内债券市场交易的补充，但并不是上午交易的常规程序。

储备银行回购交易对手方需在信息和交换系统（RITS）规则下，遵守债券市场协会和国际有价证券市场协会的管理回购协议。

（三）上午操作

储备银行基本每个工作日9：30－10：00都会进行公开市场操作（偶尔的情况下，储备银行认为货币市场流动性适中，就不进行操作）。公开市场操作的要素和时间如下。

1. 公开市场操作公告

每个工作日9：30，储备银行通过其电子新闻服务系统发布当日公开市场操作的主要参数。包括：（1）目标现金率；（2）如果目标现金率较前一交易日有变化，变化幅度；（3）前一交易日结束时整个支付清算系统余额；（4）储备银行对当日其与银行机构间资金净流量的估测，"赤字"指从银行体系向储备银行的资金净流出，"盈余"指从储备银行向银行体系的资金净流入；（5）储备银行是否买入证券（注入流动性），卖出证券（回收流动性）或者根本不交易；（6）储备银行优先考虑的回购交易期限。在大多数交易日，储备银行指定 2~3 个期限，通常是隔夜或 30 天。

2. 招投标的交易时限

合格交易对手的出价必须在每个工作日 9：30 - 9：45，通过电话总机或直线电话提交给国内市场席（Domestic Markets Desk）。所有电话都被记录。一般情况下，提交给储备银行的出价在 9：45 以后不能修改或撤销，但在 9：45 之前可以。

3. 提交的回购协议框架

一般情况下，除非储备银行同意，提交的回购协议应以现价为基础，最小金额 2,000 万澳元，低于此值则视储备银行的决定。在回购协议下出售有价证券的机构不必在提交时说明它们出售给储备银行的有价证券的到期日，但需要说明有价证券的种类。每笔回购协议下的有价证券必须为同一类。

回购交易额和回购笔数没有上限。进行多笔交易的交易商可以列出交易总额。回购交易招投标报价以 365 天为基础，单利计息，到期支付。报价保留两位小数。对回购交易招投标时必须注明目标期限。投标机构可以提出非储备银行首选的期限，也可以列出期限范围。回购协议下储备银行提供的有价证券是到期日大于 12 个月期的澳大利亚政府债券，储备银行不会向相关机构提前告知回购协议下的有价证券品种，也不会接受特殊有价证券的要求。交易对手向储备银行提交现金时需对此了解。

4. 提交的买（卖）断式交易的框架

各银行机构招投标的有价证券必须是澳大利亚政府和地区借款当局发行的政府公债、政府指数化公债和中期国库券（CGS），距离到期日要在18 个月左右或以内。买（卖）断式交易的最小金额为 1,000 万澳元，小于

1,000 万澳元的要视储备银行的决定。对政府债券的招投标收益率的表述为到期收益率，并保留两位小数。

5. 分配

在给定期限内，储备银行选取最优出价，但也会考虑金融机构提供的有价证券类型。鉴于流动性管理约束，在每一类和不同类的回购协议下，对不同期限的分配基于招投标的金额与现行同期限的市场利率的比较。

储备银行可能部分满足银行机构的投标。如果提交的总量超过储备银行该期限下的目标交易量，那么在既定期限和利率下，每一笔回购协议会按比例得到满足。

为计算分配比例，如果投标金额超过当天估测的交易系统现金量，则视为等于估测量。考虑当天目标交易量，对投标总量按比例分配。在正常情况下，最小分配额度为 2,000 万澳元。储备银行在分配过程中没有设置任何对手限制。

6. 注意事项

无论是否成交，储备银行均会电话通知交易对手。储备银行尽量在 10：15 发出通知，但不保证如此。储备银行交易员会在通知中确认成交细节，交易对手收到通知也应确认。交易对手得到通知后，当天交易总体情况会在 10：15 左右通过电子新闻服务系统公布在储备银行页面上。信息包括交易总额、加权平均额、成交的回购协议交割率、期限、买（卖）断交易的金额、当天外汇掉期的金额。

（四）第二轮操作

如果储备银行决定进行第二轮公开市场操作，就会通过电子新闻服务系统在储备银行页面上通知市场参与者。公布决定没有时间限定，储备银行也会通过新闻服务告知第二轮操作正在举行。

第二轮操作与上午操作的方式和原则相同，只是时间不同而已。第二轮操作一般会在下午举行，有时也可能发生在 RITs 的晚间时段（17：20－22：00）。

（五）回购协议中合格有价证券

目前储备银行回购协议下接受两大类有价证券，一类是一般担保债券

（政府和准政府债券），另一类是非政府机构有价证券。

一般担保债券包括联邦政府债券（特指中期国库券、财政部发售的公债、财政部发售的指数化公债）、州政府和区域借款主体发行的有价证券（特指二级政府本票、二级政府债券、二级政府指数化债券）、满足储备银行要求的超主权或外国政府发行的澳元记价债券、满足储备银行要求的主权担保的澳元记价债券。

非政府机构有价证券包括短期证券和长期证券。其中短期证券包括三种类型：满足储备银行要求的钞票或存单、商业票据和资产支持商业票据。长期证券也包括三种类型：满足储备银行要求的主权担保的澳元计价债券。

非政府机构有价证券包括短期证券和长期证券。其中短期证券包括三种类型：满足储备银行要求的钞票或存单、商业票据和资产支持商业票据。长期证券也包括三种类型：满足储备银行要求的获准吸收存款机构发行的债券、有资产担保的债券、其他满足储备银行要求的 AAA 级债券。

此外，还要满足以下条件：（1）回购协议下提交给储备银行的有价证券在协议期间内，不能是临近到期日的；（2）如果将来不能满足储备银行要求，那么即使目前列入储备银行名录中的合格有价证券也将是不合格的。此情况下，储备银行会要求交易对手将不合格的有价证券替换成合格有价证券。（3）回购协议下，如果储备银行出售有价证券，那么这些有价证券均来自储备银行的政府债券组合，包括二级政府债券。

（六）清算收益的计算

回购协议下，交易的第一步就是用面值和当时的到期收益率计算收益。这个收益就是储备银行交易员交易时承诺的收益率。当储备银行不能确定短期债务证券价格时，有价证券会以银行票据掉期率加上 100 个基点估价，直到从被认可的、独立的交易中发现市场价格。当储备银行在回购协议下购买有价证券时，会在市场价格上加上一定的利润。交易的第二步发生在回购协议的到期日。在交易第一步基础上加上利息支付。利息以签订协议时的利息率和期限为基础。在买（卖）断式交易下，收益率就是储备银行和交易对手在公开市场操作时共同商定的。

（七）有价证券的交割

所有有价证券的交割必须通过澳大利亚清算系统进行。澳大利亚清算系统日间交易时间为 9：15 - 16：28。买（卖）断式交易和回购交易均要在此时段进行。只有在通过 RITs 晚间程序进行第二轮交易时才允许提交延时请求。

二、常设便利

除了公开市场操作外，澳大利亚储备银行还运用常设便利机制来调节金融机构资金头寸。（1）银行和其他一些官方许可存款机构及其分支机构在储备银行开立了交易清算账户，该账户为这些机构之间以及它们与储备银行之间的清算之用。储备银行的一个常设便利就是允许交易清算账户持有人以目标现金率获取一定数额的资金。（2）储备银行的另一个常设便利是当天回购。这些回购不计利息，金融机构能在资金到位前利用此便利进行支付和结算。（3）储备银行还允许合格对手方以高于目标现金率 25 个基点的成本获得隔夜资金。

专栏 5.3 2008 年国际金融危机期间澳大利亚储备银行公开市场操作的调整与分析

一、以次贷危机为先导的金融危机对金融市场的冲击

危机前，澳大利亚货币市场利率随市场对现金率的预期而变动，且稳定地略高于现金率，这既反映了借贷者的信用风险，也反映了出售有价证券或借款较为容易。然而 2007 年 8 月初，由于法国银行资产估值困难，暂停赎回它们的两只基金后，全球资金利率和隔夜拆借利率息差飙升，从此各国息差高度联动。澳元息差与美元、欧元基本同步变动，但变动幅度大大低于它们。之后，息差缩小，但 2007 年末的资金压力使其再次扩大。由于年末没有发生重大事件，货币市场息差松动，直到 2008 年 3 月贝尔斯登公司临近破产，息差再度飙升。事件解决后，货币市场压力一定程度减轻，但仍处较高水平并一直延续到 2008 年末。9 月，雷曼兄弟公司垮台造成货币市场紧张程度扩大，主要货币息差创出新高，美国 3 个月息差扩大到 400 个基点，澳大利亚则达到了 100 个基点的最

高点。2007年8月以来，澳大利亚3个月息差平均为45个基点，大大高于前几年5~8个基点的水平。

二、国际金融危机期间公开市场操作的技术性调整与变化

澳大利亚中央银行每天进行公开市场操作，以抵消银行体系和政府间的资金流动，确保市场有足够资金使现金率维持在目标水平。这主要通过回购协议进行，就是在购买证券时约定在未来某一时期以某一价格卖出该证券。储备银行总能在某些期限范围内，选择不同种类债券作为抵押品进行交易。在这一框架下，2007年9月以来，储备银行对其交易作了三方面的技术性修改。一是提高金融机构在中央银行支付清算账户余额；二是在回购协议下提高非政府债券持有量；三是延长回购协议的到期日。储备银行主动采取上述措施的目的，是提高货币市场参与者的信心，也希望对市场功能产生实际影响。

储备银行在现有公开市场操作框架内所作的上述三项技术性改变，目的就是恢复市场功能，提高货币市场和各种有价证券市场的流动性。储备银行扩大回购交易中合格有价证券的范围，从而提高合格有价证券的流动性，分两个阶段。

第一阶段是危机爆发早期。2007年9~10月，储备银行略微扩大了合格有价证券范围，将官方许可存款机构发行的有价证券纳入合格抵押品范围，并第一次接受了高质量的住房抵押贷款支持证券。2008年10月，取消了阻止交易对手使用与贷款发起方和担保方有关的资产支持证券的限制。

2008年11月，合格抵押品范围进一步扩大，包括了大多数评级在A1级/A1+级和AAA-级的澳大利亚元有价证券（包括商业债券、资产抵押债券和商业票据）。2009年3月，澳大利亚储备银行将这一临时性修改内容永久性地确定下来。

除此之外，储备银行还在2008年9月至2009年3月，向金融机构引入定期存款便利，使金融机构达到储备银行的准备金要求。这一便利有助于储备银行管理银行间市场的现金量，使其有能力提高回购协议的持有量。

第五节　澳大利亚货币政策实践

20 世纪 20 年代，联邦银行（澳大利亚储备银行前身）仅有的货币政策手段是控制货币发行量；30 年代初期开始，联邦银行可使用的政策性手段开始增加，并负责制定并管理汇率制度。第二次世界大战前，联邦银行曾试图引入公开市场操作业务，但战争使直接操控手段大行其道。直到 20 世纪 80 年代，第二次世界大战前的政策性手段才重新被市场手段所取代。

一、20 世纪 30 年代

1930 年设立中央银行的立法议案中提出，交易银行应将其活期存款的 10% 与定期存款的 3% 作为储备资金，存入中央银行。设立该项储备资金的初衷，是为当金融系统出现问题时，中央银行能对困难银行及存款者提供救助。遗憾的是，此议案当时并未通过。时任澳大利亚财政部部长奥多西的另一个设想，是希望中央银行可以通过建立并培养票据市场，向政府债券、私人银行票据及商业票据提供贴现，为市场提供流动性。此外，票据市场的成立，还可为货币政策操作提供环境与场地。但由于澳大利亚短期政府债券和私人债券次级市场相对狭小，中央银行对债券的过度买卖，会对利率造成较大影响。20 世纪 30 年代末以前，澳大利亚中央银行不但从未设定过贴现率，没有对票据进行过贴现，也未进行过公开市场操作。

二、20 世纪 40 年代（第二次世界大战前）

20 世纪 30 年代末期，当时的财政部部长凯西（R. G. Casey）曾多次试图通过立法形式，要求商业银行将至少 7.5% 的存款，存放于它们在联邦银行的账户之中。但由于各银行进行了成功的游说，并对政府施加了强大压力，后来该项立法议案并未通过。在 1941 年亚瑟·法登（Arthur Fadden）担任财政部部长并短期兼任首相期间，成功地劝说商业银行同意，建立一个志愿性的特殊存款系统，将特定银行资产的增加部分，按照最多100% 的比例，划归联邦银行所持有。1941 年 10 月以后，这个特殊存款制度（后称专用账户）随即被列为（银行业）国家安全制度强制执行。

三、20 世纪 50 年代

1959 年，特殊存款制度被法定存款准备金制度所取代。当时的《银行法》同样收录了一些第二次世界大战期间在紧急情况下使用的制度，并使之具有了法律效力，其中包括：对银行借贷利息的控制；对不同存、贷款期限的限制；对银行贷款的定量与定性要求；对贷款总量与单笔的数量限制等[1]。而对那些资产主要由银行存款、政府债券以及房屋抵押投资所组成的存款类银行的控制，就更加严格。这一系列控制措施，为联邦政府提供了一个政府债券的垄断的市场，并减轻了它的债务负担。而且第二次世界大战爆发前及爆发后所推出的外汇管理制度在战后也得以延续，商业银行需将所有无关紧要的外汇全部卖给中央银行。为保证这些政策得到正确施行，政府通过对银行营业执照的严格管理，违反制度的银行将会被吊销执照。

这一综合性的银行监管制度，从第二次世界大战结束到 20 世纪 80 年代，其效果逐步减弱，但一直被作为货币与金融管理的核心工具来使用。而专用账户管理制度，则是这一机制的核心所在。特殊存款即专用账户管理系统，在战争年代及战后初期，被私人银行默认并采纳。但从 50 年代初开始，它们便开始游说政府，并要求对这一系统进行大变革。政府于 1953 年修改了银行法，将专用账户的存款比例由原来的 100% 下调至 75%。但银行对该系统仍表不满，并寻求更多改变，政府也在 1957 年的银行法议案及修订后的《1959 年银行法》中，作出了妥协。事实上，自 1953 年起，专用账户所要求的新增存款比例都在 25% 以下。澳大利亚于 1957 年提出，并于 1959 年实施了一个新的存款储备系统——法定存款准备金率。当时正常的法定存款准备率为 25%。

与其他国家的银行业相比，澳大利亚银行业的流动性及储备资金往往不够稳定。农业活动及联邦政府的税收等因素，很容易使澳大利亚银行的

---

1 这些控制措施，均是作为辅助性货币政策而引入。但其中一些措施，同时也起到了减少银行使用居民存款而引起风险的保护作用。

流动性出现明显的季节性变化。尽管如此，银行一般并不按照季节变化来调整自己的信贷松紧，而是允许其流动性出现波动。这种情况下，一旦货币政策收缩需要增加专用账户资金时，就可能影响一些银行的流动性。这也是专用账户的一个主要缺点。与此相关的另一个问题是，澳大利亚银行间流动性的等级并不一样。资金回笼对于一些流动性等级长期较低的银行所造成的压力，远远大于流动性等级较高的银行。所以，联邦银行不得不向一些流动性等级较低的银行提供贷款，而此时往往是中央银行努力回笼资金的时候。尤其是，各银行将其专用账户内的资金视为流动储备的一部分，即使在需要回笼资金时，也不一定减少放贷活动。为解决这些困难，澳大利亚中央银行与这些银行协商之后，于1956年推出了统一、志愿性的流动性条约，称为流动资产与政府债券协议（Liquid Assets & Government Securities，LGS）。

该协议规定，商业银行同意持有与其存款额一定比例以上的现金和政府债券（不包括专用账户中的存款或法定准备金）。当专用账户或法定准备金率提高、使商业银行的流动性降低，从而导致其持有的现金及政府债券比例低于协议规定时，银行必须减少贷款以重新恢复流动性，否则将被强制向联邦银行借款，并有可能使用惩罚性利率。为避免向联邦银行借款，银行几乎总在协议规定的最低流动资产和政府债券比例之上，保留一部分额外的"自由流动性"。专用账户或法定存款准备率，是联邦银行将商业银行的流动性调节至理想等级的工具。例如，如果银行的"自由流动性"过剩，联邦银行将会通过提高专用账户或法定存款准备率，来降低各银行的流动资产及政府债券比例。相反，如果流动资产及政府债券比例临近最低限，各银行已经开始减少放贷，联邦银行则可以考虑降低专用账户或法定存款准备金率，向银行返还部分资金，并放宽货币条件。若联邦银行想紧缩货币条件，各银行将通过减少贷款或增加流动资产或政府债券的办法，来补充流动性。如此一来，流动资产及政府债券率，就成为货币政策运转的支点。联邦银行通过调整专用账户或法定存款准备金率，就可达到增加或减少银行系统流动性的目的，从而来影响市场的借贷数量。

四、20 世纪 60 年代

20 世纪 60 年代，储备银行开始质疑法定存款准备率、流动资产与政府债券协议系统作为控制货币增长的政策性工具的效率问题。其中，最主要的难题，就是整个系统只能直接作用于银行系统。而随着金融业的发展，新的非银行金融机构开始进入市场。这些非银行金融机构均不受法定存款准备率或流动资产与政府债券协议约束。

当时大部分人认为，中央银行无权限制非银行金融机构的快速膨胀。由于银行业在澳大利亚金融体系中的重要性有所下降，中央银行的直接掌控能力也直线下滑。许多银行纷纷成立非银行子公司，投资于现有的非银行机构，从而将潜在客户由原来的母银行转移到其投资的非银行机构。这样一来，法定存款准备率和流动资产与政府债券协议对银行的约束性也日益下降。由于对银行监管的权力不断减弱，迫使澳大利亚储备银行开始寻找新的货币政策工具。其中一项就是对非银行机构开展道德劝说。20 世纪 60 年代早期，储备银行官员纷纷定期访问非银行金融机构，目的是劝说并鼓励这些机构遵守货币政策规定。然而，至今没有证据显示相关努力很快就取得效果。

由于货币管理的直接政策工具能力弱化，从 60 年代开始，澳大利亚储备银行便开始将公开市场操作，视为实施货币政策的重要工具。但是，由于政府债券二级市场过于窄小以及参与机构混乱，公开市场操作业务的发展一度异常艰难。1959 年，中央银行经过谨慎讨论之后，决定支持一些澳大利亚大公司介入债券市场，以此鼓励货币市场交易的增长。银行向"授权交易者"提供大力支持，作为条件，这些公司须遵守中央银行的货币政策。这场正式交易的结果是，在货币政策由过度依赖直接操控工具进行调控转向通过市场程序进行调控的过程中，这些债券公司扮演了很有影响力的角色。

货币政策市场化进程中遇到的另一个难题就是政府希望保持低利率的意愿。这种意愿在第二次世界大战后的一段时间尤为强烈，因为政府对爱国者在战时及战后对其债券的投资负有道德义务。如果提高官方利率，这些爱国投资者所持有的政府债券的收益将会受损。20世纪50年代初期至中期，政府曾不情愿地允许利率的小幅提升，但直到80年代，利率才实现市场化。第二次世界大战结束初期，为保持政府债券收益的稳定性，联邦银行不得不从市场频繁买入政府债券，并在通货膨胀率上升、本应采取措施来紧缩多余的流动性时，反其道而行之，在购入政府债券的同时，向市场注入现金。按照政府的要求，在联邦银行尽力保证原有投资者利益的同时，也有其他反对加息的声音出现。因为对政府债务支付费用过高和加息对房屋、农业贷款将会产生政治影响。尤其是，澳大利亚政府一直致力于加强移民，并开发有相对优势的农业及矿业，以带动整体经济发展。这些发展需要庞大的资金投入，如果能将这些资金的利率保持在较低水平，其需求就会增多。这种广泛流传的凯恩斯低利率观点，也对20世纪50年代至60年代初期的货币政策造成了一定影响。在整个60年代，澳大利亚储备银行一直敦促政府采取更为灵活的利率政策，因为这不仅有利于提高市场操作的有效性、弱化贷款需求，也有利于银行更好地与非银行金融机构展开竞争。

60~70年代，虽然利率有了更多变动，澳大利亚储备银行对流动资产及政府债券比例及法定存款准备金率的调整也相对减少，但澳大利亚并未实行短期和长期国债的招标制度。

五、20世纪70年代

20世纪70年代早期，澳大利亚最高法院将非银行金融机构的监管权裁定给了联邦政府，并颁布了《1974年金融企业法》（*Financial Corporations Act* 1974）。但是，该法律并没有宣布对于非银行金融机构的监管事宜。其原因可能有二，一是因为当时对直接管制的支持者日益减少，二是监管当局掌控如此众多金融机构会遇到各种困难。

大额定期存款单（Certificates of Deposit, CDs）于1969年被引入市场后，其利率的浮动幅度也于1973年放宽。银行业的负债管理能力随之提高，与非银行类金融机构的竞争力也得以增强。1969年，储蓄银行（Savings Bank）可以为客户开设投资账户，该账户的利率也与市场利率相关联。1972 年，交易银行（Trading Bank）对 5 万澳元以上存款的利率，可以自行决定。以上两项政策的变化，使银行在管理其负债方面的能力有所提高。在银行业存款利率有所提高的情况下，非银行类金融机构的存款利率也被迫上调，从而收紧了金融系统的货币供应状况。

六、20 世纪 80 年代至今

20 世纪 80 年代中期，澳大利亚银行业利率完全放开。至此，储备银行通过对短期及长期国库券施行招标制度，政府债券的收益率完全由市场决定，储备银行不再需要全部购入那些卖不出去的政府债券，从而增加货币扩张，储备银行通过公开市场操作来实施货币政策。1983 年 12 月，大量外部资金的流入，对澳大利亚经济造成了影响，政府被迫做出了澳元汇率浮动的决定。

解除这些限制之后，公开市场操作立即变成储备银行实施货币政策的基础手段。流动资产与政府债券协议于 1985 年 5 月被废除，并被优质资产比率[2] 所替代。当年的流动资产与政府债券协议，纯粹是为了货币政策而设立。而优质资产比率，则是一个没有货币政策功能的审慎性工具。80 年代末期，法定存款准备金率被废止。

现在，澳大利亚储备银行的国内市场部门负责货币市场的操作，以保证现金率位于或接近委员会决定的目标水平。现金率是金融机构隔夜拆借利率，它对其他利率产生重要影响，并构成了经济活动中利率结构的基础。调整货币政策意味着现金率的变动，并导致金融体系主要利率机构的变化。储备银行运用公开市场操作来影响现金率。在政策变更期间，市场操作的重点是通过控制货币市场银行资金的供给，使现金率接近规定目标。

2　优质资产比率和不可收回的存款制度，分别于 1998 年和 1999 年被废除。现在，对银行业的流动性监管要求，由澳大利亚审慎监管局（APRA）依照各银行实际运营情况而制定。

第六章

金融监管

　　澳大利亚分工明确、界限清晰的监管架构，为金融体系发展提供了良好的金融生态环境；其金融监管架构能够根据形势变化积极开展制度评估，认真总结经验教训并快速作出调整。

　　澳大利亚是实施"双峰"（Twin Peaks）监管的代表性国家，根据1996年政府授权进行的维利斯金融体系调查（Wallis Inquiry）提交的报告建议，澳大利亚于1998年7月重组了金融监管架构，开始实行"双峰"监管。"双峰"监管是在功能监管基础上，根据金融监管的两大主要功能领域，监管职责在两个机构间分离。一类负责对金融机构的审慎监管，控制金融体系的系统性风险。审慎监管由储备银行和审慎监管局两大机构来负责，前者的监管依托于其流动性提供者和支付体系监管者的角色，也蕴含于其设定现金利率等宏观政策目标中，后者则通过对银行、人寿保险公司和一般保险的公司、养老基金，以及各种储蓄机构实行审慎监管，设定审慎监管标准和工具，并具体实施机构监管来达到维护金融稳定的目标。另一类负责对信息披露和市场行为进行监管。澳大利亚证券与投资委员会作为消费信贷、金融市场和金融服务的监管者，具体负责信息披露和市场行为监管，以维护市场诚信、保护金融消费者和投资者权益。

　　为维护金融体系的稳定，澳大利亚主要监管机构之间还建立了良好的定期协调机制。此外，还建立了多层次的其他管理机构和行业自律性组织。

第一节　金融监管体系简介

一、澳大利亚储备银行

1959年4月，根据议会通过的《储备银行法》，澳大利亚储备银行成立，并于 1960 年 1 月 14 日正式运行。储备银行的主要职责是制定和实施货币政策、维护金融体系稳健运行，以及发行货币，为政府提供特定的金融服务，包括管理澳大利亚黄金和外汇储备等。

根据《储备银行法》建立了储备银行委员会和支付体系委员会，都对储备银行的具体职责进行了详细规定。储备银行委员会章程规定，储备银行的政策目标是维护货币币值稳定，实现充分就业、促进经济繁荣和人民福利。此外，该章程还明确要求储备银行应与政府保持沟通协商，储备银行应及时与政府沟通储备银行的货币政策和银行业相关政策。支付体系委员会章程规定，储备银行的支付体系政策要最大限度地提升人民的利益，维护金融体系总体稳定。储备银行必须要控制金融体系风险，推动支付体系高效运行并在确保金融体系稳定的前提下，推动支付服务市场公平竞争。

储备银行维护金融稳定的方式主要有两种：一是减少金融体系的不稳定因素；二是采取措施应对金融动荡，如充当最后贷款人等。在减少金融不稳定因素方面，储备银行要维持较低且稳定的通货膨胀水平，推动经济持续增长，促进金融稳定。储备银行还密切监测金融体系的运行状况，评估一系列经济金融变动情况，以衡量金融体系的稳健性和潜在的脆弱性。此外，储备银行还负责支付体系的安全稳定运行。在国内层面，储备银行通过金融监管者理事会与其他三个机构交流、沟通信息，共同维护金融体系稳定；在国际层面，储备银行还广泛参与国际金融体系改革的讨论，并在国内推动相关金融改革。

在应对金融动荡方面，储备银行与其他监管机构合作，共同应对金融危机事件。储备银行负责监测金融市场和支付清算体系，建议财政部或其他相关部门采取紧急行动。此外，储备银行还负责评估任何重大金融事件的系统性影响，包括对金融市场和支付体系的影响，并提出相关建议；若涉及向市场提供流动性或支付体系的相关权力，则储备银行还负责评估和具体执行相关政策措施。

二、澳大利亚审慎监管局

1998 年 7 月 1 日，根据议会通过的《澳大利亚审慎监管局法》，澳大利亚审慎监管局成立。审慎监管局主要负责银行、信用合作社、建筑协会、人寿保险、普通保险及再保险公司、友好互助协会及养老金的审慎监管，这些机构持有约 4.5 万亿美元的资产。

1997 年，维利斯金融体系调查报告建议澳大利亚应该由以前的机构监管，转变为功能监管，应由四个独立的机构分别负责金融体系稳定、金融机构审慎监管、市场行为监管与金融消费者保护，以及金融体系竞争。澳大利亚政府根据该报告建议，成立了审慎监管局。原来 11 个联邦和地方政府监管机构的职责由审慎监管局统一行使，包括储备银行的银行监管职能、保险与超年金监管委员会，以及其他一些部门。

审慎监管局经费主要来源于被监管机构缴纳的监管费，总部设在悉尼，在墨尔本、布里斯班、堪培拉、阿德莱德、珀斯设立分部。

审慎监管局的主要职责有：一是制订并执行审慎监管标准以最佳实践，确保金融机构的商业行为健康稳定；二是始终将被监管对象的利益作为中心要务；三是严格要求被监管对象加强风险管理以推动金融稳定；四是根据相关法律法规要求，代表澳大利亚储备银行和统计局，充当国家金融业统计局，收集金融行业数据；五是维护澳大利亚退休收入政策的整体统一性；六是负责管理金融索赔机制的相关安排。

三、澳大利亚证券与投资委员会

1998 年 7 月 1 日，根据议会通过的《澳大利亚证券与投资委员会法》，澳大利亚证券与投资委员会（ASIC）成立，其前身是 1991 年成立的澳大利亚证券委员会（ASC）。ASIC 除作为公司、市场和金融服务监管者之外，还负责金融消费者保护和金融教育等领域。ASIC 监管范围包括公司、金融市场、主要业务涉及投资、养老金、保险、存款和信贷领域的金融机构和中介机构。作为消费者信贷监管者，对有关消费者信贷（如银行、信用合作社、金融公司、抵押贷款和金融经纪人）的人员和业务发放执照和实施监管；作为市场监管者，评估并维护确保金融市场公平、有序和透明运行；并就新的金融市场设立向财政部提出建议；2000 年 8 月 1 日，ASIC 开始对股票市场、衍生品和期货市场的交易实施监管。作为金融服务监管者，对有关企业年金、共同基金、股票和公司证券、衍生品和保险等业务发放执照并进行监管，确保其高效、公正和公平运行。

主要职责：一是维护和促进澳大利亚金融体系和金融机构良好运行；二是增进澳大利亚金融体系投资者和消费者的信心和推动信息更加透明；三是制定和执行相关法律法规并以最少的程序要求来实施相关法律；四是快速高效接受、处理并存储相关信息；五是根据实际需要，将有关公司和其他主体的信息公布于众。

四、澳大利亚竞争与消费者委员会

澳大利亚竞争与消费者委员会（The Australian Competition and Consumer Commission，ACCC）成立于 1995 年，其主要职责在于推动竞争和公平交易，推动实施《2010 年竞争与消费者法》等法律。高度竞争的市场有利于推动澳大利亚繁荣和人民福利水平，ACCC 的作用旨在保护和增强竞争在市场和行业中应有的作用，提高经济效率。因此，ACCC 采取的措施包括改善消费者福利、保护竞争以及阻止违反竞争和消费者福利的其他行为，推动市场充分发挥作用。主要有四个方面：一是维护和推动竞争，并弥补市场失灵；二是保护消费者的利益和安全，推动市场公平交易；三是对垄断性的基础设施行业，ACCC 努力推动其高效运转，充分使用及有效投资；四是增进与相关团体的广泛接触。此外，ACCC 还推动部分地区，如农业地区或土著社区的消费者教育工作。

某种程度上，ACCC 与澳大利亚证券与投资委员会（ASIC）的工作存在一定的重叠，为此，两个机构签署了谅解合作备忘录，就双方加强日常联系、相互协作、联合调查以及机密信息共享等方面达成协议。

五、金融监管协调机制

（一）多边议事协调组织——金融监管理事会

澳大利亚的监管部门之间建立了比较完善的协调机制，是成功应对2008 年国际金融危机的重要保障之一。澳大利亚早在 2001 年就构建了多边的议事协调组织——金融监管理事会（The Council of Financial Regulators），成员包括储备银行、审慎监管局、证券与投资委员会和财政部，储备银行行长任理事会主席。该理事会是监管部门之间交流、沟通、协调、合作的主要平台，有助于及时识别金融体系中可能影响金融稳定的重大事件和发展趋势，有助于在实际的或潜在的金融不稳定事件出现时积极妥善地协调安排、有效应对，也有助于及时消除重复监管或监管真空的状况。该理事会只提供咨询建议而不作决策，通常每年召开四次会议，特殊时期根据需要临时召集会议。该理事会不设专门秘书处，会议由储备银行派员作记录，如发生重大事项即成立专门的工作委员会来应对。

金融监管者理事会是成员单位之间合作、沟通协商的高层论坛，并没有法定职责。通过成员之间信息共享、交换对金融业发展状况和风险的观点，以及讨论监管改革等方式来提高金融监管效率，促进澳大利亚金融体系稳定。如果形势需要，监管机构之间也会协调行动，共同应对金融稳定的潜在威胁。

金融监管理事会在处理金融体系中的危机时将各成员机构的职责分配如下。储备银行的首要职责是维持整个金融体系的稳定，包括维持支付系统稳定，及在适当情况下向金融系统或个别金融机构提供流动性支持。审慎监管局负责银行、信用合作社、建筑协会、寿险、保险与再保险公司、友好互助协会及超年金基金公司的审慎监管。证券与投资委员会负责监督、管理和执行企业及金融服务法律，促进跨领域的金融服务和支付系统的市场健全及消费者保护。财政部则向政府建议健全金融体系的政策，包括对金融危机的管理安排。财政部负责就其权力行使范围内的相关事宜以及威胁到金融体系稳定的更为宽泛的经济和财政发展状况向政府提出建议。

金融监管者理事会还会就澳大利亚金融监管体系安排的合理性向政府提出建议；而且该协调机制还会讨论国际金融监管改革的最新进展以及在澳大利亚的应用。例如，近几年，金融监管者理事会探讨了增强授权存款机构（ADIs）的资本管理框架及流动性风险管理；金融市场基础设施的监管框架，风险处置安排以及影子银行体系等。很多金融监管者理事会讨论的议题都会纳入到储备银行的半年度《金融稳定报告》中。

（二）双边议事协调机制

1. 储备银行和审慎监管局之间的议事协调机制

除金融监管者理事会这个多边机制外，澳大利亚监管部门之间还建立了多个双边议事协调机制。

澳大利亚以法律的形式规定监管部门之间有信息共享的义务，如《储备银行法》的第79A条和《审慎监管局法》的第56条都明确规定了信息交换的原则、目的和使用要求，在监管部门职员的工作职责描述中，都会明确与其他监管部门保持良好沟通、推动信息共享等具体内容。储备银行和审慎监管局早在1998年就建立了有效的信息共享和工作交流机制。一方面，审慎监管局作为全国性的金融业统计机构，将所监管机构上报的数据整理后，定期发送储备银行，供宏观形势分析及货币政策决策时使用；另一方面，在金融体系的流动性方面，双方都有重大的关切，会及时共享信息并定期交流，还联合开展对金融机构的压力测试。双方建立了常规的协调委员会（Coordination Committee）制度，约每六周召开一次会议，由双方轮流举办。会议参加者包括储备银行分管金融体系的行长助理、金融稳定部的主任和副主任，审慎监管局综合机构部、监管支持部、政策研究统计部和行业技术服务部的总裁等。双方的分析人员每年还会组织 2～3 次会议，讨论共同关心话题的最新进展和研究成果。每期《金融稳定评论》（*Financial Stability Review*）发布后，储备银行会派高级职员给审慎监管局员工进行讲解。另外，双方还有工作层面的人员借调机制，期限从三个月到一年不等。

2. 其他双边议事协调机制

在支付体系建设方面，储备银行和证券与投资委员会有着广泛的合作关系，国际金融危机后对金融市场基础设施的建设更加重视，双方在推动建立中央对手方清算等方面开展了很多合作。此外，证券与投资委员会和审慎监管局也有着备忘合作关系。

第二节　微观审慎监管

根据《澳大利亚审慎监管局法》，澳大利亚审慎监管局主要负责对授权存款机构、信用合作社、建筑协会、人寿保险公司、普通保险公司与再保险公司、友好互助协会和养老金进行微观审慎监管。本节集中介绍审慎监管局对授权存款机构、保险公司和养老金三类主要监管对象的审慎监管规定。

一、授权存款机构（ADIs）监管

根据《1959年银行法》的相关条款，审慎监管局（APRA）制定了监管授权存款机构的微观审慎监管标准。资本是商业银行等存款类机构开展业务的前提，能够有效吸收金融机构在业务经营活动中出现的非预期损失，确保金融机构正常稳健运行。资本管理是授权存款机构整个风险管理框架不可或缺的一部分，金融机构的风险偏好及风险特征必须要与其资本吸收损失的能力一致。APRA对授权存款机构的微观审慎监管主要有审慎资本监管、流动性监管和风险管理框架等方面。

（一）审慎资本监管

授权存款机构的董事会对审慎资本管理负有最终责任，董事会必须确保本机构的资本保持是合适水平而且资本的质量与本机构面临的风险类型、风险程度和风险集中度等相一致。审慎资本管理主要有以下几个要素：内部资本充足性评估程序（ICAAP）、最低监管资本要求、留存资本缓冲与逆周期资本缓冲、杠杆率披露要求、其他应报告或申请批准事宜。

1. 内部资本充足性评估程序（ICAAP）

经过董事会批准的内部资本充足性评估程序必须要以书面文件形式存在，且有案备查，任何重大修改必须经董事会批准。评估程序必须要适合于授权存款机构的规模、业务类型、经营复杂程度和集团结构（如适用）。

内部资本充足性评估程序（ICAAP）至少要包含以下要素。（1）连续识别、测度、监测和管理机构面临的风险以及所需对应资本的合理应对措施、流程、体系、管控以及人员安排等。（2）确保资本始终保持充足水平的策略。根据本机构风险偏好和监管要求制定具体的资本充足性目标，以及实现该目标的计划和手段。（3）确保本机构符合监管要求以及资本充足性目标的行动和流程。包括制定需要警示管理层的触发条件，以及避免和纠正可能违规行为的具体行动。(4)与潜在风险和可用资本资源相关的压力测试和情景分析。(5)内部资本充足性评估程序的上报流程,并确保管理层在经营决策中考虑相关结果。(6)针对监管资本要求没有考虑到的风险,制定应对措施。(7)内部资本充足性评估程序概述。内部资本充足性评估程序概述描述授权存款机构资评估和管理程序的总括性文件,不仅要保持前述主要内容,还要包含内部资本充足性评估程序(ICAAP)的目标,关键的情景假设和使用方法,以及重新评估内部资本充足性评估程序(ICAAP)的条件等内容。

授权存款机构要定期通过具有相关资质的人员来评估内部资本充足性评估程序(ICAAP)的合理性和有效性。评估频率和范围视本机构资产规模、业务类型、经营复杂程度、风险偏好变化等方面而定,但至少每三年要开展一次评估。

授权存款机构要发布内部资本充足性评估程序(ICAAP)执行情况的年度报告,经董事会批准和首席执行官(CEO)签字后上报给审慎监管局。内部资本充足性评估程序(ICAAP)执行情况年度报告包括:(1)目前以及未来三年本机构的资本可能变化情况;(2)当年内部资本充足性评估程序(ICAAP)执行结果与前一期计划之间的偏差;(3)当年内部资本充足性评估程序(ICAAP)出现的重大变化;(4)根据内部资本充足性评估程序(ICAAP)开展的压力测试和情景分析的结果和具体细节;(5)资本使用情况的具体细节;(6)本机构风险偏好和资本管理程序变化的评估等。

2. 最低监管资本要求

根据《巴塞尔协议Ⅲ》相关内容,审慎监管局制定了衡量资本充足性的相关数量指标,这些指标考虑了表内和表外业务的信用风险,操作风险、交易活动导致的市场风险、非交易产生的利率风险,以及证券化相关风险。由于资本是应对这些风险暴露的天然屏障,审慎监管局进一步严格了资本的定义,以提高资本质量,监管资本分为一级资本(又称持续经营资本,分为普通股一级资本和其他一级资本)和二级资本(破产清算资本),并制定了三个层次的监管资本要求,分别为普通股一级资本、一级资本和总资本占风险资产总额的比例，最低标准目前分别为 4.5%、6% 和 8%。

普通股一级资本是质量最高的资本，必须能够提供永久无限制的资金承诺、自由吸收损失、公司破产时在清偿顺序最末端。包括普通股、留存收益、本年度未分配收益、累积的其他综合性收益、少数股权以及监管调整等。其他一级资本也是高质量的资本，必须能够提供永久无限制的资金承诺、自由吸收损失、公司破产时，其清偿顺序在存款人和其他更优先的债权人之后，享受酌定的资本分配。二级资本虽然没有一级资本的质量高，但在一定程度上具有吸收损失的能力。

3. 留存资本缓冲与逆周期资本缓冲

自 2016 年 1 月 1 日起，授权存款机构必须要满足留存资本缓冲要求，最低标准为风险资产总额的 2.5%，且必须全部为普通股一级资本。该规定生效后，普通股一级资本的最低监管资本将上升至 7%。如果留存资本缓冲的监管要求不达标，则相关机构的资本分配将受到限制，如分红和股票回购、奖金以及其他一级资本工具涉及的分红和利息支出等将受到限制。

自 2016 年 1 月 1 日起，授权存款机构必须要满足逆周期资本缓冲要求，监管要求为风险资产总额的 0 ~ 2.5%，必须全部为普通股一级资本。审慎监管局会及时公告逆周期资本缓冲的具体水平，若涉及调高监管要求，则在 12 个月后正式生效；如调降监管要求，则立即生效。如果授权存款机构对不同国家或地区都有风险暴露，则须根据这些国家或地区监管机构制定的逆周期资本缓冲以及该机构的信贷投放量进行加权平均。

4. 杠杆率披露要求

对于采用内部评级法评估信用风险的授权存款机构，审慎监管局规定其必须要定期披露杠杆率。杠杆率 = 一级资本/风险暴露，《巴塞尔协议Ⅲ》建议杠杆率的最低要求是 3%，但相关评估工作仍在进行，因此，目前澳大利亚并没有最低杠杆率的资本要求。审慎监管局要求授权存款机构必须要按照澳大利亚会计标准来计算风险暴露，必须包含表内风险暴露、衍生品风险暴露、证券化融资交易风险暴露和其他表外风险暴露。

5. 其他应报告或申请批准事宜

授权存款机构必须就违反或可能违反审慎监管标准的情况及时通报审慎监管局，并制定详细的补救措施。如严重背离内部资本充足性评估程序（ICAAP）、担忧其资本充足状况、公司股价大幅下降，以及其他严重影响资本水平的情形。

若授权存款机构计划减少资本，则必须要得到审慎监管局的书面批准。资本减少行为包括普通股一级资本、其他一级资本或二级资本工具的回购或赎回，未经审慎监管局同意交易本机构的股票或其他资本性工具，一个财务年度中红利总额超过税后收入总额等。

授权存款机构若申请减少资本，则必须要评估不同层次资本充足性水平，以及在资本下降情况下，未来至少两年内不同层次的资本充足状况，除非评估结果表明，即使在资本下降的情况下，不同层次的资本仍然十分充足，否则申请不会获批。

（二）流动性监管

APRA 对授权存款机构流动性监管的总体要求是：授权存款机构必须建立与其性质、规模和业务复杂程度相适应的流动性风险管理框架以测度、监测和管理流动性风险；授权存款机构必须持有高质量的流动性资产组合以应对严重的流动性压力；授权存款机构必须建立与其规模和业务相适应的稳健的融资结构。

授权存款机构的董事会对流动性风险管理负有最终责任，董事会必须确保流动性风险管理框架与本机构业务活动涉及的流动性风险程度相适应。

1. 流动性风险管理框架

流动性风险管理框架至少包含以下要素。（1）经董事会批准的有关本机构流动性风险容忍水平的陈述。（2）经董事会批准的流动性风险管理策略。（3）依照本机构流动性风险容忍水平制定的有关识别、测度、监测和控制流动性风险的操作标准。（4）经董事会批准的年度融资策略。（5）紧急融资计划。董事会必须确保高级管理层和相关人员具有管理流动性风险的必要经验，本机构流动性风险管理框架和流动性风险管理实践必须以书面形式存在且至少每年评估一次。

流动性风险容忍度。流动性风险容忍度决定了授权存款机构愿意承担的流动性风险，必须要适合于本机构的业务发展实践，有利于本机构在金融市场持续存在压力的条件下有效管理流动性风险。授权存款机构每年至少要评估一次流动性风险容忍度，以反映本机构的财务状况和融资能力的变化。

流动性风险管理策略。流动性风险管理策略要包含流动性管理的具体政策，如资产和负债的构成及期限；融资来源的分散性和稳定性；涉及不同货币、不同国家、不同业务以及法律主体的流动性管理方法；日内流动性管理方法等。流动性风险管理策略必须要考虑正常条件和金融市场压力情况下的流动性需求，并设定定量和定性的目标。

流动性风险管理。授权存款机构必须要制定识别、测度、监测和控制流动性风险的具体程序，包括未来合理时间段以内资产方、负债方和表外项目的现金流预测。制定控制流动性风险的限制条件，这些限制条件必须要与业务地点、经营活动复杂性、金融产品性质和金融市场情况相关，一旦经营活动突破这些限制，必须要及时执行纠正计划。建立一组早期预警指标以辅助日常流动性风险管理，建立有效信息管理系统以便向董事会、公司高级管理人员以及相关人员及时提供本机构的流动性头寸信息和相关预测。授权存款机构建立并执行有关融资和流动性的成本收益分配机制，对不同的流动性风险分摊相应的审慎管理成本，以激励流动性风险管理。

年度融资策略。制定年度融资策略的书面计划并报经董事会批准，授权存款机构要定期评估快速融资的能力，密切关注影响其融资能力的主要因素。授权存款机构必须要根据金融市场融资状况和本机构发展战略的变化来定期评估融资策略并作出必要修改，如有实质性变更，应及时通报审慎监管局。

紧急融资计划。授权存款机构必须正式制订应对紧急情况下流动性短缺的紧急融资计划。该计划要与本机构复杂性、风险特征、业务范围以及其在金融体系中的地位相对称。紧急融资计划必须要准确列明可行的紧急融资来源及资金数量，以及所需时间等。紧急融资计划必须要具有高度灵活性，以便授权存款机构能够在各种情形下灵活应对。授权存款机构应定期评估并测试紧急融资计划的有效性及可行性，该计划至少每年评估更新一次。

2. 最低监管要求

根据授权存款机构的资产规模和业务复杂性，审慎监管局决定对其进行流动性覆盖率（LCR）或最低流动性持有率（MLH）监管。

按照流动性覆盖率（LCR）监管的授权存款机构必须要进行有关于本币和外币流动性的情景分析。流动性覆盖率（LCR）＝高质量流动性资产（HQLA）/未来30天现金净流出额。对于本国授权存款机构，LCR不得低于100%，对于外国授权存款机构，LCR不得低于40%。

高质量流动性资产分为两个类别，其中HQLA1是质量最高的流动性资产，包括现金，中央银行储备金、主权机构/中央银行/公共部门/国际清算银行/国际货币基金组织/欧央行/多边开发银行等发行市场化的融资工具，风险权重为零且市场流动性极好。HQLA2是其他高质量资产，占比不能超过40%。HQLA2按市场价值估值，但必须折扣15%，包括上述主权机构或超主权机构发行的债务工具，但风险权重被设定为20%，信用评级在AA－级以上非金融企业债券（含商业票据），非本机构或关联机构发行的担保债券，市场流动性极好。

授权存款机构必须要开展危机情景（Name Crisis）和持续经营（Going Concern）情景分析，在危机情景下，授权存款机构必须持有足够的流动性确保在至少5个工作日内正常经营。危机情景必须要假设授权存款机构遭遇严重的流动性压力危机，具体情景设计细节要经过审慎监管局同意。在持续经营情景下，授权存款机构要分析未来至少15个月的现金流状况，并报告每日偿付义务履行情况。授权存款机构还要定期开展短期或较长期的压力测试，模拟分析机构层面和市场层面的流动性紧张时，导致流动性下降的渠道，以确保目前的风险暴露与本机构的风险容忍度一致。

按照最低流动性持有率（MLH）监管的授权存款机构，必须至少持有相当于其负债的9%的流动性资产，如果审慎监管局对授权存款机构的流动性管理框架不认同，有权提高对流动性资产的要求。为避免违反最低持有率相关规定，授权存款机构必须在最低比率之上设定采取措施的触发比率，以确保流动性管理的稳健。

负债是资产负债表的负债方总额加上不可撤销的承诺。合格的流动性资产包括现金及清算资金、政府债券、澳大利亚政府或外国政府担保的债券、超主权机构或外国政府发行的债券、存单、授权存款机构发行的债券、可在两个工作日内变现的存款，以及审慎监管局认可的其他证券，所有债务工具严禁为次级债且符合与中央银行开展回购交易的条件。此外，授权存款机构必须要开展与前文相同的持续经营（Going Concern）情景分析。

（三）风险管理框架——适用所有受审慎监管局监管的机构

所有受审慎监管局监管的机构都必须建立识别、测度、评估、监测、报告、控制和降低重要风险的完备系统，这些系统与风险管理的组织结构、相关政策、过程和人事安排，构成金融机构的风险管理框架。金融机构董事会对于建立和完善适合本机构资产规模、业务类型和复杂度的风险管理框架负有最终责任，此外，风险管理框架还必须要与公司的战略目标和商业计划保持一致。

董事会在风险管理框架方面应该发挥以下作用。（1）制定本机构风险偏好并审批风险偏好声明和风险管理战略（RMS）。（2）形成本机构的风险管理文化，使这种文化融入公司日常经营活动。（3）确保公司管理层按照董事会批准的战略目标、风险偏好声明和相关政策措施管理所有的风险。（4）确保本机构的运作机构有助于有效管理风险。（5）确保本机构承担的风险与风险管理系统和已经确定的风险偏好一致，并有足够资源来管理风险。（6）充分认识到每一项风险测度方法存在的不确定性、局限性以及具体假设的可能影响。

风险管理框架至少要包含以下要素。（1）风险偏好声明。（2）风险管理系统。（3）商业计划书。（4）以书面形式明确阐述重要风险管理的作用、责任等的政策和程序。（5）委派专门的风险管理小组。该小组独立运作，协助董事会、专门委员会和高级管理层来制定和完善风险管理框架，具备必要的权威和有权且独立的上报机制等。（6）内部资本充足性评估程序（ICAAP）。（7）建立有效的信息管理系统，确保在正常和金融市场紧张条件下，能够准确测度、评估和上报本机构所有重要的风险。（8）建立风险管理框架的评估机制。（9）与本机构规模、业务类型和复杂程度相适宜，并且基于严重但可能条件下的前瞻性情景风险和压力测试。

金融机构董事会必须要向审慎监管局提交经董事会主席和风险管理委员会主席签字同意的风险管理年度公告。若金融机构对风险偏好声明、风险管理系统、商业计划书作出重大修改，必须在经董事会批准后 10 个工作日内通报审慎监管局；此外，金融机构如有显著违反风险管理框架的行为，或风险管理框架未能适当应对重要金融风险等重要事项，必须要在 10 个工作日内通报审慎监管局。

二、保险公司监管

（一）普通保险公司监管

根据《1973 年保险法》的相关条款，审慎监管局制定了监管普通保险公司的微观审慎监管标准，鉴于前文已经介绍了风险管理框架相关内容，本部分介绍审慎资本监管相关内容。普通保险公司董事会对审慎资本管理负最终责任，总体监管要求是：（1）普通保险公司必须要建立内部资本充足性评估程序（ICAAP）；（2）持有符合监管要求的资本数量，根据保险风险、保险集中度风险、资产风险、资产集中度风险以及操作风险等因素确定适当的资本数量，遵守审慎监管局调整资本的监管要求；（3）满足一定的信息披露要求；（4）以及其他应报告或申请批准事宜。

1. 内部资本充足性评估程序（ICAAP）

内部资本充足性评估程序（ICAAP）至少要包含以下要素。（1）连续识别、测度、监测和管理本公司面临的风险以及所需对应资本的合理应对措施、流程、体系、管控和人员安排等。（2）确保资本始终保持充足水平的策略。根据本公司风险偏好和监管要求制定具体的资本充足性目标，以及实现该目标的计划和手段。（3）确保本公司符合监管要求和资本充足性目标的行动和流程。包括制定需要警示管理层的触发条件，以及避免和纠正可能违规行为的具体行动。（4）与潜在风险和可用资本资源相关的压力测试和情景分析。(5) 内部资本充足性评估程序的上报流程,并确保管理层在经营决策中考虑相关结果。(6) 针对监管资本要求没有考虑到的风险,制定应对措施。(7) 内部资本充足性评估程序概述。内部资本充足性评估程序概述描述和总结被监管机构评估和管理程序的总括性文件,不仅要保持前述主要内容,还要包含内部资本充足性评估程序(ICAAP)的目标,关键的情景假设和使用方法,以及重新评估内部资本充足性评估程序(ICAAP)的条件等内容。

普通保险公司要定期通过具有相关资质的人员来评估内部资本充足性评估程序(ICAAP)的合理性和有效性。评估频率和范围视本机构资产规模、业务类型、经营复杂程度、风险偏好变化等方面而定,但至少每三年要开展一次评估。

普通保险公司要发布内部资本充足性评估程序(ICAAP)执行情况的年度报告,经董事会批准和首席执行官(CEO)签字后上报给审慎监管局。内部资本充足性评估程序(ICAAP)执行情况年度报告包括:(1) 目前以及未来三年本机构的资本可能变化情况;(2) 当年内部资本充足性评估程序(ICAAP)执行结果与前一期计划之间的偏差;(3) 当年内部资本充足性评估程序(ICAAP)出现的重大变化;(4) 根据内部资本充足性评估程序(ICAAP)开展的压力测试和情景分析的结果和具体细节。(5) 资本使用情况的具体细节;(6) 对公司风险偏好和资本管理程序变化的评估等。

2. 资本金要求

对普通保险公司资本充足性监管要求,不仅要考察公司面临的风险,还要评估其资本质量。审慎监管局也制定了普通保险公司普通股一级资本、其他一级资本和二级资本的分类标准。

普通保险公司持有的资本必须要超过审慎资本要求(PCR),审慎资本要求等于审慎监管局规定的资本数量或审慎监管局在特定情形下作出的监管调整。计算审慎监管局规定的资本数量有三种方法——标准模型、内部模型,或二者结合。除受规定的资本金数量约束外,普通保险公司资本金不得低于500万澳元(部分保险公司放宽至200万澳元)。

在标准方法下，规定的资本数量 = 保险风险费用 + 保险集中度风险费用 + 资产风险费用 + 资产集中度风险费用 + 操作风险费用 - 聚集收益（Aggregation Benefit）。

保险风险费用，根据净保险负债相关的支付责任和支出计算。保险集中度风险费用根据一个重大事件或一系列小的相关事件产生的财务影响进行计算。资产风险费用是风险事件对保险公司表内或表外资产的影响。资产集中度风险费用是指保险公司业务集中于单一资产或单一对手方（集团）可能造成的损失。操作风险费用指保险公司管理不当等操作风险造成的可能损失。聚集收益（Aggregation Benefit）= $(A + I) - \sqrt{A^2 + I^2 + 2 \times \text{correlation} \times A \times I}$。

其中，A 为资产风险费用，I 为保险风险费用与保险集中度风险费用之和，除银行抵押贷款保险公司相关系数为 0.5 以外，其他普通保险公司相关系数为 0.2。聚集收益主要是鼓励普通保险公司将资产风险、保险风险和保险集中度风险分散化。

普通保险公司也可以在得到审慎监管局批准后，使用内部模型来计算规定的资本数量，但无论在何种情形下，审慎监管局都有权根据实际情况，对保险公司的资本要求作出监管调整。

3. 信息披露要求

普通保险公司至少每年都要公开披露以下信息：普通股一级资本和监管调整要求的数量、其他一级资本和监管调整要求的数量、二级资本和监管调整要求的数量、前述六项计算的资本总量、规定的资本数量及其各部分构成、资本充足乘数（等于资本总量/规定的资本数量）。被监管机构不得公布审慎监管局作出的监管调整信息。

4. 其他应报告或申请批准事宜

被监管机构必须就违反或可能违反审慎资本要求（PCR）、严重背离内部资本充足性评估程序（ICAAP）、资本金和审慎资本要求下降等情况及时通报审慎监管局，并制定详细的补救措施。

若被监管机构计划减少资本，则必须要得到审慎监管局的书面批准。资本减少行为包括：普通股一级资本、其他一级资本或二级资本工具的回购或赎回，未经 APRA 同意交易本机构的股票或其他资本性工具，一个财务年度中红利总额超过税后收入总额等。

普通保险公司若申请减少资本，则必须要评估未来至少两年内资本充足状况，除非评估结果表明，即使在资本下降的情况下，被监管机构的资本金仍然十分充足，否则申请不会获批。

（二）人寿保险公司监管

根据《1995 年人寿保险法案》的相关条款，审慎监管局制定了监管人寿保险公司的微观审慎监管标准，鉴于前文已经介绍了风险管理框架相关内容，本部分介绍审慎资本监管相关内容。人寿保险公司董事会对审慎资本管理负最终责任，必须要确保人寿保险公司及旗下管理的每一只基金都要资本充足。总体监管要求是：（1）人寿保险公司必须要建立内部资本充足性评估程序（ICAAP）；（2）持有符合监管要求的资本数量，根据保险风险、资产风险、资产集中度风险以及操作风险等因素确定每一只基金和公司整体适当的资本数量，遵守审慎监管局调整资本的监管要求；（3）满足一定的信息披露要求；（4）其他应报告或申请批准事宜。

1. 内部资本充足性评估程序（ICAAP）

内部资本充足性评估程序（ICAAP）至少要包含以下要素。（1）连续识别、测度、监测和管理本公司面临的风险以及所需对应资本的合理应对措施、流程、体系、管控和人员安排等。（2）确保资本始终保持充足水平的策略。根据本公司风险偏好和监管要求制定具体的资本充足性目标，以及实现该目标的计划和手段。（3）确保本公司符合监管要求和资本充足性目标的行动和流程。包括制定需要警示管理层的触发条件，以及避免和纠正可能违规行为的具体行动。（4）与潜在风险和可用资本来源相关的压力测试和情景分析。（5）内部资本充足性评估程序的上报流程，并确保管理层在经营决策中考虑相关结果。（6）针对监管资本要求没有考虑到的风险，制定应对措施。（7）内部资本充足性评估程序概述。内部资本充足性评估程序概述描述和总结人寿保险公司评估和管理程序的总括性文件，不仅要保持前述主要内容，还要包含内部资本充足性评估程序（ICAAP）的目标，关键的情景假设和使用方法，以及重新评估内部资本充足性评估程序（ICAAP）的条件等内容。

人寿保险公司要定期通过具有相关资质的人员来评估内部资本充足性评估程序（ICAAP）的合理性和有效性。评估频率和范围视本机构资产规模、业务类型、经营复杂程度、风险偏好变化等方面而定，但至少每三年要开展一次评估。

人寿保险公司要发布内部资本充足性评估程序（ICAAP）执行情况的年度报告，经董事会批准和首席执行官（CEO）签字后上报给审慎监管局。内部资本充足性评估程序（ICAAP）执行情况年度报告包括：（1）目前以及未来三年本机构及旗下管理每一只基金的最低监管资本要求和目标资本情况；（2）当年内部资本充足性评估程序（ICAAP）执行结果与前一期计划之间的偏差；（3）当年内部资本充足性评估程序（ICAAP）出现的重大变化；（4）根据内部资本充足性评估程序（ICAAP）开展的压力测试和情景分析的结果和具体细节；（5）资本使用情况的具体细节；（6）计划时间内人寿保险公司风险偏好和资本管理程序变化的评估等。

2. 资本金要求

对人寿保险公司资本充足性监管要求，不仅要考察公司可能面临的风险，还要评估其资本质量。审慎监管局也制定了人寿保险公司不同层次的监管分类标准。

审慎监管局对人寿保险公司及其旗下管理的基金建立了审慎资本要求（PCR），人寿保险公司及其每一只基金任何时候持有的资本必须要超过审慎资本要求（PCR）。

人寿保险公司旗下单只基金的审慎资本要求等于审慎监管局规定的资本数量，或遵循审慎监管局在特定情形下作出的监管调整。计算审慎监管局规定的资本数量有三种方法——标准模型、内部模型，或二者结合。人寿保险公司总的规定资本数量等于旗下各只基金规定的资本数量之和。但无论计算结果如何，人寿保险公司资本金不得低于1,000万澳元。

在标准方法下，规定的资本数量＝保险风险费用＋资产风险费用＋资产集中度风险费用＋操作风险费用－聚集收益（Aggregation Benefit）＋压力情景调整费用。

保险风险费用，根据未来人口死亡率、发病率、寿命变化、服务费支出等保险风险计算。资产风险费用是风险事件对保险公司表内或表外资产的影响。资产集中度风险费用是指保险公司业务集中于单一资产或单一对手方（集团）可能造成的损失。操作风险费用指保险公司管理不当等操作风险造成的可能损失。聚集收益（Aggregation Benefit）＝ $(A+I)-\sqrt{A^2+I^2+2\times \text{correlation}\times A\times I}$。

其中，A 为资产风险费用，I 为保险风险费用，相关系数为 0.2。聚集收益主要是鼓励普通保险公司要将资产风险和保险风险分散化。在公司股东未来税收优惠可能减少，保单持有人收益下降有限等造成压力情景下，人寿保险公司会面临收入下降或支出增加，必须要准备一定的压力情景调整费用。

人寿保险公司也可以在得到审慎监管局批准后，使用内部模型来计算规定的资本数量，但无论在何种情形下，审慎监管局都有权根据实际情况，对保险公司的资本要求作出监管调整。

3. 信息披露要求

人寿保险公司至少每年都要公开披露以下信息：普通股一级资本及监管调整要求的数量、其他一级资本及监管调整要求的数量、二级资本及监管调整要求的数量、前述六项计算的资本总量、规定的资本数量、资本充足乘数（等于资本总量/规定的资本数量）。

此外，人寿保险公司至少每年还必须要公开披露旗下每一只基金的信息：每一只基金的净资产和监管调整的净资产量、二级资本和监管调整要求的数量、根据前述四项计算的资本量、规定的资本数量及其构成、资本充足乘数（等于资本总量/规定的资本数量）。

人寿保险公司不得公布审慎监管局作出的监管调整信息。

4. 其他应报告或申请批准事宜

人寿保险公司必须就其本身或旗下每一只基金违反或可能违反审慎资本要求（PCR）、严重背离内部资本充足性评估程序（ICAAP）、公司本身或旗下基金资本金和审慎资本要求下降等情况及时通报审慎监管局，并制定详细的补救措施。

若人寿保险公司计划减少资本，则必须要得到审慎监管局的书面批准。资本减少行为包括：普通股一级资本、其他一级资本或二级资本工具的回购或赎回，未经审慎监管局同意交易本机构的股票或其他资本性工具，一个财务年度中红利总额超过税后收入总额等。

人寿保险公司若申请减少资本，则必须要评估未来至少两年内资本充足状况，除非评估结果表明，即使在资本下降的情况下，被监管机构的资本金仍然十分充足，否则申请不会获批。

三、养老金监管

根据《1993年养老金监管法》的相关条款，审慎监管局制定了监管注册养老金实体（RSE）持牌人的微观审慎监管标准，鉴于前文已经介绍了风险管理框架相关内容，本部分介绍操作风险财务要求（ORFR）相关内容。注册养老金实体持牌人董事会对本机构持有足够的金融资源以达到审慎监管局确定的操作风险财务要求目标水平负最终责任。总体监管要求是：以书面形式制定注册养老金实体持牌人确定、执行、管理和维持操作风险财务要求目标数量的战略；制定适当政策措施和流程来管理金融资源使其达到操作风险财务要求目标数量；确定操作风险财务要求目标水平以下的容忍下限以及突破下限后的补充计划；确保持有用来达到监管要求的财务资源仅能用于操作风险事件或将操作风险财务要求目标维持在合理水平。

注册养老金实体（RSE）持牌人制定的操作风险财务要求（ORFR）战略至少包含以下因素：操作风险财务要求目标水平及容忍下限变动的主要因素；注册养老金实体持牌人用于满足操作风险财务要求目标水平的方法；注册养老金实体持牌人确保达到监管要求的行动过程；管理操作风险准备金的投资策略；财务资源何时以及如何用于弥补监管要求的决策过程；补充计划执行过程；操作风险财务要求目标水平充足性的监测和评估流程；在注册养老金实体持牌人出现破产清算时，管理财务确保达到操作风险财务要求目标水平的流程。

注册养老金实体持牌人每年都要根据其自身资产规模、业务类型和复杂程度，以及操作风险的重要变化等因素来评估操作风险财务要求目标水平及容忍下限的合理程度。此外，注册养老金实体持牌人还必须执行内部审计和外部审计来操作风险财务要求战略的合理性和有效性。

如发生以下情形，注册养老金实体持牌人必须在 10 个工作日内通报审慎监管局。持牌人调整操作风险财务要求目标水平以持续满足审慎监管标准的要求；财务资源低于容忍下限；持牌人担心可能发生某一操作风险事件会消耗财务资源；持牌人决定可能要动用财务资源才能达到操作风险财务要求目标水平；其他持牌人决定可能动用财务资源的触发事件。

第三节　金融市场及金融机构行为监管

澳大利亚证券与投资委员会（ASIC）负责监管上市公司、金融市场、金融中介业务以及消费信贷业务等。作为消费信贷的监管机构，ASIC 负责监管消费信贷活动具体业务，并对相关金融专业人员发放执照；作为金融市场的监管机构，ASIC 负责维护金融市场公平、有序、透明运行，并自 2010 年 8 月 1 日起，接管澳大利亚证券交易所（ASX）对股票、金融衍生品和期货市场的监管权限。作为金融服务的监管机构，ASIC 负责发放金融服务执照并监管相关领域业务，如企业年金、基金、股票和公司证券、金融衍生品和保险等，确保这些金融业务公平、公正、有效开展。

根据 2001 年《公司法》、2001 年《澳大利亚证券与投资委员会法》等相关法案，ASIC 行使以下监管职责：负责注册登记公司和投资计划；颁发澳大利亚金融服务执照和信贷业务执照；注册登记审计师和资产清算师；公开上市公司、金融服务持证者和信贷业务持证者相关信息；制定促进金融市场诚信的相关规则；停止信息披露存在缺陷的金融产品发行；调查可疑违法行为；发布违法违规行为公告；禁止相关人员从事信贷业务或提供金融服务；提请法院对相关违法行为判决民事处罚；保护金融消费者和投资者等。

高效运行的金融市场有助于提高资源配置效率、分散金融风险，促进经济增长。ASIC 监管金融市场及其参与者的一个核心目标是确保金融市场公平公正高效运行，以提高投资者信心。ASIC 采取一系列监管工具来实现监管目标，不仅有效监管金融市场，还采取措施确保市场参与者的行为符合监管要求。

一、金融市场监督

（一）实时监督金融市场交易活动

ASIC 配备经验丰富的一线交易员工，利用一系列先进技术有效查明市场相关交易行为，并对市场发展趋势变化作出适当反应。ASIC 利用新的市场监督系统来监测金融市场的动态变化特征，通过快速分析市场历史交易记录来侦测需要进一步调查的异常交易活动。根据异常交易活动相关指标构建交易监督警报使 ASIC 能够实时对相关交易活动进行监测，以杜绝可能的违规行为。此外，2013 年 11 月，ASIC 还专门建立衍生品监督团队，实时监督金融衍生品交易。

（二）市场调查

如果 ASIC 监督分析员根据相关市场信息无法合理理解监督警报指向的异常交易，ASIC 可能会开展市场调查行动，此外，市场参与者违规报告、ASIC 其他团队转交案件等都可能会引发市场调查活动。市场参与者、相关公司以及投资者必须要配合 ASIC 的市场调查，ASIC 有权根据法律规定，要求调阅相关信息。

（三）其他监督活动

ASIC 也高度关注程序化交易对金融市场的影响，通过使用异常订单控制和市场参与者过滤系统已经降低了股票市场交易中出现的交易取消导致市场混乱现象，但在交易商交易期权和权证市场，该现象有扩大趋势。市场参与者有义务采取适当的技术手段来减少此类交易行为。

二、市场参与者和证券公司行为监管

ASIC 通过多种途径确保市场参与者和证券公司的行为符合监管要求。

（一）合规行为检查

ASIC 对所有市场参与者持续开展以风险为基础的评估，通过市场参与者自身陈述和召开相关会议来分析相关重要事项和潜在风险。市场参与者必须要建立确保公司行为合规的内部机制，ASIC 对相关机制可能存在的缺陷进行评估，以确保市场参与者有足够的资源对自身业务的合规性进行监督。

（二）调查有关市场参与者不适当行为的转办案件

市场参与者的审计机构、其他政府部门、证券交易所等机构都会向 ASIC 转交市场参与者的相关违规行为，ASIC 有专门团队对其进行调查。

（三）市场参与者自查报告

市场参与者有责任及时就任何违反澳大利亚金融服务执照的行为向 ASIC 报告，否则会面临 ASIC 更加严格的检查，甚至处罚。

（四）与市场参与者保持沟通

ASIC 持续与市场参与者保持对话，以改进轻微违规问题的处理程序，希望市场参与者在其面临的一些交易问题的早期就和 ASIC 进行良好沟通。

三、监管执法活动

执法行动主要是对违法违规行为进行处罚，通过处罚的威胁来确保市场参与者和相关人员的行为合规。执法行动通常涉及收集大量的证据，因此，需要花费大量时间和精力。一般执法行动包括：发出市场禁令；内幕交易辩护、定罪和判决；其他处罚（强制执行承诺、罚金）；违法持续披露要求的公告；市场操纵行为辩护、定罪和判决；以及市场纪律专家小组（MDP）发出的违规公告等。

第四节　金融消费权益保护

一、澳大利亚金融消费权益保护机构

澳大利亚金融消费权益保护受到"双峰"监管的影响，为避免审慎性监管目标与金融消费权益保护目标的冲突，分别设立了澳大利亚审慎监管局（APRA）和澳大利亚证券与投资委员会（ASIC），分别承担审慎监管职能和金融消费权益保护职能。

　　ASIC 是澳大利亚金融消费权益保护的决策和执行机构，主要负责信息披露和市场行为监管，维护市场诚信、保护消费者和投资者权益。ASIC 对金融消费权益保护包括两部分——金融机构的内部争端解决系统和独立的外部争端解决系统。当消费者不能通过金融机构的内部争端解决系统解决争端时，可求助于外部争端解决系统。ASIC 要求所有的被监管金融机构都必须有解决消费者争端的内部系统，并要求几乎所有的被监管机构必须成为外部争端解决系统的成员。ASIC 对内部、外部争端解决系统都有相应的标准和要求。

　　ASIC 通过对内部、外部争端解决系统的监管实现其职能：一是推进澳大利亚投资者和消费者更有信心以及充分获得信息；二是促进金融服务提供者更为公平、诚实和专业；三是促进市场更为公平、有序和透明；四是降低系统风险等。

　　目前 ASIC 批准的外部争端解决系统有两个，分别是金融申诉专员服务机构（Financial Ombudsman Service，FOS）和信贷申诉专员服务有限公司（Credit Ombudsman Service limited，COSL），其中 FOS 是主要的外部争端解决机构。据统计，FOS 处理的争端占全部外部争端的 80%。

　　FOS 在澳大利亚金融系统提供争端解决服务有二十多年的历史。澳大利亚先后成立了银行和金融行业申诉专员服务机构（Banking and Financial Service Ombudsman，BFSO）、金融行业投诉服务机构（Financial Industry Complaints Service，FICS）、保险申诉专员服务机构（Insurance Ombudsman Service，IOS）、信托争端处理中心（Credit Union Disputes Resolution Center，CUDRC）和保险经纪争端处理有限公司（Insurance Broker Dispute，IBD）等，分别处理各自领域内的金融消费争端。2008 年 7 月 1 日，ASIC 批准由 BFSO、FICS、IOS 合并成立 FOS。2009 年，CUDRC 和 IBD 分别成为 FOS 的分支机构。

二、FOS 基本情况

　　FOS 的成立和运营接受 ASIC 的监管。ASIC 的主要作用有：一是根据需要不断改进和优化争端解决系统，提高其效率；二是随着改革的持续推进，不断扩大外部解决系统的范围；三是促进为投资者和消费者提供公平、快速和低于法律解决成本的服务；四是强化系统的争端解决职能等。

FOS 能够在 ASIC 中的外部争端系统保持优势地位，主要得益于其较好地满足了 ASIC 的管理要求，包括为个人金融消费者和中小企业提供易得、独立、公平的争端解决服务，不断提高其效率和速度，并履行 ASIC 规定的义务。这些义务主要包括三个方面：一是报告所有涉及系统性的和严重失范的案例和事件；二是报送关于全部争端信息的季报和年报；三是关于 FOS 运作的独立评估报告。ASIC 对于报告的时间、内容、分析方法、观点建议等都有详尽明确的规定。

特别值得关注的是，对于所有可能引发系统性问题的争端和关于金融机构严重失范的争端，FOS 必须履行识别和提示的义务：一是能够迅速识别可能产生系统性问题和严重失范的争端；二是及时向相关金融服务提供者提示，以便其采取适当的补救措施。

（一）FOS 组织框架

FOS 设在墨尔本，没有分支机构，目前约有 318 名员工，从业人员具有丰富的金融、法律、争端处理等背景（图 6.1）。董事会由董事会主席、消费者代表和金融服务提供者代表组成。其运作资金大部分来自对其成员收取的处理案件的费用。任何在澳大利亚从事金融服务的机构（Financial Service Providers，FSPs）都可以申请加入成为其会员。目前其成员约为 16,000 个。

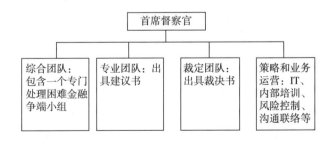

图 6.1　FOS 内部组织框架

（二）FOS 争端解决范围

FOS 只解决消费者与其成员单位的争端。业务涵盖银行、贷款、信用、保险、财务规划、投资、基金管理、股票经纪、信托等领域。

FOS 接受的争端金额不超过 50 万澳元，最高赔偿金额不超过 28 万澳元，对部分争端有具体的相关金额的规定。

另外，FOS 还对可接受的争端的投诉时间等细节有具体的规定。

（三）FOS 争端解决的主要特点

公平：FOS 不站在任何一方的立场上，其解决争端的裁定主要取决于金融服务提供者对于消费者的行为是否公平。

独立：FOS 以有效、快速解决争端为主要职责，不隶属于任何监管机构，独立于消费者和金融服务提供者。

免费：FOS 是非营利性机构，消费者向 FOS 投诉不需要付费。

（四）FOS 争端解决的处理程序

FOS 的主要职能是帮助双方快速达成公平的、一致的解决方案。

主要方法是商议和调解。据统计，近年来约 85% 的争端通过协商解决，而不需要进入裁决阶段。

FOS 争端解决过程主要包括登记、受理、处理、裁决四个主要步骤，每一个步骤都有规范、细致、简便灵活的做法和程序，调解和协商贯穿整个争端解决过程。

登记阶段：消费者可以通过电话、传真、信函、邮件或者登录网站在线登记争端。消费者登记后必须先向金融服务提供者投诉，金融服务提供者有 45 天的争端解决时间。如遇具体紧急情况，FOS 处理时间另有灵活安排。

受理阶段：FOS 首先审核登记的争端是否在其管理范围内。消费者对于金融服务提供者的解决方案不接受，或者已经超出了规定的解决时间时，FOS 受理争端，与消费者联系获得进一步信息并移交给处理阶段。

处理阶段：主要通过三方电话会议进行，FOS 调解人促进双方讨论，达成一致。如果达成一致，则 FOS 以记录结果和文件结束争端处理。如果无法达成一致，则进入裁决阶段。

裁决阶段：通常情况下，裁决包括出具建议书和决定书两个步骤。如果双方不能达成一致，专业团队中的调解小组进行进一步调解，专业团队的管理者出具建议书。如果任何一方拒绝接受建议书，则进入出具决定书阶段。由调查督察官或者陪审团（Ombudsman or Panel）作出最终决定，出具决定书。出具决定书后，FOS争端解决服务结束。

值得关注的是，FOS的裁决不可以申诉。裁决是否有约束力由消费者决定：如果消费者同意解决方案，则决议对争端双方有效；如果消费者不接受决议，则对双方无效。而金融服务提供者则必须接受FOS的裁决。这显然有利于保护消费者利益。如果消费者对FOS的裁决不接受，可通过向法院上诉等其他途径解决。

在特殊情况下，例如申请人健康状况不佳、案件复杂或遇其他紧急事项等，可以不经过出具建议书阶段而直接出具决定书。

第五节　金融行业自律组织

一、澳大利亚金融市场协会（The Australian Financial Markets Association，AFMA）

AFMA成立于1986年，是促进澳大利亚金融市场的效率、诚信和专业性的领导性协会。协会现有成员单位超过130家，包括澳大利亚本土银行、外国银行、主要经纪交易商、证券公司、债券公司、基金公司、能源交易商及金融服务提供者。其主要目标是为行业领导者提供平台，并促进所有市场参与者的利益。

（一）促进金融业最佳实践

（1）有效管理澳大利亚78万亿澳元的场外交易市场（OTC Market）；

（2）制定广泛接受的行业交易标准；

（3）与政策制定者就澳大利亚金融市场的有效监管进行协商，激发投资者信心；

（4）通过协会的自身发展和认证，鼓励高水平的行业行为标准。

（二）促进协会成员利益

（1）推动澳大利亚成为全球金融服务中心；

（2）帮助成员发展业务并对澳大利亚的经济发展做出贡献；

（3）开发金融产品的新市场；

（4）鼓励现有市场深挖潜能；

（5）领导并保持对场外市场的有效管理；

（6）代表交易所市场的市场参与者，确保市场运作和监管的有效率、有效果；

（7）鼓励高水准的专业市场行为；

（8）通过协会的自身发展和认证，发展个体专业技能；

（9）促进有利于金融业健康发展的政策和商业环境。

二、澳大利亚投资与金融服务协会（The Investment and Financial Services Association，IFSA）

IFSA 成立于 1850 年，当时叫寿险协会。后来，随着金融服务业的发展，更名为澳大利亚投资与金融服务协会。IFSA 是一家全国性的非营利组织，成员来自个人与机构基金管理、养老基金和人寿保险行业。IFSA 拥有超过 145 个会员，这些会员总共管理着 1,000 多万澳大利亚人的 1 万多亿澳元资产。IFSA 工作的第一个目标就是帮助消费者建立起对金融服务业的信心；第二个目标是为澳大利亚建立世界一流的长期储蓄系统；第三个目标是推动澳大利亚资本市场增加交易量；最后一个，也是最重要的一个目标，就是使 IFSA 的所有会员能够建立起一个良好的行为标准，确保良好的信誉。

凡是 IFSA 的会员，都必须遵守协会的标准与指导规范，以保证最高的行业行为标准。首先，会员机构在经营过程中必须注重信誉；其次，会员机构必须要做到准确评估资产；再次，会员机构要使用世界一流的统一定价标准；最后，要有一个良好的运作系统，避免运作过程出现风险问题。

三、澳大利亚金融安全协会 （The Australian Financial Security Authority，AFSA）

AFSA 负责对无偿付能力的个体、犯罪收入及托管服务进行管理和监管，并管理个人财产安全登记部（Personal Property Securities Register，PPSR）。AFSA 通过实施破产法、对无偿付能力的个人进行监管，并监管托管服务，为消费者和企业创造更优、更公平的金融环境。AFSA 由澳大利亚司法部部长直接领导，工作主要包括以下几方面：

（1）每年管理超过 80% 的破产资产，并登记所有的破产合约、债务合约和个人无偿付能力合约；

（2）确保债务人、破产人及相关人切实执行《1966 年破产法》；

（3）维护国家无偿付能力个人指数（The National Personal Insolvency Index，NPII）；

（4）为《1996 年破产法》框架下无法解决的债务，提供正式的其他选择；

（5）在涉及法院执行，特别是有关犯罪收入的地点确认、财产控制和财产售出方面，是澳大利亚政府机构的特别受托人；

（6）通过个人财产安全登记部，执行《2009 年个人财产安全法》；

（7）提供个人财产安全登记部的交易信息。

四、澳大利亚银行家协会 （The Australian Bankers' Association，ABA）

ABA 成立于 20 世纪 40 年代后期。成立之初，是为了反对政府对银行体系的国有化。自此，银行家协会的目标和职责经历了很多变革，但其主要变化发生在 1985 年和 1997 年。20 世纪 80 年代中期，ABA 的作用很有局限性。为全面代表澳大利亚所有的执照银行，当时的三个组织——澳大利亚银行家协会、澳大利亚银行家协会研究理事会（The Australian Bankers' Association – Research Directorate）、银行教育服务会（The Banking Education Service）进行了合并，合为澳大利亚银行家协会。几年以后，银行工业组织也被吸收入银行家协会。

1985 年出台的一部新法律指明了行业组织未来的方向：代表会员的观点与政府沟通；讨论政府政策，关注有可能提升行业效率的事项；管理行业和公共关系。1997 年，ABA 的职责进一步得到明确，即关注成员的根本利益，成为银行业处理政府、媒体和公众关系的重要支持。

ABA 作为推动建立有利于银行业和经济发展的监管环境的行业组织，其主要职责涉及以下方面：建立行业标准和规则；审慎监管和支付体系改革；行为和信息披露；金融文献；退休收入政策；乡村和地区事务；安全问题；税收改革。

五、澳大利亚金融中心论坛（The Australian Financial Center Forum，AFCF）

AFCF 成立于 2008 年 9 月 26 日，目的是推动澳大利亚成为亚太地区领先的金融服务中心。AFCF 的构成既包括政府组织也包括金融业代表：一名主席；6 名金融业代表组成的技术委员会；财政部特别小组；由行业协会代表、政府代表、澳大利亚贸易委员会代表组成的顾问组。

AFCF 致力于充分发挥澳大利亚在地区金融业的比较优势，进而增强澳大利亚的对外贸易和金融投资。AFCF 的最终目标是提高金融业对澳大利亚经济增长的贡献。

第七章

养老金制度与超年金

20世纪80年代中期以前，澳大利亚养老保险实行政府年金制度，靠税收筹集资金。其特点是覆盖面窄，实行现收现付制。覆盖面仅限于退休后政府雇员、大公司管理者和低收入者，而大部分公民没有养老保险。澳大利亚从20世纪80年代末开始进行养老金制度改革，形成了基本养老金、超年金和个人自愿储蓄相结合的三支柱体系。迄今为止，该体制是世界上运作较为成功的模式之一，既解决了政府和公民的"后顾之忧"，又促进了澳大利亚经济和金融业的发展。

第一节 养老金制度的历史与现状

一、澳大利亚养老制度改革的基本情况

20世纪80年代中期以前，澳大利亚养老保险实行政府年金制度，靠税收筹集资金。从80年代末开始进行养老金制度改革，形成了基本养老金、超年金和个人自愿储蓄相结合的三支柱体系。

1985年，澳大利亚工会和政府劳动行政管理部门达成一项协议，要求企业所有人上缴职工工资的3%作为职工养老金，企业年金就此建立。1992年，国会通过《超年金保障法》（*Superannuation Guarantee Act*），将强制退休金受益范围扩展到所有雇员，缴费水平从最初占工资总额的3%逐年增长到2002年的9%，预计到2019年增加到12%。2014年已达到9.25%。

1993年，森特·费茨格雷德向政府提交了《国民储蓄》的政策咨询报告，提出了在全国强制实行超年金计划、鼓励雇员自愿缴费投保以及基金运营、税收等建议和一系列政策法律实施要点。政府采纳了报告所提建

议,于 1994 年颁布了《超年金监管条例》(SIS),加强了对超年金的管理,强制雇主加入该计划,不缴费者将受到严厉税收处罚。为了吸引雇主和个人加入超年金计划,澳大利亚政府除了立法强制实行外,还采取了一系列投资和税收优惠政策。超年金发展很快,使澳大利亚养老保险的覆盖面从 1983 年全劳动力的 40%,迅速增加到 20 世纪 90 年代中期的 90%,目前覆盖面已达 93.5%(未加入的主要有艺术家等自由职业者、地下经济[1] 从业人员以及周工作不足 30 小时的在家工作人员)。截至 2013 年末,超年金基金资产总值 1.6 万亿澳元,成为澳大利亚养老保险制度的重要支柱。据最新估计,到 2022 年,超年金累积资金将达到 4.99 万亿澳元。超年金计划的确立,使澳大利亚养老金的来源发生了根本性转变。超年金基金的快速发展得益于强制的超年金计划、税收优惠政策和人们对退休生活方式预期的改变。

超年金基金已成为澳大利亚经济的重要部分,是澳大利亚最重要的长期储蓄来源,也是居民除房产后的第二大财富来源。随着澳大利亚人口老龄化的深化,超年金作为金融"安全网"更凸显其重要性。2010 年 6 月 30 日,超级体系调查委员会(Super System Review Commission)向政府提交了对该行业的最终评估报告,全面审视了澳大利亚超年金体系的治理、结构、效率和运行情况,并提出了减少运营成本和安全保障的建议。

依据这次对全行业的调查,2013 年 7 月 1 日,更强的超年金改革方案生效,改革将根本性地改变澳大利亚审慎监管局监管超年金基金的方式,第一次赋予其对超年金基金制定审慎标准的权力,在审慎监管框架的统一上迈出一大步,将超年金基金纳入与存款机构和保险业相同的监管基础。该项改革还极大地提高整个超年金基金的效率,大幅降低运营成本。如果改革执行良好,预计将节省成本 40%,到 2035 年,增加 600 亿澳元的国民储蓄。此外,提供简单、低成本的超年金产品 MySuper,旨在提高超年金产品违约处理的透明度及简化手续。

---

1 地下经济(Underground Economy),一般指逃避政府的管制、税收和监察,未向政府申报和纳税,其产值和收入未纳入国民生产总值的所有经济活动。

二、澳大利亚养老保险制度的结构及基本内容

（一）第一支柱

政府提供的基本养老金，澳大利亚人称为 Age Pension。资金来源于税收，由政府财政支付；领取的条件是退休后收入达到全国最低收入水平并通过"中联"机构[2]申请，获家庭与社区服务部批准；最早领取年龄为 55～60 岁，替代率为男性周工资的 25%，每年最高领取 12,000 澳元；每两周支付一次，支付期限至身故为止；领取全额或部分基本养老金者还可在医疗、交通等方面享受程度不同优待政策。该支柱是澳大利亚传统养老保险制度的延续，其职能是为劳动者提供最基本的老年生活保障。

（二）第二支柱

即超年金。超年金计划采用完全积累方式，积累基金由澳大利亚证券与投资委员会认可的信托机构管理，由专业公司负责投资营运和保值增值，相关产品众多且分工细密。雇主缴费全部记入雇员个人账户，缴费者和受益人享受税收优惠；可选择多种投资方式，包括投向国债、基金、房地产、本国和海外股票市场等；超年金领取标准依个人账户积累额计算，可一次性或按月领取；积累 35～40 年，预计替代率约为 40%。政府采用优惠税收政策鼓励按月领取。

（三）第三支柱

个人储蓄养老，在澳大利亚称为自愿储蓄，其职能是满足个人对退休养老的特殊安排。资金既包括雇主、雇员和自雇用者自愿交纳的额外超年金，也包括其他储蓄。

三、基本特点

（一）第一层次的保障与"济贫"性质

虽然法定年龄的澳大利亚公民都有领取政府养老金的权利，但是任何养老金领取者都需要接受收入和财产状况调查。只有收入和财产低于一定

---

2 Centre Link，1997 年政府批准设立的非营利性事业机构，其主要任务之一是受家庭与社会服务部委托发放养老金。

标准的老人才能享受全额养老金，高于规定标准的部分按一定比例减少养老金的领取金额，因此退休人员收入超过标准收入或财产达到一定数额后，政府就不再提供养老金了。而根据法律，政府有责任维持单身养老金的支付标准不低于男性平均工资的25%，夫妇养老金每个人的支付标准不低于男性平均工资的20%，申请者自有住宅（1处）不计入接受调查的个人财产，单靠养老金生活的退休者不缴纳个人所得税；政府还向老年人提供医疗、交通、地租、水电费等方面的优惠。由此可见，政府养老金的标准虽低，还能维持一种过得去的退休生活。不过，退休人员享受政府养老金（第一层次）要接受调查的收入或财产，包括超年金（第二层次）、其他个人补充储蓄或投资（第三层次）。所以，澳大利亚养老保障制度的第一层次和第二、第三层次之间有一种此消彼长的关系。随着超年金制度的逐步成熟，领取政府养老金的人员比重和金额呈下降趋势。目前约有一半的老年人领取全额养老金。估计到2050年，领取全额养老金的老年人比重将因超年金的因素下降到1/3左右（见图7.1）。这不仅能大大减轻人口老龄化对政府财政的压力，还可将政府养老金发给最需要的穷人，对居民收入起到再分配作用，有利于整个社会的公平和稳定。

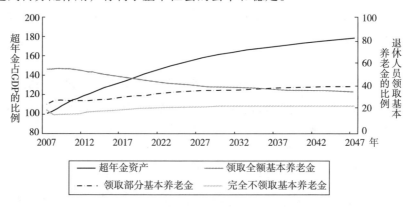

资料来源：澳大利亚财政部。

图7.1 超年金资产及基本养老金覆盖情况变化

（二）雇主承担第二层次交费，政府采用不同政策，既鼓励储蓄又保证合理内需

绝大多数西方国家的养老保险一般采取的都是雇主雇员双方交费的办

法。超年金计划之所以能够付诸实施，首先是因为澳大利亚有强大的工会组织，否则雇主不会承诺按一定比例增加工资；其次是政府能够制订出一个目标远大、阶段明确的详细计划，并说服工人将已经争得但还未到手的利益进行强制性储蓄，而不是将其消费殆尽。

一般认为，双方按相同比例交费的好处是借助于雇主雇员之间的相互监督，提高养老保险费的征缴率。澳大利亚经验证明，在法制和工会组织比较完善的条件下，职业年金采取个人账户、雇主单方缴费（事实上，由于雇员降低了提高工资的要求，个人仍是潜在的缴费者）的办法同样也能加强监督、提高征缴率。个人账户终究是属于雇员自己的利益，最关心雇主是否缴费的是雇员。但雇员和雇主的谈判地位不平等，若无比较完善的法制环境和强大的工会组织作后盾，雇员的监督作用就不可能发挥出来。

此外，政府通过不同的政策促使低收入者为自己的老年生活多积蓄，而高收入者要进行合理的现行消费：对年收入在6万澳元以下的低收入者，其税后每1澳元额外缴纳的超年金，可自动获得政府的对应补助，该补助也进入超年金，最高为每年1,500澳元；而对于高收入者，政府规定其每年额外缴纳的超年金不超过5万澳元。

（三）超年金管理的信托人制度

在实行养老保险的多数国家中，个人账户的拥有者往往直接委托保险公司或其他金融机构为自己管理账户。个人在选择金融机构以及投资组合时有充分的自主权。澳大利亚人的超年金账户却是由30多万家信托基金来管理并负责投资的。所有被批准成立的信托基金都有一个在法律上对基金负责的信托人董事会。这个信托人董事会一般由相同数目的雇主和雇员代表组成，负责基金的日常管理、投资，以及定期向基金成员和监管部门提供报告。他们通常将基金运作签约给专业的服务提供者，其费用公平分摊在成员的账户上。这些外签的服务包括行政管理、投资、保险、精算、审计、法律等。信托人本身不从基金领取任何报酬，但对基金的恰当和谨慎运作承担全部法律责任。

（四）严格的审计和监管

尽管澳大利亚的人口不多，但由于其疆域辽阔，要对所有的政府养老金申请人进行收入和财产调查也不是一件容易的事。澳大利亚政府将这个工作委托给一个非营利机构"中联"（Centrelink）。这个机构的成员通过政府指派和公众推举相结合的方式产生，营运经费完全由政府承担。它的任务除了调查政府养老金申请人的情况，还要收集所有（政府出资的）社会福利保障待遇申请人的资料，来决定一个人能否享受社会福利保障待遇及其种类、级别。尽管信托人制度在澳大利亚运转得很好，20 世纪 80 年代末英国马克斯韦尔侵吞雇员养老基金一案还是给澳大利亚人敲响了警钟。1993 年，澳大利亚议会通过了《超年金行业监督法》（*Superannuation Industry Supervision Law*），并于 1994 年 7 月 1 日开始执行。该法对信托人和养老（超年金）信托基金的注册、信托人的责任和义务、养老信托基金的运作标准、投资标准、文件公开和报告标准、消费者保护和投诉处理标准等一系列问题，都作了详细的规定。它和《信托法》（*Trust Law*）、《超年金保证法》（*Superannuation Guarantee Law*）、《税法》（*Taxation Law*）和《社会保障法》（*Social Security Law*）一起，组成对整个职业年金制度进行监督和管理的严密法规体系。

第二节　养老金制度改革引发的社会变革与金融创新

一、养老保险制度的变化

（一）从"独脚支撑"转向三个支柱

澳大利亚现行养老保险制度中，超年金发展最快，其覆盖面迅速扩大，全时工作者的 99%、非全时工作者 80% 被覆盖，基金积累总额已达 8,195 亿澳元，成为澳大利亚养老保险制度的重要支柱。澳大利亚养老保险制度已从政府包办、"独脚拐棍式"年金制度转变为三支柱式养老保险制度。

（二）从确定收益转向确定缴费

由于制度体系的变革，澳大利亚养老保险基金筹集方式和养老金计发办法也发生了根本性变化，逐步从收益确定型（DB）[3] 向缴费确定型（DC）[4] 转变。确定收益计划占超年金业的比例由 1996 年的 15% 下降到 2013 年 6 月的不到 5%，采取确定收益计划的主要是公共部门超年金基金。过去由政府提供的年金完全靠国家税收筹集资金，直接由政府预算支付，向低收入退休者提供基本生活保障，这部分年金采用现收现付制，无基金、无积累，不断增加的支出只有靠增加税收来弥补。如 2000 年，政府年金支付总额达到 170 亿澳元，约占 GDP 的 3%，占财政收入的 12%～13%。2001 年，澳大利亚全国纳税人与养老金领取人的比例为 6∶1，到 2050 年预计变为 3∶1。现收现付的政府年金制度将难以维持如此沉重的养老保险负担。实行超年金计划，改变了养老保险基金的筹集、管理方式及年金支付办法，大大减轻了财政负担，为养老保险提供了稳健可靠的资金支持。

（三）从政府责任转向社会责任

由一支柱转向三支柱，不仅是养老保险制度体系的转换，也体现了政府责任向社会责任的转变，特别是增大了个人责任。过去，机构和个人作为纳税人，只需照章纳税，养老保险是政府的事。澳大利亚长期实行高税收、高福利的社会经济政策，人们没有储蓄的习惯。工资收入除纳税外，几乎全部用于即时消费，甚至超前消费。实行超年金计划，实际上是强制人们为未来储蓄，同时，采用个人账户、税收优惠、鼓励投资等措施，把养老保险从单纯政府责任逐步转向社会责任，大大增加了个人对自己老年保障的关注。为了吸引雇主和个人加入超年金计划，并自愿参加个人储蓄养老保险，澳大利亚政府除进行立法强制，还采取了一系列投资和税收优惠政策，例如，雇主为雇员缴纳养老保险费部分的应纳税率、记入个人账户的基金纳税率和从超年金账户领取养老金时的收入税税率都由 30% 减为 15%。为了扩大养老保险基金投资渠道，使投保人有更多的投资选择，澳大利亚在实施超年金计划的同时，形成了五种基金，即公司基金（由个人或团体雇员缴费形成）、行业基金（特殊行业如建筑业、餐饮业工人缴费

3　发起者通常为雇主或政府担保员工退休后拿到固定金额的养老金，养老金水平一般基于工资水平和工作时间。

4　退休时拿到的养老金取决于缴费金额以及其产生的投资收益。

形成)、政府基金(各级政府及其所属机构的雇员缴费形成)、零售基金(由金融机构管理的超年金基金)和小型基金(主要以个人和家庭为基础含3~4名成员的小基金),参加超年金计划的雇主为其雇员选择投资方向,以后雇员可以自主选择。为了保障政府年金和超年金制度顺利实施和基金安全有效运营,各部门各司其职又相互配合,组成养老保险监管系统,保证了新制度一开始就步入依法规范实施的轨道,使社会各方面都承担起应负的责任。

(四)从行政管理转向社区服务

澳大利亚养老保险制度改革后成立的"中联"机构成为政府与百姓之间服务的"桥"。该机构与政府各部门保持联系,承担委托的各种服务项目,受家庭与社区服务部委托发放养老金是其主要任务之一。该机构总部设在首都堪培拉,在澳大利亚各地社区有1,000多个服务网点,共有22,000名职员,仅各种支付服务就有70多项,每年由该机构支付的金额高达510亿澳元。该机构负责养老金领取人情况登记、费用申报和通知发放,同时负责收集汇总全国养老金申领发放信息。该机构拥有澳大利亚第四大信息网络系统,现有640万服务客户,约占总人口的1/3;每年要给客户发出大约1亿封信件,接待650万人次来访,答复2,200万个电话咨询,处理29亿条计算机业务往来,提供230万个互联网页供用户查询。"中联"机构的设立,使政府从繁杂事务中解脱出来,形成了一个从中央到地方、从城市到乡村、从社区到家庭疏而不漏的社会服务网。

二、澳大利亚养老金制度推动了基金业的发展和家庭财富的增长

超年金制度大大促进了基金业的发展,社会管理的基金资产在2013年6月底达2.13万亿澳元,估计到2015年将达2.5万亿澳元,超年金基金规模由1996年的2450亿澳元增长到2013年6月底的1.56万亿澳元。由于严格的监管,澳大利亚超年金基金的优点突出地表现在两个方面:一是资金运作方面的专业化,在筹集资金、资产评估、收益分配、风险控制等

方面都建立了相当完善的制度；二是管理的专业化，经过十多年的运作，设立这些基金的金融机构都建立了相关领域的高水平技术和管理团队。这就使基金运作有了资金和技术两方面的保证，提高了投资效率。投资基金的发展使政府、社会和广大投资者都受益：政府可借此降低养老金的投入，使有限的财政收入得到更有效的使用；同时，在一定竞争条件下由专家团队负责的基金运作管理，打破了政府部门官僚主义弊病，使资金得到更高的稳定收益，让人们的养老钱充分享受经济发展带来的益处；此外，超年金基金具备规模效应，能发挥个体投资者少量资金难以企及的效用。

　　超年金基金的发展主要来自资产规模和投资收益的增加。从整体上看，无论哪一种产业基金，在经营理念上，都强调长期持有和稳定回报，以适应国民经济长期稳定发展的需求。据统计，超年金制度自 1992 年完全实施开始，每 1 元新增投入均有 70～90 澳分的回报。从 Connolly、Dvornak 和 Kohler 等人的研究中还可以看到，超年金带来了家庭财富的显著增加：每 1 元超年金带来了 64～92 澳分的财富。尤其是这两年，超年金带来的增长效应尤为显著，几乎使家庭财富翻倍，其金融资产和财富净值增长了130%～203%。同时，这还从某种意义上改变了澳大利亚人的储蓄习惯，使其总储蓄显著增加（见图 7.2 和图 7.3）。

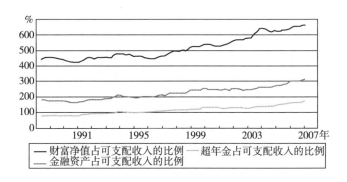

资料来源：澳大利亚统计局、储备银行。

图 7.2　澳大利亚家庭财富变化状况（占可支配收入的比例）

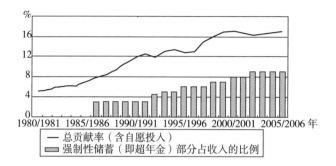

资料来源：澳大利亚统计局、税务局、储备银行。

图 7.3　养老金账户贡献率（养老金投入占收入的比例）

第八章

金 融 改 革

20世纪80年代以前，澳大利亚金融体系采取高度管制措施。1979年成立的金融体系调查委员会发布的《坎贝尔报告》认为，只有在公开的竞争环境中，金融体系效率才会得到最大的提高，《坎贝尔报告》开启了80年代澳大利亚金融自由化进程。金融自由化有效地促进了澳大利亚整体金融体系的发展，为消费者提供了更多更广泛的金融服务和产品，提高了金融体系配置效率。但金融自由化之后，银行信贷标准大幅降低，导致信贷过度扩张，从而形成了90年代初的信贷泡沫，凸显出金融机构风险管理薄弱、金融审慎监管安排缺失的问题。对此，澳大利亚监管机构在90年代加强了对金融业的审慎监管与改革。

随着致力于解决20世纪90年代早期金融体系所存在的问题的监管改革的完成，在90年代下半期，澳大利亚政府根据维利斯（Wallis）金融体系调查报告的建议，又进一步深化金融监管改革，将监管功能中的审慎监管和金融消费者保护分开，确立了审慎监管和金融消费者保护的"双峰"监管框架。进入21世纪，澳大利亚金融监管理念继续延续维利斯金融体系调查报告的"双峰"监管理念，推动《巴塞尔协议Ⅱ》的实施，加强审慎监管，同时又提高了政府对金融机构的隐性担保，提升了金融产品信息披露要求，以加强投资者保护。事实证明，"双峰"模式是澳大利亚金融体系成功抵御2008年国际金融危机的重要"法宝"。

国际金融危机之后，澳大利亚金融监管改革吸取了危机以后国际金融监管改革的措施和建议。在审慎监管方面，澳大利亚审慎监管局要求银行业自2013年1月开始正式实施《巴塞尔协议Ⅲ》，并鉴于澳大利亚金融业混业经营程度的提高，审慎监管局在原先对单一机构的一级监管和对同业金融集团的二级监管的基础上，作出对混业金融集团的三级监管框架。在加强投资者保护方面，澳大利亚政府开启了名为"金融咨询前景"（Future of Financial Advice，FOFA）的改革，就金融顾问的信托责任、金融顾问服务的收费等方面作出相关规定；成立全国金融申诉专员服务机构（Financial Ombudsman Service，FOS）；颁布和实施了《全国消费信贷法规》等。

第一节　坎贝尔报告

一、金融自由化之前的金融管制

在 20 世纪 80 年代以前，澳大利亚金融体系处于高度的管制之下，导致严重的金融市场分割。

（一）业务限制

在 20 世纪 80 年代之前，澳大利亚金融机构可分为交易银行、储蓄银行、金融公司、商人银行、建筑协会、信用合作社、货币市场做市商、寿险公司和超年金基金等。不同金融机构从事的业务范围存在着不同的限制。

交易银行是银行体系的主体机构，可运营清算系统，持有建立清算账户的独有权力，并且是唯一能够进行外汇交易的金融机构。作为澳大利亚储备银行的代理商，交易银行还执行着一系列的银行交易控制。储蓄银行则大多隶属于交易银行，其业务被严格限制于为住房提供融资。相比较，金融公司和商人银行受到的限制较少，主要是提供交易银行一般不参与的高风险信贷服务。在大多数情况下，金融公司也主要隶属于交易银行，是消费者信贷的主要提供者。而商人银行经常作为外国银行集团的本地代表，专注于为公司客户提供专门定制的贸易金融服务。

建筑协会主要参与房屋抵押金融服务，信用合作社则从事消费者金融。货币市场做市商的业务范围是为短期政府证券交易提供做市商服务，以此为极短期的现金提供了安全的投资机会。根据规定，货币市场做市商有权使用联邦银行最后贷款人便利，但它们被要求将其绝大部分的资产以政府证券的形式持有。其他同样被要求按一定比例投资于政府证券的机构有寿险公司和超年金基金。

（二）利率管制

金融自由化之前，澳大利亚存在着一系列的银行存款利率和贷款利率管制，比如交易银行不能向期限短于30天的大额存款（等于或高于5万澳元）或期限短于3个月的小额存款（低于5万澳元）支付利息。同样，储蓄银行也受制于一系列的存款利息和期限的规定。住房贷款、小额透支、个人分期贷款存在着不同的利率上限。

（三）资产比例规定

根据货币政策和审慎监管目标，澳大利亚对不同金融机构持有资产进行了限制。在1956年与联邦银行达成的谅解备忘录中，交易银行同意保持最低的流动性资产和政府证券/存款比例，一般设定为18%，这就是所谓的LGS协议。其中流动性资产和政府证券包括通货、在联邦银行的存款、国库券、其他联邦政府证券。此外，暂存在联邦银行的存款还需满足7%的法定存款准备金率。相似地，储蓄银行也被要求持有一定比例的限定资产，比如以土地为抵押物的贷款和公共部门证券。关于相关资产比例的设定，一部分是基于审慎监管目标，另一部分则是出于支持有关部门的考虑。其他金融机构也存在着一些资产组合投资限制。比如对于寿险公司和超年金基金，存在着所谓的30/20规定（30/20 Regulation）。具体而言，若寿险公司和超年金基金将30%的总资产规模投资于公共部门证券，且20%的总资产规模是投资于联邦政府债券，那么它们将获得相应的税收返还。可见该规定通过税收返还的方式，鼓励超年金基金投资公共部门证券。

（四）银行业准入限制

在第二次世界大战结束后很长时间中，澳大利亚银行法案对银行准入施加了一系列的限制条件，比如要求申请设立的银行股东互不关联，数目至少为11个，尤其要经监管者认定为合适；要求新设立银行提供繁杂的服务；长期禁止外资进入等。由此导致的结果是，1945-1981年，新设立的银行都是现有银行的附属机构。经过一系列的银行并购，到了20世纪80年代早期，澳大利亚金融体系已发展成为一个高度垄断的行业。其中4家非常同质的交易银行控制了整个银行系统，至少占所有交易银行资产的 85%。

二、金融自由化的缘由

20 世纪 80 年代，澳大利亚经济政策方向出现了重大调整。因此，这一时期在历史上被称为"改革的十年"。澳大利亚经济改革的目标，是大幅提高生产率。与之前各级政府竞相涉足市场相反，当时人们普遍认为，政府已经过度干预了市场。经济的长期滞胀促使决策者重新考虑机构调整，并改变经济政策理念。

一直以来，澳大利亚的金融管制是为了保护投资者，以及保持经济个体对金融市场和金融机构的信心。金融管制的目的还在于实现某些特定的社会或行业目标。比如对储蓄银行的住房贷款施予利率上限，是为了让低收入群体能够负担起住房贷款。其他施加在银行或非银行金融中介的利率或资产组合限制，也被认为是必要的，是为了促进货币政策的实施以及政府证券的销售。尤其是，对银行给予特别对待，有助于他们在货币创造中发挥重要角色。因此，在各种金融机构中，唯独银行被授予了提供交易账户的权利，中央银行可以通过对这些账户以及存款进行控制，保证货币政策的实施效果（Martin Report，Australia，1984）。基于这样的特别对待，银行成为澳大利亚金融体系中最盈利的金融机构。

但到了 20 世纪 70 年代末期，一些情况发生了改变，从而根本上改变了金融管制的效果以及货币政策的传导。首先，通货膨胀率不断上行，持有货币的机会成本大幅提高，导致资金存在"逃离"低收益货币资产的激励。不可避免地，对资金收益率敏感的储蓄者，向银行体系施加了压力，要求它们能够提供更具有吸引力的金融产品。其次，通货膨胀率波动性的提高使投资者更偏好短期资产，但施加在银行存款的期限规定限制了银行满足这一需求的能力，从而为非银行金融机构的发展提供了机遇。在 20 世纪 70 年代的十年中，货币市场公司、建筑协会和信用合作社快速增长。最后，持久的高度管制使银行相对于监管之外的其他金融机构的金融创新能力不足，而受益于信息技术和数据处理能力的提高，非银行金融机构的金融创新能力却不断增强，如现金管理基金创新地通过集合零售客户的资金，投资于货币市场，从而为储蓄者提供了高于银行存款利率的收益。

综合以上因素，银行体系的市场竞争力不断削弱，逐渐不敌非银行金融机构，到了20世纪80年代早期，银行在金融体系中的份额已大幅减少。例如，在1962年，交易银行和储蓄银行的合计资产占所有金融机构总资产的53%。但到了1983年，这一比例已经下降到了41%。

此外，银行在金融体系中的份额减少，以及各种金融创新技术的出现，意味着整个金融体系的运营越来越不受制于澳大利亚储备银行的影响，从而大幅削弱了中央银行控制流动性状况的能力和货币政策效果。

鉴于管制弱化了银行地位，阻碍了银行业满足客户需求的能力；新的、未受管制的金融中介兴起时，管制开始失效；国际资本流动增加，并开始影响澳元汇率，当局只能通过大额外汇交易来稳定汇率，却难以广泛地管理国内流动性和国内金融状况；由于息差较大、缺乏创新以及许多潜在的信用借款人无法得到融资，金融体系的总体效益低下。原先希望通过金融管制保证金融业的稳定、高效以及货币政策的实施效果的目的已难以实现，澳大利亚政府决意对已有的金融管制进行改革。

三、金融自由化的措施

1979年1月，澳大利亚成立了金融体系调查委员会，即坎贝尔委员会（Compell Committee），开启了金融改革。坎贝尔委员会认为，只有在公开的竞争环境中，金融体系效率才会得到最大的提高。相应地，他们提出一系列的建议，以取消各种长期以来导致金融市场严重分割的各种管制。随后的1984年《马丁报告》（*Martin Report*）重申了坎贝尔委员会提出的去金融管制措施。

《坎贝尔报告》和《马丁报告》推动了澳大利亚金融体系的改革以及银行业的开放。澳大利亚金融放松管制改革的主要步骤包括：

第一步，解除了对银行利率的管制。此举始于1973年，旨在鼓励银行在存款、贷款方面开展更有效的竞争，这确实产生了效果，但同时降低了存款准备金和流动性比率管理的有效性。因为银行为与基金业开展更激烈

165

的竞争，通过调整存款利率来应对存款准备金的要求。外资基金的不断流入增加了银行的流动性，为维持相对固定的汇率，储备银行不得不依靠在市场上交易政府债券来控制流动性，但因为当局设定的利率过低，储备银行难以出售规定数量的债券，干预的有效性受到限制。

第二步，为解决上述矛盾，政府债券的利率进一步自由化。当局不再设定利率，债券以招标方式发行，市场决定利率水平。政府中期债券（Treasury Note）、长期债券（Treasury Bond）分别于 1979 年和 1982 年采用招标方式发行。此项改革使得政府通过首次发行、储备银行通过在二级市场交易规定数量的债券获得成功。政府债券销售方式的变化是一项重大改革，当时改革虽仍未获得应有重视，但实际上其重要性仅次于 1983 年的澳元汇率自由化改革。

在引入拍卖制度前，澳大利亚的货币框架曾因致命的弱点受到重创。这点我们在许多发展中国家仍能看到。当预算出现赤字，政府当然希望通过向公众借款融资，但它仍然保留对政府债券利率水平的控制。在通货膨胀上升时期，有必要迅速提高利率以吸引证券投资者。不幸的是，在当时情况下，各国政府在流行观点的提醒下，总是无法将利率提升至足够水平。

在这方面，澳大利亚政府并无例外。很明显的例证是，在 1972 – 1979 年的大部分时间内，政府债券的利率保持在实际负利率的水平。因此，经济在政府管制利率的情况下运行。在经济饱尝高通货膨胀之苦、利率跟不上通货膨胀水平的情况下，政府只能采取刺激货币的方式。这时的必然的结果是，由于公众不愿购买足够数量的政府债券，政府只能向储备银行借款弥补赤字。这种融资方式即"印钞票"或"赤字货币化"。在政府债券拍卖制度改革之前，任何期望解决通胀问题的办法均宣告失败。

第三步，1983 年 12 月宣布澳元汇率自由浮动。霍克政府在其执政的第一年，就迎来了一场最大的改革，那就是取消外汇管制，实现澳元汇率的自由浮动。这之前的 10 年当中，财政部与储备银行一直逐步加大汇率的波动范围，但多次的制度安排调整，一直未能使汇率制度具有足够的弹性，以避免国内货币政策不受外资流入的控制。浮动汇率改变了这一切。

166

它允许汇率受供求力量变化的影响，储备银行从外汇市场中得以解脱。这隔离了外资流入对国内流动性的影响，中央银行重新获得了引导金融市场的巨大能力。

这次改革确实是一项大胆的举动。从货币政策角度看，澳元汇率的自由浮动是促使储备银行正式执行货币政策的最后关键一步，也就是通过公开市场操作来控制和引导短期利率。澳大利亚选择了银行间隔夜现金拆借利率，也就是现金率（Cash Rate）作为基准利率，相当于美国联邦基金利率。货币政策的实施从对银行准备金和流动性的管理，转向公开市场操作来影响短期市场利率，并通过这一渠道进一步影响所有贷款利率。由于不仅集中于银行，货币政策在金融体系得到更广泛的运用，减少了扭曲、增强了有效性。

澳元汇率的自由浮动，不仅是货币政策的调整，它代表了澳大利亚在如何看待它与全球经济关系方面态度的完全改变。从此，澳大利亚将无法对世界经济调整无动于衷。各国政府意识到在决定关键金融价格方面，它们不会比市场做得更好。公司和消费者也明白，政府不能保护他们免受国际贸易环境不利变化的影响。当然，之前政府未能做到，在后布雷顿森林的世界试图这么做也是代价高昂。澳元汇率的浮动，事实上也是承认，在逐步一体化的全球浮动汇率下，试图控制一个严格管理的汇率的成本只会不断增加。

最后一步，提高金融领域的竞争力度。主要是允许外资银行进入澳大利亚金融体系，对本国银行的设立要求也同时放宽。这是一个影响整个经济金融体系的重要改革措施。当时外资银行迫切地渴望在澳大利亚立足，金融放松政策意味着它们可以实现目标，即向公司发放贷款。但外资银行发现，要挤进居民贷款市场比较困难，因为本土银行早已设法增加贷款，以维持并占有更多的市场份额，尽管这些本土银行在解除管制后的新环境下缺乏信贷评估经验。

各项管制措施是逐步被取消的，因此改革的过程持续了较长时间。虽然采取"大爆炸"式，同时取消许多管制是可能的，但这一过程将非常难以管理。澳大利亚的经验表明，同时取消多项管制并不可行，主要是出于对后果的不确定性的担忧。虽然公共需求已经勾画了改革的若干方面,但这些改革的次序需切合实际,以应对潜在问题和先前改革的影响。

表8.1 澳大利亚金融自由化（1979 年 12 月至 1988 年 9 月）

公布时间	去管制措施
1979 年 12 月	建立国库券交易市场
1980 年 12 月	清除交易银行和储蓄银行的利率上限
1981 年 8 月	将交易银行存单最低期限由 3 个月降至 30 天
1982 年 3 月	降低交易银行的存款期限:不低于 5 万澳元的定期存款和存单,由 30 天降至 14 天;低于 5 万澳元的定期存单,由 3 个月降至 30 天
1982 年 6 月	6 月 1 日起,授权的货币市场交易商在其资产组合中所持有的非政府证券的比例不受 20% 限制,由货币市场交易商自行决定
1982 年 6 月	贷款理事会（Loan Council）决定,澳大利亚储蓄债券的发行期限和条件由财政部部长决定,电信部门的国内借贷不受贷款理事会控制
1982 年 6 月	6 月底起,中止交易银行贷款规模控制
1982 年 8 月	8 月 31 日起,将 15% 的流动性比例取代储蓄银行的 40% 资产比例限制。此外,允许储蓄银行将其 6% 的银行存款投资于自行决定资产,而不是之前规定的固定资产
1983 年 7 月	中止贷款理事会对大型地方政府的国内借贷
1983 年 12 月	12 月 12 日起,澳元自由浮动,取消外汇管制
1984 年 4 月	8 月 1 日起,取消所有交易银行和储蓄银行的期限控制,这一措施使得银行可以吸纳 14 天以下以及 4 年以上的存款
1984 年 4 月	8 月 1 日起,允许银行对结算账户（Checking Accounts）和 Call Money 提供利息
1984 年 4 月	8 月 1 日起,储蓄银行可以为所有的账户提供清算便利,消除交易主体和盈利主体仅能持有 10 万澳元的存款限制,可吸纳超出 5 万澳元的定期存款
1984 年 9 月	取消保险公司和超年金基金的 30/20 规定
1984 年 9 月	清晰界定银行业准入标准,允许银行牌照申请
1985 年 2 月	16 家外资银行准入获得批准
1985 年 2 月	Macquairie 银行被授权作为交易银行进行运营,业务于 3 月 1 日开始进行
1985 年 4 月	取消存款利率管制;除了持有者住房（Owner – occupied Housing）的不低于 10 万澳元的贷款利率上限之外,其余银行贷款利率上限被取消

公布时间	去管制措施
1985 年 6 月	6 月 1 日起，澳大利亚发展银行（Advance Bank Australia）被授权作为储蓄银行进行运营，业务即日起开始进行
1985 年 10 月	澳大利亚总理宣布一组联邦官员正对金融行业的监管框架进行评价
1986 年 4 月	取消低于 10 万澳元的新住房贷款利率上限
1985 年 9 月至 1986 年 6 月	19 家银行开始运营
1986 年 7 月	政府宣布，豁免离岸银行的利息持有税
1986 年 11 月	放松外国政府在澳大利亚的有利息收入的投资限制，但仅有中央银行、世界银行和亚洲开发银行可被允许无限制投资，而其他机构的储备投资规模则须由澳大利亚储备银行决定
1987 年 10 月	财部政部长提议修改联邦储备银行法案，允许联邦银行提供广泛的金融服务，包括保险，以此提供联邦银行的竞争力
1988 年 3 月至 4 月	财政部部长允许银行和其他金融机构申请离岸银行单元身份（Offshore Banking Unit Status）

四、金融自由化的效果

（一）金融深化程度提高，但自由化初期出现了一定程度的金融不稳定

在金融管制的年代，即 20 世纪 60 ～ 70 年代，金融体系总资产与 GDP 的比例变化比较稳定（见图 8.1），但到了金融自由化的 20 世纪 80 年代，金融体系总资产与 GDP 的比例则开始不断上升。可见，金融自由化有效地促进了澳大利亚整体金融体系的发展，为消费者提供了更多更广泛的金融服务和产品，提高了金融体系配置效率，金融深化程度得到很大的提高。

但金融自由化之后，银行信贷标准大幅降低，导致信贷过度扩张，从而形成了信贷泡沫。到 1990 年初，澳大利亚经济衰退，随之信贷泡沫破灭，银行不良贷款率大幅上升，形成大量的呆坏账。在信用扩张的同时，股票市场过度繁荣，引发了 1987 年 10 月的股票市场大崩盘。

（二）银行市场份额上升，盈利能力在短暂的下降之后回复到金融自由化之前的水平

在 20 世纪 60 年代和 20 世纪 70 年代，银行的市场份额持续下降（见图 8.2），而非银行金融机构，尤其是建筑协会、金融公司、商人银行以及此后的单位信托基金则发展迅速（见图 8.1）。其原因是，在金融管制下，银行处于明显的竞争劣势。特别是，在利率管制下，银行利率被控制在市场出清水平之下，后果是银行资金配额供给，并出现利率水平高于管制利率的非正规金融市场。虽然在某种程度上，银行可通过成立新的非银行附属子公司参与到这一非正规金融市场，但处于监管范围之外的非银行金融机构更具有创新能力，经营方式更为灵活，因此发展更为迅速。

随着金融自由化的进行，银行相对于非银行金融机构的竞争力开始逐步提升，从而导致银行原先市场份额不断下降的趋势出现逆转（见图 8.2）。但需要注意的是，银行市场份额的上升还与银行将隶属的非银行金融机构合并至其资产负债表，以及新银行的成立有关。由于 20 世纪 80 年代中期外资银行准入限制的一次性取消，以及 20 世纪 90 年代初更加开放的银行准入政策，外资银行不断进入澳大利亚，一些效益突出的非银行金融机构，如建筑协会，也纷纷转型为银行，从而大幅提高了银行的市场份额。倘若剔除新成立的银行，可以发现，在金融自由化初期，原有银行的市场出现了下滑，但在 1988 年开始也出现了逆转。因此，总体来看，金融自由化提高了银行的市场份额。

在盈利能力方面，20 世纪 60～70 年代，银行的盈利能力稳步上升（见图 8.3）。这是由于虽然贷款利率控制、银行资产组合控制等金融管制措施限制了银行的盈利能力，但银行准入限制在很大程度上对银行形成了保护，因此总体上提高了其盈利能力。到 20 世纪 80 年代早期，银行盈利能力达到高峰，远超出了同期澳大利亚工业部门的盈利能力。但随着金融自由化的进行，银行失去了原有的保护，面临着激烈的市场竞争，因此在金融去管制化的早期（1985 年之前），银行的盈利能力出现了一定程度的下降，尤其是在 90 年代初期，由于经济衰退和信贷泡沫破灭，银行盈利能力大幅下挫。然而，金融自由化在消除银行保护的同时，也为银行的业务

经营提供了自由的环境。银行开始对贷款可自由定价，经营业务上不存在限制，银行还可在国内和国外市场寻求各种新的利润来源，极大激发了它们的业务创新能力。因此，随着宏观经济基本面的改善，澳大利亚银行业在90年代初期的盈利能力不断增强，并于1995年回到了金融自由化之前达到的高度。

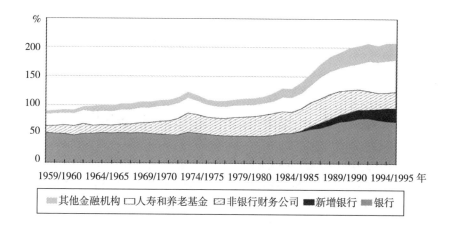

图8.1 1960－1995年澳大利亚金融体系的发展

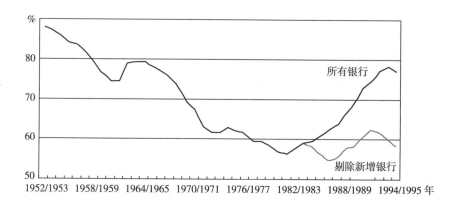

图8.2 1950－1995年银行占所有金融机构总资产比例

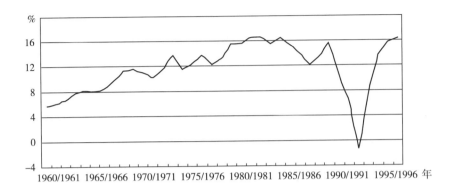

图 8.3　1960－1995 年银行盈利能力（ROE）

第二节　维利斯金融体系调查报告

一、金融自由化之后的银行业亏损推动了 20 世纪 90 年代前半期金融监管的加强

20 世纪 90 年代早期，澳大利亚银行业经历了严重的亏损。1990 －1992 年，银行业总亏损超过 90 亿澳元，相当于 1990 年 GDP 的 2.25%，或 1989 年银行业资本金的 1/3。虽然银行业的大幅亏损与经济衰退及资本泡沫破灭有关，但也凸显了金融自由化之后金融机构风险管理的薄弱，以及金融机构审慎监管安排的缺失。因此，在 90 年代的前半期，澳大利亚监管当局主要致力于检查和修补金融机构风险管理流程，提高审慎监管效率，以保证更加稳健的金融体系。

具体而言，针对存款性金融机构在 20 世纪 90 年代早期发生的经营问题，监管者引入一系列监管措施，包括由联邦储备银行对银行进行有针对性的、以风险管理为主要对象的现场检查；加强整体性监管，如对银行及其附属的非银行金融机构施加整体性的风险敞口限制；在会计专家的协助下，出台有关不良资产度量与报告的指引；将国有银行的监管权划归储备银行；清晰界定审计和银行主管在风险管理失察中的责任；成立澳大利亚金融机构委员会（Australian Financial Institutions Commissions），建立统一

172

的建筑协会和信用合作社监管标准。

保险机构的监管也得到显著的加强。其中一个重要的进展是《1995 年寿险法》（*Life Insurance Act*）的通过。该法案更新了偿付标准和财务报告要求，提高保险公司的主管、审计人员和精算师的责任，加强了保险超年金基金委员会（Insurance and Superannuation Commission，ISC）的监管权力。此外，从 1992 年开始，保险超年金基金委员会对保险公司开始实施现场检查，扩大和提高对保险公司和超年金基金的检查范围和频率。

储备银行和保险超年金基金委员会等监管机构进行的有针对性的现场检查，体现了规则监管（Rule - based Supervision）向行为监管（Practices Supervision）的理念转变。如对于银行的市场风险，监管者允许银行采用银行自身的风险度量模型来计算相关资本要求，但前提是所采用的风险度量模型在技术上是合理的，并且具有很好的稳健性，能够很好地适应风险管理环境的变化。同样，对于流动性风险，监管者放弃之前对银行施加的最低流动性比率要求，而是将重点转向要求银行建立稳健的流动性管理政策和程序。

二、混业经营以及金融创新技术的发展，对监管体制提出更新的要求

20 世纪 80 年代末进行的金融自由化，极大激发了澳大利亚家庭部门持有金融资产的需求。从 1991 年开始，澳大利亚家庭负债水平加速上升（见图 8.4），年均增速高达 10%，家庭负债与可支配收入之比从 1990 年的 54% 增加到 1999 年末的 100%。而且从所持有的金融资产结构来看，家庭显著地提高了对股票、养老金、人寿保险以及其他财富管理产品的投资需求（见图 8.4）。顺应这一需要，澳大利亚金融业在金融自由化之后，开始打破行业之间的严格区分，各金融机构开展的业务呈现出多元化、集团化的混业经营特征，从而为消费者提供综合性的金融服务。

澳大利亚银行业首次多元化经营的尝试是 1990 年澳新银行和国民互助保险公司（National Mutual）之间的合并。但当时政府认为，前四大保险公司银行之一的澳新银行与前两大保险公司之一的国民互助保险公司的合

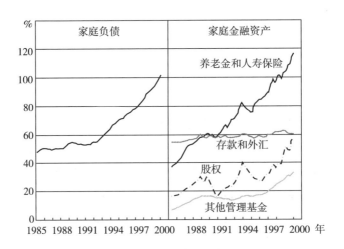

Sources：ABS Cat Nos 5206.0 and 5232.0；Reserve Bank calculations.

图8.4 1985－2000年澳大利亚家庭负债与资产结构

并将会减少市场竞争,有损国民利益,因此否决了这一合并。虽然如此,但政府的态度依然没有阻止住银行业和保险业的联合。最终,澳新银行和国民互助保险公司采取了战略联盟的方式进行金融产品的交叉销售。随后,澳大利亚西太平洋银行和最大的人寿保险商 AMP 公司也建立了相似的战略联盟。

第一家澳大利亚真正的金融集团成立于 1994 年,科尼尔保险集团(Colonial Mutual) 收购了新南威尔士州立银行（State Bank of New South Wales）。随后,金融机构之间的合并、收购不断进行。如澳大利亚联邦银行收购上述的科尼尔集团,澳大利亚国民银行收购 MLC 基金管理集团。经过整合,澳大利亚联邦银行和国民银行成为了澳大利亚最大的两家综合金融服务集团,总共占据 30% 的市场份额。经过 10 年的混业经营,银行业的 8% ~ 10% 的利润来自于保险和财富管理业务。

银行和保险业之间的整合在很大程度上得益于国有金融机构的私有化。在1990 年,1/3 的澳大利亚银行业由 5 家国有银行控制。而到 20 世纪 90 年代末,这 5 家银行都进行了私有化改革,或者向公众出售,或者被其他银行收购。同样的私有化也发生在国有保险公司中。

20 世纪 90 年代的另一重要特点是直接金融市场的发展。更重要的是，直接金融市场的发展并未对银行业产生很大的冲击，相反还促进了银行开发更广泛的风险管理服务和其他金融产品。其中最明显的例子是资产证券化，尤其是抵押贷款支持证券（Mortgage–backed Securities）的发展。到 90 年代末，澳大利亚资产支持证券总价值已超过了 500 亿澳元，相当于同期信贷总额的 8%。其中约 2/3 是由银行发放的住房抵押贷款支持证券。此外，银行在金融衍生产品创新和发展上也发挥着重要作用。银行发行的利率互换总额在 10 年间增长了 5 倍，外汇期权总额增长了 6 倍。

澳大利亚衍生品市场取得很大的发展。根据澳大利亚金融市场协会（AFMA）的估计，1999 年末，澳大利亚衍生品合约总价值大概为 300 亿～500 亿澳元。标的产品涉及利率、外汇、信用风险、股票和实物产品，类型包括期货、期权、远期等。衍生品市场的发展为金融机构管理风险提供了有效的市场和手段，但也对金融机构的风险管理技术提出了更新的要求，甚至助长了金融机构的高杠杆经营。

基于上述混业经营和金融创新技术的发展，已有的金融监管体制弊端日趋明显。因此随着致力于解决 20 世纪 90 年代早期金融体系所存在的问题的金融监管改革的完成，在 90 年代后期，澳大利亚政府根据维利斯金融体系调查报告的建议，进一步深化金融监管改革，致力于对混业经营以及不断进行的金融创新实现有效的灵活监管，并推出一系列具体措施，以提高投资者保护程度和提升金融市场竞争度。

三、维利斯金融体系调查报告与 20 世纪 90 年代后期金融改革的深化

1995 年 11 月，澳大利亚反对党领导人彼得·克斯特洛（Peter Costello）建议对金融体系进行一次调查。他认为，功能监管比机构监管更加合理，且应该将监管功能中的审慎监管与对消费者的保护分开。根据彼得·克斯特洛的提议，澳大利亚政府继坎贝尔报告之后，成立了以著名商界领袖斯坦·维利斯（Stan Wallis）先生为首的金融体系调查组（FSI），再次对澳大利亚的金融制度进行调查，回顾澳大利亚金融体系和监管制度的发

展历程，尤其是研究在日益全球化的背景中可能需要进一步改变的金融因素和制度安排，最终对澳大利亚金融体系和监管制度的改进提出相关政策建议。此次调查被称为维利斯（Wallis）金融体系调查，由此掀开了澳大利亚金融监管体制改革的序幕。维利斯金融体系调查的具体内容包括审议金融体系取消金融管制的后果；分析深化改革的动力，尤其是技术方面的发展；提出监管方式的建议，切实保证金融体系高效、反应迅速、有竞争力和有灵活性，增加经济发展的后劲，实现金融的稳定、审慎、统一和公正。

该调查小组最终于 1997 年 3 月向联邦政策提交了调查报告，其中最主要的建议是对金融监管体制进行改革，将机构监管转向行为监管（1997 年《金融体系调查》）。这一建议在很大程度上源于 20 世纪 90 年代以来混业经营下金融机构类型和性质的模糊化。联邦政府接受了这一建议，对澳大利亚金融监管体系进行了大刀阔斧的改革，最终形成了由不同监管机构分别负责审慎监管、市场管理和支付体系监管的格局。

具体而言，成立新的澳大利亚审慎监管局（Australian Prudential Regulation Authority，APRA）负责银行、建筑协会、信用合作社、保险公司和超年金基金的审慎监管，澳大利亚证券与投资委员会（Australian Securities and Investments Commission，ASIC）负责金融市场管理、金融行业的信息披露监管、公司法以及消费者保护的实施及管理，而储备银行除了负责货币政策职能，不再承担银行监管职能，但保留了负责金融体系整体稳定的职能，此外，储备银行内部成立了支付体系委员会（Payment System Board），以负责支付体系的安全和有效。同时，联邦储备银行、APRA 和 ASIC 等监管机构之间通过相关机制保证监管的协调。如上述三个机构都是澳大利亚金融监管理事会的成员，储备银行和 ASIC 是 APRA 的委员会成员，APRA 是支付体系委员会的成员。

上述监管方式和体制的变化提高了银行、建筑协会、信用合作社、保险公司和超年金基金等不同金融机构之间的监管一致性，降低了监管不足和监管套利的可能性。尤其是，可对金融集团实施更有效的监管。在改革之前的监管框架下，从属于一个金融集团的企业会经常受到不同监管机构的多重监管，于是金融集团可通过让受监管最小的子公司从事最多业务的做法，来最大可能地降低受监管程度。此外，单个监管机构有限的权限使监管者难以对它们所监管的金融机构形成总体的金融实力和风险敞口评价，存在监管不足现象。而新成立的单一监管机构则可在很大程度上消除先前的监管模式所带来的问题。

除了监管体系的改革，澳大利亚还在 20 世纪 90 年代后半期，致力于提高对零售投资者和金融服务消费者的保护。最为重要的举措是在 1996 年颁布和实施了《统一消费者信贷法规》（*Uniform Consumer Credit Code*）和一系列相关消费者保护的行业服务法规。

提高金融消费者保护的具体政策着力点是提高金融产品的透明性。基于 90 年代末通过的《金融服务改革法案》，澳大利亚监管者对金融机构提出了广泛的金融服务信息披露要求，并强制要求金融机构向消费者赔偿因服务条款信息不充分而导致的损失。同样，随着直接金融市场的发展以及金融产品复杂度的提高，监管者也提高了批发金融市场的信息披露要求，规定产品简介应充分告知产品信息，不能隐瞒关键信息。1994 年，澳大利亚股票交易所进一步提升了信息披露要求。1996 年，澳大利亚会计准则进一步修订，包含了金融机构的信息披露要求。可以说，20 世纪 90 年代澳大利亚的信息披露要求取得了很大的进展，但不足之处在于，其对存款性金融机构的信息披露要求还不够充分。当时，澳大利亚的存款性金融机构不存在向外披露资本充足率水平的义务，而在其他国家则已要求一个季度公布一次。

维利斯金融体系调查报告还提出了一系列有关推进金融服务业的竞争的改革建议。根据报告的建议，支付系统委员会向非存款性金融机构开放了联邦储备银行中的交易清算账户，并与澳大利亚竞争与消费者委员会（Australian Competition and Consumer Commission）共同商讨信用卡和借记卡的交易费用。

四、维利斯金融体系调查报告的不足

虽然维利斯金融体系调查报告提出了许多有关金融监管体制的改革，

但仍存在一些不足之处，尤其是对于某些有悖于国际惯例的制度安排却建议维持现状。第一是有关商人银行。大部分澳大利亚商人银行隶属于外资银行，进行着与授权银行相同的业务，但不同于授权银行的是，外资银行通过商人银行进行的业务不受澳大利亚审慎监管，这有悖于巴塞尔银行监管委员会有关有效银行监管的核心原则。但维利斯金融体系调查报告却基于商人银行未参与零售业务的理由支持这一现状。第二是有关存款保护安排。20 世纪 90 年代的澳大利亚未建立显性的存款保险制度，关于是否要建立存款保险制度，维利斯金融体系调查报告认为，显性的存款保险制度会对市场纪律产生负面的影响。并且认为，政府难以让储户承担损失，即使他们并没有保护存款的法定责任，但当发生系统性危机时，政治上的压力也可能会迫使政府对倒闭银行的存款予以保证。许多国家的实践经验表明，完善的存款保险体制，有助于降低这一政治压力。因此，建立存款保险制度是非常有必要的。

第三节　国际金融危机前后的金融体系情况与金融改革

一、国际金融危机前的澳大利亚经济金融状况

（一）宏观经济金融形势

在国际金融危机发生之前，澳大利亚经济平稳增长，年均实际 GDP 增速维持在 3% 以上，经济稳健，即使在 1997 年亚洲金融危机、2000 年美国互联网泡沫破灭等时期，实际 GDP 增速都未下降到 1.5% 以下。与其他发达国家相比，澳大利亚的投资强劲，国外资本流入规模不断增加，净外债与 GDP 比率由 1990 年的 43% 增长至 2006 年的 56%。失业率不断下行，在 2007 年一度达到历史最低点 4%。基于良好的经济形势环境，股市波动率较低（见图 8.5）。

不同于美联储，澳大利亚储备银行在 2002 年之后实行一定程度的紧缩货币政策，现金利率（Cash Rate）上行。但无风险利率的上行并未带来长

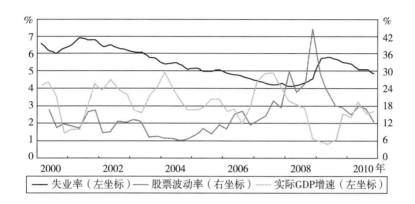

图 8.5 澳大利亚失业率、实际 GDP 增速与股票波动率

期利率的上升（见图 8.6）。由于良好的经济预期，企业贷款和债券的风险溢价不断下行（见图 8.7）。银行信贷整体稳步上升（见图 8.6），对商业的信贷增速尤为明显，而对房地产的信贷增速在 2004 年达到高峰之后开始下降。因此，与股票价格相比，澳大利房地产价格上升较为温和，基本上与工资增速同步，这或许是国际金融危机之后澳大利亚房地产价格依然继续增长的原因。

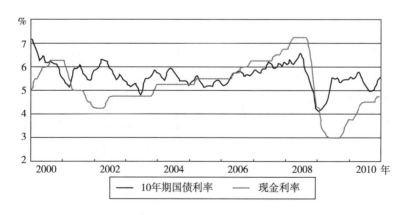

图 8.6 澳大利亚现金利率与 10 年期国债利率

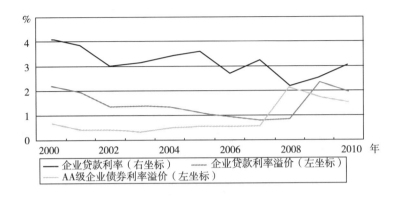

图 8.7　澳大利亚银行信贷状况

（二）金融体系状况

2006 年，澳大利亚金融体系总资产为 3 万亿澳元，为当年 GDP 的 300%，在 20 年间翻了一番。其中授权存款机构（包括银行、建筑协会、信用合作社）占据了一半的资产，其余为保险公司和超年金基金。股票市场发展较快，发行资本总额超过 GDP 的 100%。资产证券化市场发展也非常迅速。

1. 银行业

澳新银行（ANZ）、澳大利亚联邦银行（CBA）、澳大利亚国民银行（NAB）、西太平洋银行（WBC）四家主要银行（所谓的"四支柱"）占据了澳大利亚银行业总资产的 2/3。四家银行的标准普尔评级均为 AA－级，穆迪评级为 Aa3 级（见表 8.2）。其余市场份额则由 39 家外资银行、一些中型地方性银行以及数目庞大的建筑协会和信用合作社占有。银行业整体盈利能力良好，自 20 世纪 90 年代中期以来，主要商业银行的净资产收益率（ROE）维持在 20% 左右。资产质量水平较高，2005 年末，不良资产比率仅为 0.4%，相应的拨备水平较低。资本充足率水平较高，各授权存款机构普遍维持在 10% 以上，信用合作社和建筑协会的资本充足率水平远高于商业银行。银行业信用违约互换（Credit Default Swap，CDS）价格不断下行，表明市场对澳大利亚银行业具有充分信心。从银行的资金来源来看，澳大利亚银行主要依靠资产证券化和批发性贷款进行融资，而来自于零售存款的融资比例很小（见图 8.8）。这与家庭更倾向于持有超年金基金资产的投资选择有关。

表 8.2 2006 年 3 月澳大利亚前四大银行评级

	标准普尔	穆迪	惠誉
澳新银行	AA –	Aa3	AA –
澳大利亚联邦银行	AA –	Aa3	AA
澳大利亚国民银行	AA –	Aa3	AA
西太平洋银行	AA –	Aa3	AA –

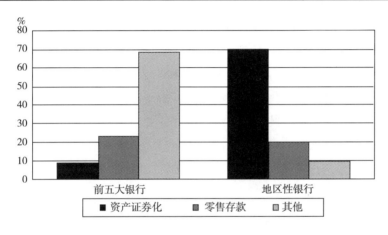

图 8.8 2006 年 1 月澳大利亚银行资金来源

2. 保险业

2005 年末，澳大利亚保险业总资产超过 800 亿澳元，保费总额占 GDP 的比重约为 3%。由于行业的整合和严格的监管政策，保险公司的数目不断下降。保险公司的资本水平为资本最低要求金额的两倍。同银行业一样，澳大利亚保险业也主要被一些大型金融服务集团所垄断。其中 6 家主要金融服务集团控制了 85% 的保费收入。养老保险快速增长。2004 年末，近 90% 的保险资产是养老金资产。人寿保险公司更加专注财富管理，投资类保险产品比重不断上升。

3. 超年金基金

2005 年中期，澳大利亚超年金基金总资产水平大约为 7,620 亿澳元，与 GDP 的比率为 85%，占据金融体系总资产的 25%。超年金基金的迅速增长源于：人口老龄化、强制性的雇主缴存、投资的税收减免、过去 20 年稳定的投资收益（年均6.5%）。

4. 资本市场

澳大利亚股票市场为全球第八大股票市场，由于良好的经济基本面表现和超年金基金的增长，澳大利亚股票市场发展非常迅速，2005年末，其发行资本总额超过GDP的110%，其中42%的市场份额由外资持有。债券市场方面，政府债券的市场份额不断下降，由20世纪90年代中期的56%下降至2005年的19%，而由私人部门发行的债券份额则不断上升，其中由商业银行和其他金融机构发行的债券增长迅速，至2005年末发行规模达到2,400亿澳元。

5. 融资需求结构

国际金融危机之前，澳大利亚家庭和非金融企业部门为资金借入方，而金融部门和政府部门为资金贷出方，且由于家庭和非金融企业部门的融资需求过高，超出国内的资金供给，因此需要向国际资本市场进行大规模的融资。国际金融危机以后，家庭由资金借入方变成资金贷出方，而政府部门则由资金贷出方变为资金借入方，融资规模大幅扩大。

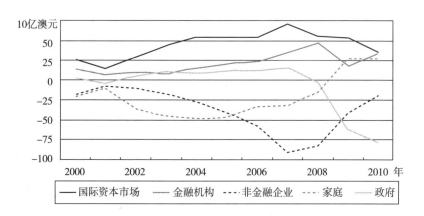

图8.9 澳大利亚各部门资金借贷情况

二、国际金融危机之前的澳大利亚金融监管与改革

（一）HIH保险公司的破产救助进一步提高了政府对金融机构的隐性担保

在没有显性存款保险制度的情况下，授权存款机构的储户利益通过澳

大利亚审慎监管局（APRA）的审慎监管进行"保护"。当银行破产时，根据《1959 年银行法》规定的储户优先条款，储户可优先获得清偿。储户普遍预期政府将会补偿储户的存款损失。2001 年政府对 HIH 保险公司的破产救助进一步加强了这一预期。

HIH 保险公司是当时澳大利亚第二大非寿险保险公司，于 2001 年 5 月 17 日由澳大利亚高等法院宣布破产。该公司账面亏损高达 8 亿澳元，实际总损失高达 36 亿~53 亿澳元，是澳大利亚历史上最大的破产案件。为了最大限度地弥补保险客户的损失，澳大利亚联邦政府决定提供 5 亿澳元援助，新南威尔士和昆士兰州政府将再分别承担 6 亿和 4 亿澳元。为此，新南威尔士州政府需每年向保险业征收 6,900 万澳元的税收。政府的"兜底"行为提高了政府对金融机构的隐含担保。2006 年澳大利亚储备银行进行的一项调查显示，60% 的个体相信银行倒闭时，政府将会至少提供一部分的补偿。

（二）《金融服务改革法案》（*Financial Services Reform Act*）的实施

21 世纪初，澳大利亚金融监管理念继续延续了维利斯金融体系调查报告中的有效市场原则，即认为市场是有效的，监管者对市场的介入与干预程度应保持在最低水平，以让市场最大限度地发挥作用。基于这样的理念，金融监管者给予了金融创新最大的自由度，与此同时，政府通过《金融服务改革法案》的实施，建立金融产品发行、交易、清算、结算的统一许可制度，以加强金融产品的监管，并进一步提升金融产品信息披露要求，保证投资者对金融产品的知情权。为了提高金融产品信息的可理解性，澳大利亚证券和投资委员会还建立了金融文书基本准则（Financial Literacy Foundation）。此外，监管者要求澳大利亚金融服务证书的持有者必须成为外部纠纷解决机制（如金融业控诉服务协会）的成员，以使投资者能够通过有效的机制解决金融服务消费中的纠纷。

（三）《巴塞尔协议Ⅱ》的实施

澳大利亚于 2008 年 1 月开始正式实施《巴塞尔协议Ⅱ》。《巴塞尔协议Ⅱ》力求把资本充足率与银行面临的主要风险紧密地结合在一起，力求反映银行风险管理、监管实践的最新变化，并尽量为发展水平不同的银行业和银行监管体系提供多种选择。《巴塞尔协议 II》提出了两种处理信用风险办法：标准法和内部评级法。内部评级法有两种形式，初级法和高级法。初级法仅要求银行计算借款人的违约概率，其他风险要素值由监管部门确定。高级法则允许银行使用多项自己计算的风险要素值。为推广使用内部评级法，巴塞尔银行监管委员会为采用该法的银行从 2004 年起安排了3 年的过渡期。澳大利亚主要商业银行为实施《巴塞尔协议 II》的内部高级法，投入了大量资源，更新风险管理系统和数据。澳新银行（ANZ）、澳大利亚联邦银行（CBA）、西太平洋银行（WBC）最终采用了内部高级法。由于 2004 年高达 3.6 亿澳元的外汇交易损失，澳大利亚国民银行（NAB）起初未被允许采用内部评级法，经过一段时间之后才被允许使用内部评级法。

（四）其他方面的改革

21 世纪初，澳大利亚储备银行将支付体系改革的重点放在银行卡支付体系上。当时由于银行卡交易费用定价机制存在缺陷，信用卡的使用数量高于使用成本较低的借记卡。对此，储备银行降低了整体银行卡的使用成本，将信用卡和借记卡的交易费用调成一致，并赋予商家更多的定价权力。经过改革，借记卡的数量上升显著。

由于国内和国际金融税收安排上的差异，澳大利亚金融机构承担了高于国外金融机构的税负，由此削弱了其国际竞争力，因此从 21 世纪初早期开始，澳大利亚政府不断推动国内和国际金融税收安排的一致性，虽然进度缓慢，但最终公布了一些改革措施和具体建议，取得了积极进展。

三、国际金融危机对澳大利亚金融体系的冲击与政策应对

国际金融危机发生伊始，澳大利亚难以"独善其身"。2007 年 7 月，两家大型澳大利亚对冲基金 Basis 公司和 Absolute 公司倒闭，8 月，大型证券公司 RAMS 发生债务违约。与此同时，银行体系也出现流动性紧缺，澳大利亚储备银行的银行交易清算账户（ESA）的持有余额大幅上升。为应对流动性紧缺，储备银行向银行交易清算账户注入流动性，以避免现金利率的上升。但是效果不尽如人意，反映信用风险和流动性风险的市场利率

溢价水平大幅上扬，如3个月期银行票据利率对隔夜拆借利率的溢价由先前的5~8个基点飙升至25~50个基点，并且这一高水平持续长久，直至2010年。为了防止市场形势的进一步恶化，储备银行于9月允许1年期期限以上的银行票据作为回购抵押证券，并且很快进一步扩大了回购合格证券的范围，宣布自我证券化产品（Self – securitisations）也可被接受作为回购抵押证券，这为银行在必要时将住房贷款进行资产证券化，进而与储备银行进行回购交易，为获取流动性创造了条件。于是从2007年末开始，储备银行进行的回购交易大量涉及私人部门证券，回购利率也通过拍卖决定。

事实上，虽然联邦储备银行在2007年的金融稳定报告中披露，一些地方政府和其他直接投资者持有一些次级债风险敞口，但澳大利亚银行机构直接持有的CDS和其他"有毒"产品的规模较小，因此总体来看，澳大利亚金融体系的次级债风险敞口有限。在一定程度上，国际金融危机对澳大利亚金融业和经济的影响是间接的。主要体现在：

第一，由于金融危机发生后全球资产证券化市场的关闭，澳大利亚国内的资产证券化业务也受到了极大的冲击，几乎停滞。

第二，国际批发性融资是澳大利亚银行非常依赖的资金来源，因此当国际金融危机发生时，国际资金利率大幅上扬，澳大利亚银行承担更高的融资成本。

第三，全球经济的衰退以及前景的不确定性对澳大利亚经济产生负面的溢出效应，企业评级下调，债券市场下行，股票价格下跌。

在借贷成本上升、资产价格下跌的情况下，一些高杠杆率经营的上市房地产公司出现了财务困难（如Centro公司、Allco公司和MFS公司等），甚至进入清偿程序。对于金融体系而言，当时的最大风险来自于市场下挫之后的对手方风险。如当股票交易经纪商Opes Prime公司和Lift Capital公司破产时，为这些经纪商提供融资的银行扣押了交易的股票，从而导致投资者承担大量损失。更严重的事件是，当2008年1月28日经纪商Tricom公司破产时，澳大利亚证券交易所的清算系统一度中止。此外，股票市场的做空机制也推动了市场的进一步下行。

随着 2008 年 9 月雷曼兄弟公司的倒闭，国际金融危机开始进入第二阶段，对此，澳大利亚政府和监管机构采取了更强力度的政策干预和救市行动。

第一，针对危机时刻做空机制的"落井下石"效应，澳大利亚监管机构同其他许多国家一样，于 2008 年 9 月 21 日暂停做空，直至 2009 年 4 月 25 日才解除限制。

第二，澳大利亚储备银行与美联储进行货币互换，为澳大利亚银行和其他银行提供充足的美元流动性。在有需要时，银行可以国内有价证券为担保资产向联邦储备银行借入美元。

第三，2008 年 9 月，澳大利亚储备银行引入条件存款便利机制（Term Deposit Facility）。2008 年 11 月，储备银行将回购抵押债券范围扩展至 AAA - 级的澳元计价证券。

第四，2008 年末，针对住房抵押贷款支持证券市场的崩盘，澳大利亚政府拨款 80 亿澳元，由澳大利亚金融管理办公室（AOFM）有选择性地投资新发行的住房抵押贷款支持证券，以促进住房抵押贷款支持证券市场的恢复。

第五，2008 年 10 月 12 日，澳大利亚政府决定建立存款保险制度，最高承保额可达 100 万美元，高峰时澳大利亚银行存款承保规模达到了 1,570 亿澳元。此外，澳大利亚政府还引入了批发性融资担保机制和州政府债券担保机制。

第六，在 2008 年 10 月以及随后的几个月里，澳大利亚政府推出一系列大规模的财政刺激计划，4 年内总计支出 900 亿美元。不过其中有些财政方案由于政治上的争议，而没有最终落实。

以上措施有效地抵御了国际金融危机对澳大利亚的冲击，保持了澳大利亚金融体系的稳定，为经济的快速复苏创造了有利条件。主要金融机构（尤其是银行业）仍然处于良好状态，有足够的信贷与债券市场资源，盈利能力稳定，具有随时准备向优质项目提供资金支持的能力。房地产行业稳定，房地产价格稳步增长。

但不可避免地，依然存在一些遗留问题。如资产价格的下跌使不少私募房地产基金面临严重的赎回压力，为此它们停止或延迟赎回。至 2010 年前后，这类"僵尸型"基金的规模大约为 200 亿美元的规模。此外，金融危机期间超年金基金的大幅缩水，导致了一些退休人员的生活困难。

四、澳大利亚金融体系在国际金融危机中具有较好稳健性的原因

（一）基于特有的社会融资结构和经济环境，澳大利亚金融体系"有毒"产品风险敞口有限

在金融危机发生之前，澳大利亚家庭部门和非金融企业部门的融资需求较高（见图 8.2），超出了国内的资金供给，需要向国际资本市场融入资本，这就决定了澳大利亚金融体系本身投资于美国次级贷款衍生品市场的资金规模有限。澳大利亚联邦储备银行发布的 2007 年金融稳定报告也证实了这一情况。因此，除了国际资金利率上扬给澳大利亚银行带来更高的国际融资成本之外，国际金融危机对澳大利亚金融体系的冲击程度远小于其他国家。

当然，随着澳大利亚国内资产证券化业务和市场的发展，澳大利亚金融机构在金融危机发生之时已持有一定规模的"有毒"产品。由于澳大利房地产市场价格上升较为稳健，并未出现明显的泡沫，尤其是，国际金融危机之后澳大利亚房地产价格没有出现"雪崩式"的下滑，反而不断上升，因此澳大利亚金融机构的资产质量和盈利水平良好，未受到极大冲击。

（二）严格、有效的金融监管保障了金融体系的稳健性

一直以来，澳大利亚的"双峰"监管模式备受推崇，被认为是国际金融危机发生之后澳大利亚金融体系依然稳健的重要制度保障。即一方面由澳大利亚审慎监管局（APRA）负责审慎监管，保证金融机构的稳健经营和金融体系的稳定，防止系统性风险的发生，另一方面由澳大利亚证券和投资委员会（ASIC）对金融机构的经营方法、交易行为、产品安全和产品资讯进行规范，以实现保护金融消费者的目标。此外，其他金融监管机构还包括澳大利亚储备银行和财政部，这些机构联合组成了澳大利亚金融监

管委员会（Australian Council of Financial Regulators）。澳大利亚金融监管委员会保证了各监管机构之间及时、有效的信息交流以及全面的监管协作。

与其他发达国家相比，澳大利亚监管文化偏于保守，尤其是 2001 年 HIH 保险公司的倒闭使澳大利亚金融监管机构感到"难堪"，因此对金融业采取了更加严格的监管政策。比如 APRA 在 2004 年开始推进《巴塞尔协议Ⅲ》的实施时，就对澳大利亚银行业实施了更加严格的普通股资本充足率要求和资本工具减记处理，着力提高银行资本质量和吸收损失的能力。事实证明，正是这些严格的审慎监管措施筑成了澳大利亚金融体系的整体稳健性。

（三）快速的政策反应与充分的政策空间有效地抵御了国际金融危机带来的负面影响

国际金融危机发生之后，澳大利亚储备银行快速采取了有效措施，调整金融体系流动性安排，向银行交易清算账户注入流动性，以满足突然上升的流动性需要，并扩大了回购抵押债券的范围，为银行快速获取流动性创造了条件，从而很好地避免了危机的进一步传染和恶化。并且，澳大利亚政府采取了强有力的政策干预和救市行动，如暂停做空机制、建立条件存款便利机制、建立存款保险制度等，有效地维护了金融体系的稳定。

最重要的是，在国际金融危机发生之时，澳大利亚存在充分的政策空间来应对可能的经济下行风险。主要表现在以下几个方面。第一，政府财政盈余。2001－2008 年，政府部门财政盈余规模不断上升，这就为金融危机之后大规模财政刺激创造了条件（见图 8.9）。第二，危机前紧缩的货币政策。澳大利亚联邦储备银行在 2002 年之后实行紧缩货币政策，现金利率不断上行（见图 8.6）。由此，澳大利亚储备银行可以有充分的空间快速地降低基准利率。

五、国际金融危机之后的澳大利亚金融监管与改革

（一）国际金融危机之后国际金融监管改革措施在澳大利亚的实施

国际金融危机以后，各国对先前采取的金融监管措施进行了反思，基于二十国集团（G20）平台，金融稳定理事会、国际货币基金组织、国际

清算银行、巴塞尔银行监管委员会、国际会计准则委员会等国际组织和机构推出了一系列金融监管改革措施或建议。在微观审慎监管方面，巴塞尔银行监管委员会发布了《巴塞尔协议Ⅲ》，强化资本充足率监管标准，提高监管资本的损失吸收能力，扩大资本覆盖风险的范围；引入杠杆率监管，降低银行去杠杆化的负面影响；建立量化的流动性监管标准，提升单个银行应对短期流动性冲击的能力，降低银行的资产负债期限错配程度。在微观审慎监管的基础上，强调宏观审慎监管的重要性，引入留存超额资本（Capital Conservation Buffer）和反周期超额资本（Countercyclical Capital Buffer）要求，以弱化金融体系的亲周期效应，打破金融体系与实体经济之间的正反馈循环；加强对系统重要性金融机构的监管，包括实施更严格的资本和流动性监管标准，提高监管强度和有效性，建立自我救助机制，降低"大而不能倒"导致的道德风险。在提高市场透明度方面，改革国家会计准则，建立单一的、高质量的会计制度；加强外部评级机构监管，减少利益冲突；改革场外衍生品市场，推动场外交易合约标准化，鼓励通过中央对手方进行交易。其他方面的改革还包括，改革金融交易的支付清算体系，降低风险传染性；扩大金融监管范围，将影子银行体系纳入监管框架；提高不同金融部门监管标准的一致性，减少不同金融市场之间监管套利的空间；加强跨国监管的信息共享和联合行动，建立跨境危机处置安排，降低风险的跨境传递等。

澳大利亚审慎监管局（APRA）自2013年1月开始正式实施《巴塞尔协议Ⅲ》。APRA决定，澳大利亚的授权存款机构（ADIs）不需要经历巴塞尔银行监管委员会建议的过渡期，除有关已有的非普通股资本工具的过渡安排外。事实上，目前澳大利亚银行业的资本充足率水平已超过了巴塞尔银行监管委员会原先预定的2013年最低资本充足率要求，并预计将满足2016年最低资本充足率要求。这是由于早在实施《巴塞尔协议Ⅲ》的时候，APRA对澳大利亚银行业实施了更加保守的资本充足率要求，表现在对普通股资本充足率的要求以及资本工具减记的处理规定上。此外，澳大利亚银行业在2008年国际金融危机期间并未受到严重的冲击，盈利能力稳健，从而维持了较好的资本充足率水平。关于具体的实施进度，APRA要求授权存款机构从 2013 年开始必须满足《巴塞尔协议Ⅲ》的一级核心资本要求和普通股资本要求（比巴塞尔银行监管委员会建议的实施期限提前了 2 年），从 2016 年开始必须满足所有留存资本缓冲要求（比巴塞尔银胜地监管委员会建议的实施期限提前了 3 年）。APRA 并未采取《巴塞尔协议Ⅲ》对某些资本项目的让步处理，尤其是所谓的阈值处理（Threshold Treatment）。根据巴塞尔银行监管委员会的规定，投资于其他金融机构的股权、抵押认股权和递延税资本等资本项目不能超出普通股资本的 15%；如果超出，则应将超出部分从资本中扣除。APRA 的做法意味着更加严格的资本金要求。据测算，这一做法将澳大利亚银行业的普通股资本充足率要求提高 1～1.5 个百分点。2014 年初，巴塞尔委员会完成了对澳大利亚的同行评估，以检查澳大利亚银行业监管政策与《巴塞尔协议Ⅲ》的监管一致性。评估结果表明，在《巴塞尔协议Ⅲ》的 14 个资本要求方面中，其中澳大利亚审慎监管标准有 12 个方面与《巴塞尔协议Ⅲ》一致，有两个方面大体一致。这两个方面是有关资本的定义以及信用风险的内部评级法。关于流动性覆盖比率（Liquidity Coverage Rate，LCR），APRA 在 2013

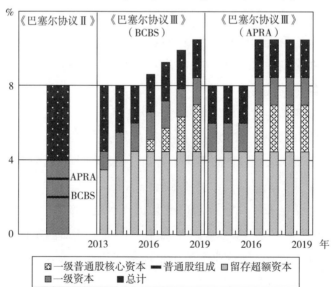

图 8.10　巴塞尔银行监管委员会和澳大利亚审慎
监管局实施《巴塞尔协议》的时间计划

年12月公布了 LCR 的实施规定，要求于 2015 年 1 月开始正式实施。
APRA 允许商业银行向 APRA 申请将中央银行提供的承诺流动性便利
（Committed Liquidity Facility，CLF）计入流动性覆盖比率。2014 年 1 月，
APRA 对 35 家授权存款机构进行了试点，以计算每家机构合适的可计入
LCR 要求的 CLF 规模。2013 年 12 月，APRA 公布了国内系统重要性金融
机构的监管框架，指定了四家澳大利亚银行为系统重要性金融机构，并要
求它们在 2016 年 1 月之前在一级核心资本的基础上附加 1% 的资本充足率
要求。

（二）澳大利亚对混业金融集团的三级监管改革

鉴于澳大利亚金融业混业经营程度的提高，澳大利亚审慎监管局
（APRA）认为，仅关注单个和同业金融机构的监管思路过于狭窄，不足以
充分地识别和防范所有金融风险，尤其是来自混业金融集团内一些不受
APRA 监管的机构的金融风险，因此有必要在原先对单一机构的一级监管
和对同业金融集团的二级监管的基础上作进一步的拓深。因此，APRA 在
2010 年 3 月发布了对混业金融集团的三级（Level 3）监管草案，随后在
2012 年 12 月和 2013 年 5 月分别出台了包含公司治理、风险管理和资本充
足率要求等内容的混业金融集团监管政策，并于 2014 年 1 月开始对混业金
融集团正式实施三级监管。

APRA 判断某金融集团是否适用三级监管的原则，是该金融集团是否
在一级、二级的监管框架下已受到足够的监管？额外的监管要求是否能够
提高对集团内属于 APRA 监管的机构的相关利益个体的保护？具体而言，
如果集团的主营业务单一，且在该行业外无其他重要机构，则仅对集团进
行二级并表监管；如果集团在多个 APRA 监管的领域拥有重要机构，并且
APRA 希望从审慎角度对集团整体的资本与风险状况进行定期审查，或集
团本身希望持有一部分可在各机构间自由转让的资本，则该集团适用于三
级监管；如果集团旗下拥有不受 APRA 监管的重要机构，则该集团适用于
三级监管。

APRA 要求三级监管的金融集团管理总部具体实施并落实各项审慎性
要求，而不直接向不受其监管的机构提出审慎性要求。所谓的管理总部并

不一定是集团的最终母公司,可以是某个集团下属的子公司,或是母公司在境外的境内控股公司,但应是受 APRA 监管的机构。因此,APRA 要求三级监管的金融集团的结构应足够地透明,由此 APRA 能够较为方便地获取集团整体及各个实体机构的相关信息。

APRA 规定三级监管的金融集团除了持有最低资本之外,还须持有超额资本(Surplus Capital),并且这些超额资本应能随时转移,以应对集团内某一机构的资本短缺,保证集团持有充分的资本吸收损失。金融集团的管理总部应建立和维持恰当的资本管理计划,以管理和监测金融风险、资本充足率水平以及集团内各机构之间的资本分配。APRA 给予金融集团充分的资本管理灵活性,允许他们自行决定集团内的资本分配。关于三级监管的资本定义,APRA 出于一致性的考虑,将资本定义为与股权相当的资本,包括普通股、一般储备、留存收益、合格的优先股及特定的混合资本工具。不同类型的资本工具存在不同的限额。如普通股占合格资本的比例不能低于 75%,特定混合资本工具的比例不能高于 15% 等。

此外,APRA 还对三级监管的金融集团提出了有关公司治理、风险管理、适当的审慎标准、商业连续计划、外包管理、内部审计、风险集中度、集团内部交易与风险敞口等方面的监管要求。

(三)加强金融消费者保护的相关监管改革

国际金融危机爆发以后,因一些金融顾问公司及其他向零售消费者提供金融服务和产品的金融机构的倒闭,金融消费者权益受到较大侵害。对此,澳大利亚政府启动了 Ripoll 调查(The Ripoll Inquiry)。最终,Ripoll 调查报告提出了一系列有关加强金融消费者权益保护的政策建议。比如明确金融顾问对消费者的信托责任;禁止金融产品发行者向金融顾问支付费用;建立法定的投资者最终求助赔偿基金。据此,澳大利亚政府于 2010 年 4 月开启了名为"金融咨询前景"(Future of Financial Advice, FOFA)的改革,充分吸纳了 Ripoll 调查报告的政策建议,就金融顾问的信托责任、金融顾问服务的收费等方面作出了相关规定。

在金融消费争端申诉解决机制建设方面,澳大利亚政府于 2008 年 7 月将银行和金融服务申诉专员机构、澳大利亚投诉服务机构和保险申诉专员服务机构合并为新的全国金融申诉专员服务机构（Financial Ombudsman Service，FOS）。金融申诉专员服务机构是一个独立的争议解决服务机构，由澳大利亚证券和投资委员会批准成立。2009 年 1 月 1 日，信托争议处理中心和保险经纪争议处理有限公司也成为金融申诉专员服务机构的分支机构。金融申诉专员服务机构的工作范围涵盖存款、贷款、股票、基金、信托、理财、集合退休金等金融服务领域的消费者投诉。金融申诉专员服务机构的独立裁判人员可为金融消费者提供法庭之外的免费、独立的纠纷解决服务。但投诉的受理存在限定条件，比如对于消费者与银行之间的争议，只有符合下列情况，金融申诉专员服务机构才受理消费者的投诉：争议是由参与"外部争议解决计划"的银行和其附属机构提供的金融服务产生的；消费者是个人或者小企业；争议金额不超过 28 万澳元。金融申诉专员服务机构透明度高、快捷高效，已成为受到澳大利亚金融消费者欢迎的维权手段。

其他方面的改革还包括，2009 年澳大利亚通过了全国消费信贷法案，颁布和实施了《全国消费信贷法规》（*National Consumer Credit Code*）。该法规取代了原先 1996 年颁布的《统一消费者信贷法规》（*Uniform Consumer Credit Code*）。与之前的信贷法规相比，新法规引入了新的许可证安排，并提高了相关监管要求，以保证信贷恰当、合理地贷款给借款者。

附录 1

经济稳定之探索[1]

作为经济发达国家之一，澳大利亚经济在 20 世纪 50 年代至 21 世纪初的发展与改革过程中，取得了显著成就。澳大利亚储备银行前任行长伊恩·麦克法兰（Ian Macfarlane）在其系列讲座：《稳定之探索》（*Search for stability*）中，简明而深刻地分析和总结了澳大利亚寻求经济稳定增长的过程。

一、黄金时代（1950 – 1973 年）

经济发展对一个国家及其民众的重要性不言而喻。关于 GDP 增长率、利率、通货膨胀率、就业率、国际收支等方面的报道，往往占据互联网、电视节目、报纸等媒体的主要版面和时段。因此，了解并研究经济信息中所蕴含的经济学原理及影响，相当重要。

过去几十年，澳大利亚寻求经济稳定发展的途径，就是积极探索如何保持经济持续稳定发展。尽管全社会对企业经济效益、收入分配的合理化、政府的市场监控和干预等问题尚存异议，但站在政治和经济发展的全局立场考虑，经济稳定发展的重要意义并非在其本身。20 世纪有两次较大的经济震荡。第一次是 30 年代的经济"大萧条"，第二次是 70 年代的高通胀率。在之后几十年相对稳定的经济发展时期，各国都尽量避免新的经济震荡出现。

对于喜欢寻求刺激的年轻人来说，"稳定"这个词听起来略显乏味。但必须指出，经济稳定对于每一个社会人都有重大意义。经济不稳定造成政治局势震荡、社会暴乱等，会使社会和家庭付出惨重代价。例如，德国

---

1 编译：冯润祥。

魏玛时期[2] 的恶性通货膨胀只是有利于希特勒竞选获胜的一次经济灾难。澳大利亚虽然没有此类事情发生，但 30 年代经济萧条曾给澳大利亚经济带来不可磨灭的伤痕。20 世纪 70 年代的高通胀也曾对澳大利亚经济产生极大的消极影响。

必须认识到，经济稳定是相对的。如同天气变化、生物种群数量变化等复杂系统类似，经济稳定没有绝对可言，但有规律可循。历史经验证明，经济发展存在显著而非固定的周期循环[3]，而且这种周期性的循环是国际范围的。例如，大部分发达国家在 20 世纪 70 年代中期、80 年代和 90 年代早期，都曾经历经济萧条期。有些国家的经济萧条甚至延续到 21 世纪初。又如，20 世纪 70 年代有严重通货膨胀问题的国家，在 80 年代又重新遭遇相似问题。再如，20 世纪 30 年代经济"大萧条"，几乎同时对世界各国经济造成了巨大影响。今天，经济全球化步伐的加快，迫使我们对始于 20 世纪初的经济周期性及其影响进行认真研究。

经济稳定的最优化形式，就是完善宏观经济调控，并将经济震荡的影响控制在最小范围。在宏观经济范畴内，政府调控经济的工具是财政政策和货币政策。财政政策主要借助政府财政开支、税收、债务融资等的变化，来刺激或减缓经济增长。而货币政策则侧重于货币发行量、名义和实际货币价格的调控等，主要体现为利率的调整。这里主要讨论两种调控工具地位的转变。此外，经济的稳定性也需要其他经济政策的同期支持，例如汇率机制、工资水平以及银行的监管规定等。我们发现，这些相关经济政策的有效整合，绝非一朝一夕之事。某些理论不但没有解决实际经济运行中的问题，而且使处境变得更为艰难。经济发展的事实告诫我们，问题的答案没有绝对性。在每一个特定历史时期，都有新问题出现，需要从新角度寻求答案。

2　魏玛共和国（Weimarer Republik）是形容 1919 – 1933 年统治德国的共和整体的历史名词。西方民主历史上，魏玛共和国所经历的经济问题最为严重。其中恶性通货膨胀、高失业率与生活质量大幅下降等，都是经济衰退的主要原因。

3　经济周期，即景气循环。一般认为，经济繁荣达到巅峰之后，便会进入衰退，直至谷底，然后再开始慢慢复苏并达到另一个繁荣，表现为衰退→萧条→复苏→繁荣，这样周而复始称为景气循环，就是经济周期。

这里将寻求经济稳定之旅的起点放在第二次世界大战之后。这个时期被著名的经济史学家安格斯·麦迪森（Angus Maddison）[4]定名为经济的"黄金时代"（the Golden Age）。这一时期，发达国家经历了前所未有的经济高速发展期。纵观人类发展史，第二次世界大战结束后的经济高速发展是一个新现象。除18世纪的工业革命外，之前人类历史鲜有关于经济发展的记载。较为客观的经济统计分析也是现代社会的产物。但是，麦迪森却通过分析，精确计算出1950-1973年的全球经济年增长率约为5%，在此之前的全球经济年增长率为2.3%。从1973年开始，全球经济的年增长率又降至2.8%。由于强劲的经济增长态势，这一时期的失业率较低。同时，大部分发达国家在"黄金时代"都维持相似的低通胀率。至今，仍有人对那段时期无比向往，并感叹为何黄金时代一去不返。

在"黄金时代"，澳大利亚的低失业率贯穿始终。除1961年的3.9%之外，整个黄金时代的失业率仅为2%，60年代后半期则低于2%。当时澳大利亚的年均通胀率为4.6%，但受朝鲜战争影响，有两年通胀率一度曾达到20%，排除这一特殊历史事件影响，"黄金时代"年均通胀率为3.3%。总体上，澳大利亚在"黄金时代"的平均失业率2%，通货膨胀率约3%。

20世纪60年代中期，世界经济在"黄金时代"中度过了约20年之后，普遍观点认为，各国已经成功解决了宏观经济调控问题，克服了现代资本经济的不稳定性。虽然20世纪30年代"大萧条"给世界经济带来不可弥补的伤痛，但人们已经逐渐接受这一事实，并开始按部就班寻找解决

4　安格斯·麦迪森现为荷兰格罗宁根大学荣誉教授和剑桥大学赛尔温学院荣誉院士。他于1926年出生在英格兰泰恩河畔的纽卡斯尔，早年在剑桥大学、麦吉尔大学和约翰·霍普金斯大学求学，之后曾短暂执教于苏格兰的圣安德鲁斯大学。1953-1962年担任OECD的前身OEEC经济部主任，1963-1966年担任OECD发展中心研究员。此后，他离开OECD，参与了20世纪研究基金会和哈佛大学发展顾问服务计划的研究工作。1971年，麦迪森教授返回OECD发展中心，主持研究分析工作，直至1978年被聘为格罗宁根大学的经济学教授。在此后的20多年中，他创立了格罗宁根增长与发展研究中心，领导了"国际产出与生产率比较"（ICOP）研究计划，发展了生产法购买力平价理论及其在国际比较中的应用。安格斯·麦迪森曾担任过多国政府的经济顾问，其中包括巴西、加纳、希腊和巴基斯坦。出于研究兴趣，他曾到访过很多发展中国家。他目前主要的研究方向是影响各国长期经济发展的因素，焦点是经济史的计量分析和国际比较。麦迪森教授本人撰写并与别人合作发表了约30本专著，同时也发表了大量学术论文。

方法。20 世纪 60 年代开始的经济快速发展，吸引了大批大学毕业生投入到经济领域。年轻经济学者们坚信，发达国家经济发展问题的解决，有助于发展中国家摆脱贫困。

那时，大多数经济学者相信，解决宏观经济问题的答案，就在凯恩斯经济学的原理当中。即政府使社会总需求维持相对较高水平，促进充分就业。这一目标的实现主要依赖于政府制定的货币政策和财政政策。20 世纪 60 年代，以财政政策为主，货币政策为辅。具体到实际操控中，当个人需求较低时，采取宽松财政政策，推动经济发展。与财政政策的有效推行相比较，"大萧条"之后的经济恢复期间，货币政策的有效性没有充分体现。凯恩斯在其著作《就业、利息和货币通论》（*The General Theory of Employment, Interest and Money*）（1936 年第一版）中，明确分析了经济"大萧条"出现的历史背景与成因，给出了相关的解决方法，并阐明了如何避免此类情况的再次发生。凯恩斯的主要观点是，政府应干预经济以刺激消费并增加投资，从而保证社会有足够的有效需求，以实现充分就业。这一时期，大部分发达国家将凯恩斯经济理论付诸实践，并取得了显著成效。

约翰·梅纳德·凯恩斯（John Maynard Keynes），生于 1883 年 6 月 5 日，卒于 1946 年 4 月 21 日，是现代西方经济学界较有影响的经济学家之一。伯特兰·罗素（Bertrand Russell）[5] 这样评价凯恩斯："他是我遇到的最富才学和思想的人士。当我和他辩论时，我总要倾注全部才智，有时仍然难以应对。"凯恩斯不仅是杰出的经济学家，也是逻辑学家、作家、审美家、艺术品和书籍收藏家、国际政治活动家、艺术品买卖经理人、资本市场经理人。丰富的社会阅历和实际经验，使凯恩斯有别于一般纸上谈兵、照本宣科的经济学家，其理论更有实践基础和应用性。

凯恩斯理论不仅被同领域经济学家所认同，并被政治家、新闻记者、商人等诸多领域的人士所接受。政府部门也将其应用在政策制定中。第二次世界大战结束后，在澳大利亚政府推行的一系列措施中，有两项深受凯恩斯理论影响。第一，政府公布了《澳大利亚市场充分就业》白皮书；第

5　伯特兰·阿瑟·威廉·罗素（Bertrand Arthur William Russell），是 20 世纪较有影响的哲学家、数学家和逻辑学家之一，同时也是活跃的政治活动家，并致力于哲学的大众化、普及化。

二，通过了《联邦银行法》（*Commonwealth Bank Act* 1945）。这部法令明确提出了中央银行的三项主要任务，其中一条为"保持澳大利亚市场的充分就业"。同一时期，其他发达国家应发展需要，也采取了类似的经济措施。

从全球经济发展角度看，这一时期，国际货币基金组织和世界银行相继成立。这两个世界性经济组织的建立，表明越来越多的国家开始意识到各国经济共同协调发展的重要性。而这之前的 20 年中的"以邻为壑"（Begger – the – neighbour）的政策[6]，则加剧了"大萧条"和第二次世界大战给经济带来的负面影响。

关于成立国际货币基金组织和世界银行的会议，在美国的新罕布什尔州的布雷顿森林举行。因此，这一会议上通过的国际金融框架又被称为布雷顿森林体系。此后，以美元为中心固定汇率制的布雷顿森林体系持续了 25 年之久，贯穿了整个世界经济的"黄金时代"。布雷顿森林体系的建立，促进了世界贸易增长，另一方面也对各国货币政策造成了影响。由于各国汇率都与美元挂钩，使各国通货膨胀率也维持相似水平。一旦某国通胀涨幅过大，便在国际贸易市场中失去竞争优势，该国的货币也会相应贬值。由于布雷顿森林体系的延续，美国在全球经济中的重要地位日益凸显。

当发达国家沉湎于历史上最长的经济繁荣和充分就业时期所带来的辉煌时，经济学家也开始对凯恩斯的总供需均衡理论、布雷顿森林体系的成功运作大为赞许。

然而，在实际经济运行中，除了以上两点的支撑，其他方面的因素也对经济有重大影响。为客观了解并分析其他因素，首先排除适用个别国家的经济规则，从全球角度寻求多数发达国家经济发展的规则。分析认为，有三点值得总结。

第一是历史背景因素。这一时期是战后重建的特定时期。在"大萧条"和第二次世界大战后，社会各方面百废俱兴。在两个特定时期，由于

6　一国采取的政策行动尽管对本国经济有利，却损害了别国的经济。具体来说，即汇率代表货币的相对价值，因此，任何一个汇率水平，任何一个国家的汇率制度选择，任何一个开放经济体为实现内外均衡而实施的宏观经济政策，都不可避免地具有外部性。其中，负的外部性即"以邻为壑"效应。

战争经费和社会基本供给影响，多年内资本积累匮乏。住宅和公共设施亟待完善。基于一般发展规律，经济处于低水平时，发展空间最大。因此，在战争中遭受影响最大的国家，经济发展也相对最快，如德国、日本、意大利和奥地利等。而其他经济涨幅较小的国家则包括美国、加拿大、瑞士、瑞典和澳大利亚等。

第二是宏观经济政策因素。尽管存在诸多限制经济发展的因素，但各国政府和组织均试图促进经济增长。如战后有关国家政府提供的大量社会补给并提高工资，使收入所占比例提高。在通货膨胀预期几十年内接近于零的情况下，名义和实际工资之间的细微差距，为经济发展提供了良好条件。

第三是国际贸易因素。这一时期各国采取低关税政策，使国际进出口贸易飞速发展。这与战争时期形成鲜明对比。麦迪森教授指出，"经济黄金时代，国际贸易对经济带来的积极影响不可忽视。"国际贸易于 20 世纪 30 年代兴起，战争期间一度中断。此后，西方发达国家和世界贸易组织积极协调配合，新的开放式贸易秩序逐步建立。至今，《关税和贸易总协定》（世界贸易组织）条例对国际贸易仍有重要影响。

考察各种因素对经济的影响，也有必要分析各国经济政策在战后的变化。第二次世界大战结束后，经济发展的重心发生变化，基于凯恩斯经济理论的影响，各国经济发展的重点集中在充分就业上。澳大利亚和多数发达国家一样，经历了相似的经济发展模式。但经济发展的历史和现状表明，这种发展模式过于激进，政府经济政策在执行时容易出现偏激。这一时期，财政政策的局限性也比较大。总体上，政府预算盈余较平均值出入不大，预算赤字到 20 世纪 70 年代才出现。70 年代初，政府费用占 GDP 的 21%，80 年代涨至 30%。此时，货币政策重要性被忽视，各种形式的信贷额度配给方式，使货币供应量远远低于 20 世纪 70 年代初的水平。

经济评论家虽将 20 世纪 50～60 年代称为极度扩张的经济时期，但 1951-1952 年的"恐怖预算"（Horror Budget）以及 1961 年的"信用挤兑"事件，几乎使当时的澳大利亚政府倒台。因此，为使经济长期健康发展，澳大利亚政要们做好了应对经济暂时低迷的准备。

　　回首 20 世纪 50～60 年代澳大利亚的经济发展，也有两点值得总结。首先，这一时期经济发展缺乏参照值。从绝对数值比较来看，澳大利亚经济发展不如经济合作与发展组织（OECD）的平均发展速度，在 1950 年经济"黄金时代"到来之前的 80 年中，即 1870－1950 年，澳大利亚的经济平均增长率为 2.9%，高于 OECD 的 2.3%。但 1950－1973 年的经济平均增长率为 4.7%，低于 OECD 的 4.9%。

附表 1　GDP 实际增长率比较年均增长率　　　　　单位:%

年份	1870－1950	1950－1973
澳大利亚	2.9	4.7
OECD	2.3	4.9

　　资料来源: Maddison, Angus (2003), *The World Economy: Historical Statistics*, Development Centre Studies, OECD, Paris。

　　进一步的研究发现，澳大利亚经济平均增长率之所以与 OECD 平均值持平，是因为人口和劳动力增长速度远高于其他国家。这与战后澳大利亚"移民热"有很大关系。如果把快速增长的人口影响按人均 GDP 计算，20 世纪 50 年代，澳大利亚人均 GDP 为 1.7%，OECD 为 3.3%。20 世纪 60 年代，澳大利亚人均 GDP 为 3.2%，低于 OECD 的 3.9%。2001 年的一项研究发现，"黄金时代"澳大利亚的农业发展虽十分显著，但整体经济发展态势却不乐观，人均 GDP 的增长很大程度上依赖于生产力的增长。因此，可以得出结论，澳大利亚在"黄金时代"的生产力并没有达到 OECD 的平均标准。这就使澳大利亚在 20 世纪 80～90 年代的经济改革显得更为重要。

附表 2　人均 GDP 年增长率比较　　　　　单位:%

时间	20 世纪 50 年代	20 世纪 60 年代
澳大利亚	1.7	3.2
OECD	3.3	3.9

　　资料来源: *Development A Long－run Comparative View*, Oxford University Press, Oxford, p. 50。

　　其次，对澳大利亚而言，20 世纪 50～60 年代的"经济黄金"时代更像经济的"镀金时代"。当时的整体生活水平很低，技术移民热潮促进经济增长，且战后的城市建设百废俱兴，成千上万的家庭迁入刚建成的房屋，街区、人行道、排水、电话等配套设施亟待修建。20 世纪 50 年代墨尔本的郊区，人们住着两室或三室一厅的简易房，使用公共卫生间。那时的中小学均设在临时搭建的社区里，大学则更少。

不可否认，虽然"黄金时代"的经济发展有以上局限性，但经济学家对未来预期则充满信心。在此，引用耶鲁大学杰出的经济学教授、美国约翰逊政府经济参议会主席 Arthur Okun 在 1970 年的一段话作为第一部分的结束语："约翰逊总统 1965 年曾发表过一个有争议的讲话，他说，'我不认为经济衰退不可避免'。这一观点现在已经没有争议了，经济衰退就像飞机坠毁和飓风来临一样，虽不可避免但可以预防。"

回到 20 世纪 70 年代，那时的经济学家们认为，经济和商业周期已经死亡，可以从技术上保证衰退不再发生。实际上，下一部分的讨论中我们会发现，当时的乐观主义是短命的，经济衰退现象在接下来的几十年中反复出现。

二、"黄金时代" 到滞胀期

"黄金时代"的经济发展太好了，以至于不能长期维持。在野心勃勃的政治家、盲目乐观的经济学家手中，在社会公众日益高涨的期盼中，"黄金时代"终于走到了尽头。世界经济在第二次世界大战之后经历了 30 年的"黄金时代"后，步入了滞胀期，即高通胀率和高失业率同时存在的时期。这一时期彻底替代了之前的"黄金时代"。这里有必要对滞胀的成因和经济学原理进行分析。

导致全球经济进入滞胀期的主因包括三个方面。一是通货膨胀；二是凯恩斯经济学原理在实际应用中出了问题；三是一些经济体系被大范围应用时难免产生局限性，这一局限性加剧了经济滞胀。

从第三点开始分析。20 世纪 60 年代，绝大部分经济学家坚信，凯恩斯总供给与总需求平衡理论，已成功解决了宏观经济学的主要问题。他们认为，如果实际市场供需量和低失业率未达目标，只需应用凯恩斯经济学原理，就可立竿见影。倘若个人需求不足，就增大社会总供给量。但是，凯恩斯原理的一个局限性，就是供应量的持续扩大会导致经常账户赤字的增加，从而明显地影响固定汇率的稳定性。

当时只有个别经济学家意识到，持续上升的高通胀率可能会对供需平衡产生巨大影响。因为此前普遍观点认为，通胀的持续上升不会给经济带来负面影响。但当人们经历了漫长战乱，政府为战争偿付巨额开支时，才意识到研究通胀率的重要性。而在和平时期，全球经济进入滞胀期之前，没有出现过连年高通胀的情况。

由于当时相关经济学知识的缺乏，人们没有充分认识到隐藏在高通胀背后的巨大风险。这一时期的经济学家普遍认为：出现高通胀是为了增加就业，因为对大众而言，高通胀率并不像高失业率一般可怕；而且高失业率先影响穷人，而高通胀率波及的人群无非是那些靠收取利息生活的富人。正是这种观点的盛行，使当时各国政府都把宏观政策的重点放在了经济增长和控制失业率方面，完全忽视了高通胀率的影响。

在整个20世纪60年代和70年代前期，控制失业率是各国宏观经济政策的中心议题。直到1964年，美国的肯尼迪·约翰逊政府针对美国经济状况，对战后盛行的凯恩斯经济学原理进行了修补和完善，减税制度被纳入到宏观经济调控的措施当中。一位参与该制度设计人士称，减税制度的推行，是美国在和平时期最大的一次财政制度调整。当时美国政府的财政预算赤字逐年增长，政府支出不断增加，此项制度的推行势在必行。

当时，美国政府只把这项政策视为缓解高通胀情况的临时措施，一旦情况好转，此政策将会被取消。但由于约翰逊政府的"伟大社会政策"（Great Society Program）[7] 的实行和越南战争的巨额支出，该项政策不得不继续推行。

另一个实践是澳大利亚在1971－1972年，不得不对货币政策和财政政

7　肯尼迪去世后，副总统林登·约翰逊接任总统。1964年5月22日，约翰逊在密歇根大学发表演讲，声称要使美国走向一个"伟大的社会"（Great Society），从此"伟大社会政策"就成为约翰逊对内政策的标志。约翰逊实施的该项计划，使民主党自"罗斯福新政"以来所推行的社会改革达到了高潮，它集中反映了美国政府试图在不触动原有社会制度的情况下，希望借助国家干预力量来消除贫困现象的努力。

策作大幅调整。1971 年，澳大利亚通胀率已高达 7.3%。与此同时，平均周薪的涨幅达 10%。而这一危险的前兆，却没有引起人们的足够认识。由于澳大利亚对高通胀率采取的措施收效甚微，1971 年的失业率从 1.7% 上升至 2.1%，宏观经济政策的调整迫在眉睫。1971 年后期，货币政策开始实施，1972 年 4 月，澳大利亚政府在增加预算的同时，降低了税收。同年 8 月，在增加预算的同时，削减了相当于 GDP 的 1.6% 的税收收入，以此控制失业率上升。然而这些举措的结果却事与愿违。甚至有人指出，这是当时即将上任的澳大利亚总理威廉·麦克默哈为赢得 1972 年 12 月大选而设计的圈套。澳大利亚经济史学家 Boris Schedvin 认为这种说法过于偏激，他认为当时中央银行和财政部的政策注意力从通货膨胀偏向了失业率，这才是政策调整不力的根本原因。

我们还可以列举出其他一些国家经济政策调整失误的事例。英国是应用凯恩斯经济原理极端化的国家之一。这一时期，英国经济政策失误的主要表现有两个案例，其一是 1967 年的英镑贬值，其二是 20 世纪 70 年代初保守党希思政府的"快速增长的终结"（Dash for Growth）。牛津和剑桥学派的经济学家们，最先用凯恩斯经济学原理修正了古典经济学派的局限性。此后，美国、德国两国也相继追随，对其宏观经济政策进行了调整。

凯恩斯对这些国家经济调控政策的看法，我们无从知道，因为他已在这之前的 1946 年辞世。但凯恩斯应不会认同国家对于高通胀率的视若无睹。原因有二，一是凯恩斯作为一名精通货币领域的经济学家，应该会对他自己以前忽视货币政策作用的理论有所改进；其二，凯恩斯在他最后一部著作《如何为战争付账》中，已明确提出了规避高通胀的重要性。

1958 年，比尔·菲利普斯教授题为《1861－1957 年，英国失业率与货币工资变化率关系》的学术论文认为，工资通胀率和失业率存在反比关系。这就是后来著名的菲利普斯曲线理论，即低通胀率与高失业率，或者高通胀率与低失业率，以及由此衍生的多种组合。就普遍观点而言，高通胀率与低失业率的组合更容易接受。

菲利普斯曲线研究的重点是如何保持低失业率。在平衡劳动市场诸多因素，如工资率、劳动法、平衡失业救济、劳工技能等方面，充分就业可以与低通胀率结合起来。基于实际考虑，劳动力市场总有人处于失业再就业期，因此失业率不会绝对为零。

20世纪60年代中期，澳大利亚失业率为2%，通胀率为3%，政府希望通过增加名义总需求来降低通胀。首先，增加总需求意味着提高产出，有望增加商业利润，但由于增加总需求引起的物价上涨往往会先于工资上涨，通胀上升后，实际工资却会下降。其次，工人希望工资的上涨幅度加大，以应对通货膨胀和实际工资的减少，但由于劳动力市场激烈竞争，工人要求提高工资的呼声也会减弱。最后，在工人工资暂时提高的同时，商业利润则相对降低，经济就会陷入新一轮名义总需求的调整之中。

这些现象说明，降低失业率和低通胀率有联系，但在经历一系列变化后，通胀率的上升已经背离了最初调整目的。原因是在降低失业率的同时，通胀率的不断增长不但没有得到有效控制，反而也以2~3倍的速度增加。

具体到澳大利亚市场，也出现了同样的状况。失业率从1965年的1.6%上升到1973年的2.3%。与此同时，通胀率也从4.1%升至10.1%。在第一次石油危机之前，澳大利亚的通胀率已上升至两位数。

附表3　各国失业率比较　　　　　单位:%

时间	1965 年	1973 年
美国	4.5	4.9
日本	1.2	1.2
德国	0.7	1.1
法国	1.3	2.7
意大利	5.4	6.6
英国	1.4	2.0
加拿大	3.9	5.6
瑞典	1.2	2.5
比利时	2.5	3.7
荷兰	1.0	3.9
平均	2.3	3.4
澳大利亚	1.6	2.3

注：1965 年为年度数据，1973 年为第一季度至第三季度的数据。

资料来源：Macfarlane, I. J. (1997), 'The Economics of Nostalgia', *Reserve Bank of Australia Bulletin*, March; national sources。

降低或维持失业率不变，都会使通胀率不断上升。这一分析不是否认需求管理调节的实用性，而是说明利用财政政策和货币政策降低失业率，都需要保持合理性。一味降低失业率而要求通胀率不变化的做法不科学。凯恩斯原理的扩展应用是基于米尔顿·弗里德曼（Milton Friedman）[8]的货币供应原理。这一理论的可行性经历了长达十几年的争议，如今已经被经济和政治领域广泛接受。弗里德曼的理论纠正了货币政策漏洞，同时解决了经济运行中由于轻视货币政策而出现的一系列问题。失业率的降幅存在一定限度，如果超出这个限度，只会导致通胀率不断上升。如附表 4 所示，1965 - 1973 年，各国失业率持续上升。

附表 4　通胀率比较　　　　　　　　　　　　单位:%

时间	1965 年	1973 年
美国	1.8	6.8
日本	6.1	12.7
德国	3.9	7.1
法国	2.6	7.6
意大利	3.5	11.5
英国	4.6	9.2
加拿大	2.9	8.2
瑞典	5.7	6.5
比利时	3.9	6.8
荷兰	6.8	8.3
平均	4.2	8.5
澳大利亚	4.1	10.1

资料来源: International Financial Statistics, International Monetary Fund; Macfarlane, I. J. (1997), op. cit.; national sources。

以上是从全球经济角度，对"黄金时代"衰落原因的解释。由于各国经济结构不同，发展模式有异，但大体来说，发达国家的发展有相似之

8　米尔顿·弗里德曼（1912 - 2006 年），美国著名经济学家，以研究宏观和微观经济学、经济史、统计学，主张自由放任资本主义而闻名。1976 年获诺贝尔经济学奖，以表扬他在消费分析、货币供应理论和稳定政策的复杂性等范畴的贡献。

处。具体到澳大利亚，由于当时采用全国统一的工资制度，1970 年 12 月澳大利亚全国性的工资上调了 6%，1971 年 7 月冶金行业产量增长 9%，全国性的工资又大幅上涨。此外，由于资源领域的增长和大宗商品价格上升，澳元汇率面临上升压力，且这种状况持续了较长时间。基于这些情况的影响，货币供应量大幅增加。最后，澳元汇率升值，才使经济调整暂时画上句号。

就在世界经济增长进入衰退之时，澳大利亚政府劳动部门又对实际工资作了上浮调整。1974 年，澳大利亚工资上浮 30%。由于当时的高通胀水平，实际工资上涨的比例为 12%。然而，这是历史上的最大涨幅。也是 OECD 成员国历史上的最大工资涨幅。实际工资的上涨，使 20 世纪 70 年代中期的失业率上涨。所有这些因素的共同作用，使澳大利亚经济在全球经济疲软期，更易受到冲击。

1972 年和 1973 年，全球经济持续过热。最大的表现是大宗商品价格上涨，农业资源和原材料价格上涨，全球通胀率上升。

将这些现象套用在经济周期的循环理论中，接下来就是产品价格的大规模下调，经济逐渐进入衰退期。这一衰退期的标志是 1973 年石油输出国组织（OPEC）宣布石油价格上涨 4 倍。

这就是经济学家所说的供给负效应作用，即由于某一事件的作用，价格水平突然上涨，实际消费下降。价格通胀和消费紧缩同时出现，大部分发达国家进入经济衰退期，并长时间地处于高通胀的压力之中。

1974/1975 财政年度，澳大利亚失业率从 2.1% 升至 4.9%。1975 年 12 月再涨至 5.3%，同时，通胀率高达 14.4%。这一时期是世界经济史上未曾经历的时期。这时，经济不景气与高通胀并存的经济现象——滞胀（Stagflation），作为一个新的经济学术语被正式引入了。

1973 - 1983 年，澳大利亚经济滞胀期持续了整整 10 年。在此期间，全国失业率在 1983 年年中一度高达 10.2%。澳大利亚从一个低失业率国家，进入高失业率国家行列。10 年间，年均通胀率为 11.6%，物价上涨了 3 倍。

OPEC 石油价格上涨是澳大利亚经济从"黄金时代"转入滞胀期的标

志性事件。这个致命的外因就像地震或流行性疾病一样，打击了澳大利亚经济。其实可以忽略大幅度通胀的影响，因为在油价上升之前，这一情况已经存在。那么，OPEC 对全球石油价格的调整，是经济衰退的必然诱因，还是偶然因素？

经济"黄金时代"，高通胀率问题并不突出。经历了 30 年的积累后，高通胀率的问题才凸显出来。特别是 1969－1973 年，平均物价水平明显增长。例如，从第二次世界大战结束到 1973 年的 28 年间，OECD 成员国的年平均消费价格涨幅 4.1%，但黄金、石油等主要产品价格较为稳定，没有受其他产品价格影响。

美国总统罗斯福在 1933 年将黄金价格定为每盎司 35 美元。到 1971 年，由于近 40 年通胀效应的影响，黄金价格仅为 1933 年的 1/3。此时，人们开始担心美元的前景，因为美国政府放开了对黄金价格的管制，使其市价上涨。

1971 年，黄金的官方价格也开始上涨，美国则利用这个机会，不但使美元对黄金贬值，同时也对其他国家的货币贬值。美元不再与黄金挂钩，其他国家的货币也放弃了与美元的挂钩。至此，布雷顿森林体系瓦解。尽管布雷顿森林体系只（对国际货币体系）提供一个松散的束缚和秩序，而当这个松散的秩序瓦解时，许多国家的货币政策曾一度陷入混乱。

另一个被长期固定的是石油价格。这一价格的固定并非某一政府的政策所致，而是石油公司和产油大国签署的长期合同价格所为。由于通货膨胀，石油的实际价格受到影响，再加上美元贬值，OPEC 此时不得不采取措施。从地缘政治学上讲，OPEC 无疑是促使中东国家将原油价格提高 4 倍的后盾。但更主要的是，基于经济方面的考虑，稳定石油实际价格才是最终目的。归根结底，石油价格的上涨是一系列因素共同作用的结果。多年的通胀高企，尤其是至 1973 年末的连续 5 年的高通胀率，才是这一现象的主要原因。

解释 20 世纪 70 年代高通胀的原因时，还有"成本推动"之说。主要是由于工会的强力推动，工资和消费价格不断上涨。虽然，经济学中有不少关于解决价格和收入问题的应用条例，但具体到需求管理政策方面，特别是应用到货币政策方面，对工资的影响则微乎其微。事实上，关于管理经济派生的新理论，就是为了解决失业、价格和收入、通胀方面的问题。20 世纪 70 年代，价格和收入政策也被大部分国家所接受并采用。由于宪法没有赋予联邦政府调整价格的权利，所以这一政策没有在澳大利亚得到应用。当然，仲裁委员会有权利设置工资标准，但这一举措主要是为了促进行业稳定与和谐发展，而并非降低通胀率。

总体来说，关于价格和收入的政策，都背离了维持低通胀率的初衷。而需求管理和调节理论，才是解决宏观经济通胀问题的基础。但可惜的是，直到 20 世纪 70 年代后期和 80 年代初期，这一理论才开始得到推广与应用。

从 20 世纪 70 年代中期开始，宏观经济调控建立在货币主义的理论之上，这就是所谓的反通胀货币政策理论，也就是米尔顿·弗里德曼所提出的货币供应量化目标理论。1976 - 1985 年，这一理论被包括澳大利亚在内的多数国家应用，人们对货币政策的重要性有了新认识。在这之前的 20 年当中，人们曾普遍认为"货币政策无关紧要"，甚至在考虑与经济相关的政策时，将货币政策排除在外。该理论虽无法满足快速增长和不断创新的金融市场发展的需要，但就其货币政策的框架而言，仍是一个进步。

在经济学界，两派之争由来已久。一派支持价格和收入政策，另一派支持需求管理政策。最后，在关于抑制高通胀的"战争"中，更多的数据表明，需求管理政策更有利于经济的持续发展。起初，一些经济学家认为，弗里德曼关于"通胀是长期的持续存在的货币现象"的观点夸大其词。但这些人后来也逐渐开始认同，货币政策才是解决高通胀率的根本方法。因此，在之后的 20 年间，这一政策才得以普遍应用。

有关经济增长和宏观经济政策的不同观点，在各个发达国家都存在过。20 世纪 70 年代，英国通胀率曾两次超过 20%。1976 年，英国政府不得不向国际货币基金组织寻求援助。这一结果正好应了英国前首相詹姆斯·卡拉汉（James Callaghan）关于 20 世纪 70 年代经济动荡的总结。他曾在一次讲话中指出：

"……高失业率的成因到底是什么？其实答案很简单，由于薪水增加远高于产品价格的上升，导致了不充分就业。我们无权指责任何一种政体形式，无论是工党执政下的混合经济形式，还是资本主义、共产主义，或者无政府组织的社会形态下，没有政党可以完全左右经济发展。我们曾经期望通过减少政府税收和增加政府开支的方法来增加就业，带动经济走出低迷状态，但这种方法除了适用于战后高通胀率时期外，不适合当今情况。经济滞胀时期，高通胀伴随高失业率而来，我们虽然已逐渐走出本世纪高通胀率，但过去的 20 年内经历着高失业率的困扰。"

在经济学家看来，詹姆斯·卡拉汉对经济现状的悲观陈述，像是一个门外汉对于菲利普斯曲线实用性的公然挑衅。但关于 20 世纪 70 年代经济滞胀的悲剧，是否证明了菲利普斯曲线理论存在漏洞呢？一方面，菲利普斯理论确实需要改进；另一方面，经济运行中的其他因素更需要加以认真考虑。美国经济学家 Brad ford De Long 认为，经济发展中，政府一味关注失业率而忽视通胀率的做法，是 20 世纪 30 年代经济"大萧条"的后遗症。直到 20 年之后凯恩斯经济学说出现后，关于政治体制和政府宏观调控政策方面的讨论，才日趋频繁。

有些经济学家指出，如果政府早些采取政策应对高通胀率，20 世纪 70 年代的经济滞胀期可以被避免。但是，政府和中央银行并没有采取措施，直到全球经济进入滞胀期，各国政府才开始表态要解决这一严重的经济问题。

我们发现，各国政府关于经济滞胀的解决方案直到 20 世纪 80 年代才正式开始实施，而另外一些国家则晚了 10 年。

三、改革与放松管制[9]（上）

20 世纪 80 年代，澳大利亚经济政策方向出现了重大调整。因此，这一时期在历史上被称为"改革的十年"。澳大利亚经济改革的目标是大幅提高生产率。与之前各级政府竞相涉足市场相反，当时人们普遍认为，政府已经过度干预了市场。经济的长期滞胀（Stagflation）促使决策者重新考

9　译者注：原文为 *Reform and Deregulation*。

虑机构调整，并改变经济政策理念。此外还有一个共识，那就是澳大利亚正在落后于其他工业国家，而且未来应当对照国际标准来衡量自己。在阐述这些改革之前，需要先讲完滞胀的故事。

滞胀时期以政局大幅动荡为特色。1974 年和 1975 年，几个工业国家的政府相继更迭。英国的希思（Heath）保守党政府 1974 年下台，澳大利亚的惠特拉姆（Whitlam）工党政府 1975 年垮台，美国福特（Ford）共和党政府 1976 年倒台。而这些更迭后上台的新政府也没有好结局，英国的卡拉汉（Callaghan）工党政府 1979 年落选，美国卡特（Carter）民主党政府 1980 年落败。在澳大利亚，弗雷泽（Fraser）自由—国家联盟政府稍为长命，但也于 1983 年下台。

滞胀在相当长时间之后才得以缓和。1974 年和 1975 年的全球经济衰退时期，通胀只是小幅下调，其后才是经济的缓慢复苏。到 70 年代末期，伴以高通胀和资产价格上涨，全球经济终于再度开始加速。但这只是"昙花一现"，两个重大事件断送了复苏势头，1982 年，全球范围内再次呈现衰退。

第一是 OPEC 于 1979 年第二次提高原油价格。OPEC 又一次以 6 年来的高通胀冲减了原油的真实价格为借口，将石油价格提高了 3 倍。第二是美国在承受高通胀方面最终失去了耐性。20 世纪 70 年代中期，多数发达国家的通胀率达到峰值，而美国的通胀率直到 1980 年才达到 13.5% 的高峰。

因此，对于美国来说，通胀率不仅畸高，而且持续至 70 年代的后半期。1978 年，吉米·卡特总统任命保罗·沃尔克（Paul Volcker）为美联储主席。沃尔克决心结束高通胀的状况，他认为自己有足够的法定独立性和来自业界的足够支持，来实现这一目标。尽管结束高通胀实为不易，且非常有争议，但他最后成功地将美国重新拉回到低通胀国家行列。

沃尔克意识到，重新掌控货币政策非常重要。他借鉴保守批评家的做法，于 1979–1982 年采取了某种形式的货币主义[10]。这使他能将利率提高到任何足以控制货币扩张的水平。在此过程中，短期利率曾达到 16%，债券收益率为 15%。经济经历了"双倍衰退"（Double‑dip），每次 GDP 跌

---

10   美联储前副主席 Alan Blinder 曾表示，"沃尔克并非货币主义者，但当联储将利率提高到令人窒息时，货币主义的言论却为联储提供了政治上的隔热层（Heat Shield）"。

幅均超过 2%。那是一次痛苦的实践，失业率上升至 10.8%，这无疑使卡特当局更不受欢迎，但这也提供了有力证据，即货币政策可以消除高通胀顽疾。因此，只有伴随经济萧条的（紧缩）货币政策，才能逆转通胀顽疾，这一更强有力的主张和做法十年之后才得到证实。虽然当时不受欢迎，但当今"沃尔克制止通胀"（Volcker Disinflation）通常是被作为一次成功而又必要的实践来回顾的。保罗·沃尔克作为杰出的经济政治家而广受尊重。当一项重要使命呕须忠诚信赖的人士来完成时，如对联合国在伊拉克实施"石油换食品"项目的质询，人们依然求助于他。

澳大利亚虽然在 1982 年陷入一场深度的衰退，但当时并未遵循沃尔克道路，也没有取得美国在降低通胀方面的杰出成绩。但滞胀时期的经历，却促成了一系列广泛而又深刻的经济和金融改革的就位，这些改革在十年或更长时间之后，帮助我们重返较长时期的经济稳定。

需求管理政策到底是首先控制通胀还是优先降低高失业率，此方面的争论并未能很快达成一致。但很明显，从几乎专注于降低失业率开始，澳大利亚试图同等重视两项目标。1976 - 1985 年的货币政策目标即为明证。尽管过程并非一帆风顺，但降低通胀引起了宏观经济决策者更多的重视。另一项争论，是关于 20 世纪 70 年代中期实际工资上升和利润下降在多大程度上导致了失业率的上升。这是 20 世纪 70 年代后半期争论的焦点，大多数人开始同意实际工资上涨是导致失业率大幅上升的原因之一。尽管认同这一观点，但弗雷泽政府几乎没有对策，当时联盟政府与调解仲裁委员会引入的看似自动的工资指数化措施，发挥了维持高实际工资的作用。但霍克政府运用一项与澳大利亚工会理事会（ACTU）达成的自愿协议，解决了这一难题[11]。虽然协议受到众多批评，但这些批评却在限制负面影响

---

11 1975 年，调解和仲裁委员会提出了有关工资指数化的理论，同时表示，工资增长指数应该在 CPI 中以每个季度为基本单位来测量并显示。这一系统被一直修改并使用至 1981 年。1981 年，委员会最终在与工会和雇主的协商后放弃了这一理论。1983 年，委员会又重新提出了"价格和收入协议"这一工资调整系统。在该系统中，工资的变动主要是依靠国家的调整而定的（CPI 的变动以及生产能力）。作为附加条件，工会必须承诺不能有多报的情况出现（Extra - award or Overaward Claims）。这一中央化的工资调整系统被有效运用至 1993 年，直到委员会的为最低工资提供安全网的仲裁能力被淡化，以及促进企业议价的革新的引进。

方面发挥了部分作用，使政府在重建强有力的就业增长与降低失业率的核心任务得以成功完成。

在促进货币政策有效性方面，也取得了若干进步，尽管其效果在很长一段时间以后才体现出来。澳大利亚的弗雷泽政府后期的经济政策发生了变化。当时的财政部部长霍华德[12]以及他的大多数顾问，对在政府债券利率、汇率、银行存贷款利率[13]、国际交易等方面实施复杂管制的意义心存疑虑。1979年霍华德建立了咨询委员会（Campbell Committee，坎贝尔委员会）来检查这些事项，从成员构成可以推断，委员会倾向于建立一个放松管制的金融体系。在两年半后的报告中，他的确这么做了。他的众多建议，首先在弗雷泽自由党政府（1975–1983年），后来在霍克（James Lee Hawke）工党政府（1983–1991年）大规模实施，这些措施彻底改变了澳大利亚的金融体系以及大部分经济领域[14]。

当然，改革过程并未等到委员会的报告被全部消化，许多改革在1979–1982年就完成了。其中之一是取消了银行存款的上限，但最重要的改革是1979年和1982年分别引入中期国债（Treasury Notes）和长期国债（Treasury Bonds）销售的拍卖制度。此项政府债券销售方式的变化是一项重大改革，目前此项改革虽仍未获得应有重视，但实际上其重要性仅次于1983年的澳元汇率自由化改革。

在引入拍卖制度前，澳大利亚的货币框架曾因致命的弱点受到重创。当今我们在许多发展中国家仍能发现这一弱点。当预算出现赤字，政府当然希望通过向公众借款融资，但它仍然保留对政府债券利率水平的控制。

12　译者注：约翰·温斯顿·霍华德（John Winston Howard），1975–1983年任澳大利亚商业和消费事务部部长、特别贸易谈判部部长、财政部部长和国库部部长。1996–2007年11月连任三届澳大利亚联邦政府总理。

13　对银行利率的控制是普遍的，这一行为应用在货物市场上也被称为价格控制。只有交易银行能够提供支票账户，且存款是没有利息的。对交易银行来说，存款和贷款都设有最高利率，而且定期存款的期限设定为最短3个月，最长2年。信用透支服务也有包括月付款，利率上限等规定。银行在有最高利率限制的情况下可以接受30天至3个月的大额定期存款，且为3个月期的存款有最小证明的规定（Minimum Term on Certificates）。存款银行对存款和贷款的最高利率以及给予支付利息的存款的最高金额上限也有相关规定。

14　有关内容将在"改革和金融放松（中）"中详细叙述。

在通胀上升时期，有必要迅速提高利率以吸引证券投资者。遗憾的是，在当时情况下，各国政府在流行观点的提醒下，总是无法将利率提升至足够水平。

这方面澳大利亚政府并无例外。很明显的例证是，在 1972 - 1979 年的大部分时间内，政府债券的利率保持在实际负利率的水平。因此，经济在政府管制利率的情况下运行。在经济饱尝高通胀之苦，利率跟不上通胀水平的情况下，政府只能采取刺激货币的方式。这时的必然的结果是：由于公众不愿购买足够数量的政府债券，政府只能向储备银行借款弥补赤字。这种融资方式即"印钞票"或"赤字货币化"[15]。在政府债券拍卖制度改革之前，任何期望解决通胀问题的办法均宣告失败。

1983 年 12 月，霍克政府在其执政的第一年，就迎来了一场最大的改革，那就是取消外汇管制，实现澳元汇率的自由浮动。在这之前，被称为澳大利亚汇率安排（Exchange Rate Arrangement）的改革，已进行了 10 年。

而过去的改革与调整，总保留了部分管制[16]。1983 年 12 月的这次改革，确实是一项大胆的举动。从货币政策角度看，澳元汇率的自由浮动是促使储备银行正式执行货币政策的最后关键一步，也就是通过公开市场操作来控制和引导短期利率。澳大利亚选择了银行间隔夜现金拆借利率，也就是现金率（Cash Rate），相当于美国联邦基金利率。

澳元汇率的自由浮动，不仅仅是货币政策的调整，它代表了澳大利亚在看待它与全球经济关系方面态度的完全改变。从此，澳大利亚将无法对世界经济调整无动于衷。澳元汇率的浮动，事实上也是承认，在逐步一体化的全球浮动汇率下，试图控制一个严格管理的汇率的成本，只会增加。

---

15 严格来讲，这并不包括钞票的印刷以及因基础货币没有根据赤字的增加而相应上升所导致的亏损的货币化。与其将资金不断存进中央银行（这些资金并不会收到利息），银行通常会选择低收益的中期国库券。

16 澳大利亚的汇率调整历史如下：1971 年 12 月以前，澳元采用与英镑的固定汇率；1971 - 1974 年改为与美元的固定汇率；1974 - 1976 年改为与贸易加权的一篮子货币（Trade - weighted Basket）的固定汇率；1976 至 1983 年 12 月，澳元与一篮子货币松散的挂钩（有管理的浮动——译者注）；1983 年 12 月开始实行浮动汇率。

四、改革和放松管制 （中[17]）

澳大利亚的金融放松管制改革始于 20 世纪 70 年代早期。当时，澳大利亚金融体系存在着广泛的管制，是基于以下五方面的考虑：一是为政府当局提供货币方面的经济管理机制；二是创建政府债券市场，为政府融资提供便利；三是控制银行风险，这事实上是审慎监管的一种形式；四是向房地产、农业等当局认为优先发展的经济领域分配信贷；五是维护汇率稳定，防止境内资金外逃。

为达上述目标，所采取的管制手段是广泛的，主要包括六个方面。第一，规定银行发放贷款和吸收存款的利率，并且不经常变化。此举有效防止了银行管理或者扩张它们的资产负债表。第二，规定银行的存款准备金和流动性比率，用以管理因国际收支或者财政政策外生的流动性对银行资产负债表产生的间接影响。第三，指令性规定银行信贷总量，并对信贷投向施以道义劝告。第四，规定了严格的专业化经营要求：贸易性银行向公司放款；存款银行向居民放款，且几乎全部用于住房信贷；融资公司向风险较大的固定资产和消费信贷需求者放款。第五，严格管理所有外汇交易，尤其是资本项下交易必须逐笔审批。澳大利亚居民不允许从事离岸组合投资，政府主张境内的储蓄应该用于境内投资。第六，严格控制汇率。

后来，澳大利亚选择了放松管制，即进行金融自由化改革。当时的理由，主要来自四个方面。首先，管制弱化了银行地位，阻碍了银行业满足客户需求的能力。其次，新的、未受管制的金融中介兴起时，管制开始失效。再次，国际资本流动增加，并开始影响澳元汇率。当局只能通过大额外汇交易来稳定汇率，却难以广泛地管理国内流动性和国内金融状况。最后，由于息差较大、缺乏创新以及许多潜在的信用借款人无法得到融资，金融体系的总体效益低下。

20 世纪 70 年代早期，关于变革的争论已经非常活跃，但当时也有一种担心，认为自由化可能导致金融体系失控。当时，决定变革的部门不仅

---

17 本篇由澳大利亚储备银行副行长 Ric Battellino 的讲稿整理而成。

是储备银行。许多金融管制措施由法律规定，因此任何改革都需要大范围的参与，且又需联邦政府出面推动。

最初的自由化措施是试验性的。主要措施之一是 1973 年解除了部分利率的管制，贸易银行可以自行决定某些批发存款的利率。这被视作给予银行一定竞争自由的温和、谨慎的步骤。这项改革产生了深远影响，并导致了一系列改革的接连发生，直到 13 年后，所有对银行的管制全部被取消，外资银行也获得了市场准入，汇率全面浮动。

澳大利亚金融放松管制改革的主要包括以下步骤。

第一步，解除了对银行利率的管制。此举始于 1973 年，旨在鼓励银行在存款、贷款方面开展更有效的竞争，这确实产生效果，但同时降低了存款准备金和流动性比率管理的有效性。因为银行为与基金业开展更激烈的竞争，通过调整存款利率来应对存款准备金的要求。外资基金的不断流入增加了银行的流动性，为维持相对固定的汇率，储备银行不得不依靠在市场上交易政府债券来控制流动性，但因为当局设定的利率过低，储备银行难以出售规定数量的债券，干预的有效性受到限制。

第二步，为解决上述矛盾，政府债券的利率进一步自由化。当局不再设定利率，债券以招标方式发行，由市场决定利率水平。政府中期债券（Treasury Note）、长期债券（Treasury Bond）分别于 1979 年和 1982 年采用招标方式发行。此项改革使政府通过首次发行、储备银行通过在二级市场交易规定数量的债券获得成功。但这并未给予央行有效的货币管理手段，在达到货币政策目标方面收效甚微。相对固定的汇率仍然是货币管理过程的弱点，储备银行改变货币汇率状况的努力明显被私人资本流入所抵消。

第三步，1983 年 12 月宣布澳元汇率自由浮动。这之前的 10 年当中，财政部与储备银行一直逐步加大汇率的波动范围，但多次的制度安排调整，一直未能使汇率制度具有足够的弹性[18]，以避免国内货币政策不受外

18　1945 – 1973 年布雷顿森林体系期间，澳大利亚维持固定汇率（Fixed Exchange）。1973 年后转为有管理的浮动汇率（Managed Floating），储备银行每天设定汇率水平，这一水平与贸易权重的篮子货币相关联。1983 年末，澳大利亚取消了所有外汇管制，澳元不再与篮子货币相联系，开始独立浮动（Independently Floating），但央行保留干预权。澳元没有官方汇率，储备银行根据其对市场的观察，于每天下午 4 时公布澳元的指导汇率（Indicative Rate）。

资流入的控制。浮动汇率改变了这一切。它允许汇率受供求力量变化的影响，储备银行从外汇市场中得以解脱。这隔离了外资流入对国内流动性的影响，中央银行重新获得了引导金融市场的巨大能力。货币政策的实施从对银行准备金和流动性的管理，转向通过公开市场操作来影响短期市场利率，并通过这一渠道进一步影响所有贷款利率。由于不仅集中于银行，货币政策在金融体系得到更广泛地运用，减少了扭曲、增强了有效性。

最后一步，提高金融领域的竞争力度。主要是允许外资银行进入澳大利亚金融体系，对本国银行的设立要求也同时放宽。

澳大利亚金融放松管制的经验表明，获得公共和社会对改革的支持非常重要。即使在 20 世纪 70 年代早期，储备银行和其他经济决策机构早已偏向支持改革，但直到政府开展了一项大范围、由一群独立专家从事的调查，更多的人士才接受了改革的决定。

各项管制措施是逐步被取消的，因此改革的过程持续了较长时间。虽然采取"大爆炸"式，同时取消许多管制是可能的，但这一过程将非常难以管理。澳大利亚的经验表明，同时取消多项管制并不可行，主要是出于对后果的不确定性的担忧。虽然公共需求已经勾画了改革的若干方面，但这些改革的次序需切合实际，以应对潜在问题和先前改革的影响。改革的影响并非完全可预见。我们的体会是，每解除一项管制，往往会对其他管制措施产生影响。这也意味着，一旦改革开始，会以其自身的规律来发展。

一些改革作用的发挥，将比预期的时间更长。例如，预期自由化的影响之一，是增强银行业的竞争和效率。但改革后大约 10 年时间，澳大利亚零售信贷市场的息差仍较大。部分是因为新的银行缺乏那些大银行所拥有的广泛分支机构，难以进入零售市场。分支网络不仅获取成本较低的储蓄来源，而且可为贷款产品提供销售渠道。这些竞争障碍直到如证券化市场、抵押贷款中介和电子银行等金融创新的出现，才得以消除。

解除对银行的管制几乎一定会导致信贷的增长速度。这影响供求两个方面。受管制的金融体系通常进行信贷配给，无法满足社会的信贷需求。管制解除后这些需求将得到满足，但同时，中介机构为提高或维持其市场份额，愿意提供更多的信贷。

取消对银行管制后，建立一个完善的审慎监管体系是非常重要的。在受管制的金融体系下，利率、汇率相对稳定，信贷额度限制了借款人获取风险贷款的能力，银行几乎没有动力或需求去加强风险管理。一旦管制解除，竞争将导致冒险程度的提高。国内银行因为其风险管理水平较外资银行弱，易受冲击。监管当局须做好准备，密切监测银行体系的发展及系统性风险。

放松管制，自由化的好处是广泛而又强大的。第一，金融体系的运转效率得到提高。金融领域不但更加高效，而且可以更好地满足经济的金融需求。新的金融工具和市场得到发展，金融业务的分工更细、更具弹性。第二，货币政策的能力得到提高。尽管面临一些明显的转型困难，贯彻货币政策不再使用直接控制，而转向一个以市场交易为基础的系统，赋予当局更宽的视野来管理经济，反之也为经济稳定开辟了道路。

五、改革和放松管制（下）

谈到澳大利亚宏观经济改革政策，人们对澳元汇率浮动和政府债券拍卖这两项措施好评如潮。但对那些不可避免地导致利益冲突的其他改革的争议，却一直存在着。

接下来，对经济领域的其他疑问出现了。因为之前的改革措施引起了大家对澳大利亚经济结构及其产业支柱的广泛关注，并开始质疑那些过去凭想象和推测而设立的国有机构与企业的合法性。人们追问，澳大利亚是否真正从一些制度设置中收益。这些制度包括：持续的集中式固定工资、高关税壁垒、严厉管制以及政府拥有的运输和公众设施等。那时，在宏观经济改革日程表上经常提及的另外五个主要方面包括：

（1）关税和贸易配额保护的削减；

（2）金融管制的放松；

（3）竞争政策；

（4）私有化；

（5）产业关系改革。

这些变化的诉求，旨在使市场竞争更加充分，并对公司和劳动者产生压力，促使他们提高生产率以达到世界先进水平。同时，这些改革也要求企业通过提高经营表现来直面市场，而不是向政府索取某种保护。很明显，关税和配额设置旨在保护本地产品免受海外竞争。而竞争政策和私有化的目的，是为了消除各种保护国有企业免受私人公司竞争的优势。直到20世纪90年代，澳大利亚才将集中式的固定工资制度改为企业协商制度。需要注意的是，可能正是因为这些微观经济领域的改革，对宏观经济产生了深远影响。因此，私人公司管理层将不得不与其雇员就工资和条件协商，而不是接受一项同时适用于本公司和竞争对手的各类从业人员、集中固定的工资决定。

1985年起，税收政策也有了重大改革，并于2000年最终引入了商品及服务税（Goods and Services Tax，GST[19]）。1986年推出职业超级养老年金（Occupational Superannuation）之后，1992年修改为超级年金保证提留（Superannuation Guarantee Levy）。这些政策的变化，革命性地改变了退休收入和养老金政策，并刺激了基金管理行业的发展。

改革的反对者有时声称，改革之所以完成是因为决策者痴迷自由市场观点，信奉自由主义理念（Laissez Faire）。这对于某些改革可能是事实，但对于大多数而言，至少在宏观经济领域，改革的过程非常乏味。政治家和经济官员已意识到在制定政府债券利率、银行贷款利率或汇率等主要金融价格方面，改革的作用甚微。人为制定正确的价格非常困难，错误难避，后果也是痛苦的，就如试图保卫一个高估的固定汇率政策一样困难。

除了无法通过经济效率的考验外，政治家们发现，试图用行政命令制定重要价格，在政治上也不受欢迎。例如，1982年之前，澳大利亚内阁在确定政府债券利率时，发现无法迅速充分地通过提高债券利率来为赤字融资。而每当政府债券利率缓慢提高时，即遭受广泛批评。在政治圈内，这样的观点逐步普及，即一些事情最好留给市场去做，如果市场不可能，则

---

19 1985年的税务改革包括新增对附加福利及资本收益的征税，并降低最高边际税率。此后的另一个重要改革是1987年股息估算制度的引入。在经过许多讨论与修改之后，商品及服务税（Goods and Services Tax，GST）最终也于2000年7月被引入。

218

最好让一个独立的机构而不是政府亲自去做决定。

许多旨在促进经济发展和竞争的重要改革，集中发生在一个相对较短时期内，使许多人受到冲击。例如，臃肿的政府机构及人员的大量剪裁，银行职员的减少，部分人失业或提前退休，对非技术劳动力需求持续下降等。今天看来，这些都不可避免，让一部分人感到不安的同时，也有积极作用。尽管澳大利亚 20 世纪 80 年代晚期的就业率总体强劲上升，但改革也遭遇过激烈反对。当时的不同意见者发明了"经济理性主义"（Economic Rationalism）的贬义词，来批评改革政策。直到目前，我认为"经济理性主义"基本上不过是主流经济学的观点，而这一批评最初所针对的目标，是先后由霍克和基廷领导的工党政府，而不是针对保守党政府。

自 1983 年开始，澳大利亚经济扩张非常强劲，7 年内的 GDP 平均增速高达 4.6%，同期年度就业率平均增长 3.4%，与 20 世纪 70 年代扩张时期平均 1.3% 的弱势增幅相比，这一经济增长的绝对值显得异常强劲，它还成功地将失业率由 10.2% 降至 5.6%。然而那一时期的通胀率结果却令人失望，1983 - 1989 年平均为 7.4%，与过去 10 年平均 11.6% 相比还算不错，但距我们现在认为的合理水平仍高出好多。同期，美国的通胀平均水平为 3.6%，德国为 1.7%，日本为 1.5%。直到 20 世纪 90 年代，澳大利亚的通胀率才回到低位。有关的具体情况，将在下一部分中详叙。

这一时期，宏观经济政策在适应并支持增长的同时，并非明显的过度扩张。财政政策方面，政府得以逐步减少预算赤字，1988 - 1991 年实现了 13 年以来首次盈余。货币政策方面，情况较为复杂。货币供应的各种措施因放松管制而紊乱，货币目标制在 1985 年早期中断，并在以后的 10 年当中没有令人满意的替代措施。

对当时货币政策立场的最好评估方法，是衡量名义和实际基准利率，即现金率水平。1983 - 1990 年，平均名义现金率为 14.2%，实际（即剔除通胀后）利率为 6.2%。即使以 20 世纪 80 年代全球主要标准来衡量，这些指标仍然较高。因此，我们可以得出结论，当时的货币政策是适度从紧（Reasonably Tight）。但遗憾的是，正如下面的讨论所显示，事实并非那么简单。表面看，经济似乎发展良好，失业率下降，通胀率较高但却稳定，财政策政和货币政策处于健康水平。但这一还算完美的状态持续下去会产生什么风险呢?

当时,大部分观察家担忧的风险,是国际收支平衡表中经常项目的巨额赤字,以及与之相关的外债累积。多数政治家、商人、经济学家、记者和公众,将之视为公共经济的头号敌人。因此,每月发布的国际收支平衡表数据均为各大报纸的头版头条新闻,并经常导致澳元汇率的大幅波动。1985年和1986年上半年的经常项目赤字扩大,澳元汇率按贸易权重下降39%,这反映出贸易条件的下降。受此威胁,通胀率可能重返两位数。

1986年5月,财政部部长保罗·基廷(Paul Keating)使用了"香蕉共和国"(Banana Republic)[20]一词,来形容对经济的担心。这导致澳元汇率新一轮暴跌。多数观点认为,除非经常项目赤字能大幅减少,外债水平保持稳定,否则澳大利亚经济的前景暗淡。

结果,持该观点的氛围如此浓厚,客观上帮助政府采取了一系列强硬措施。例如,消费税措施与许多早期出台的旨在促进竞争的政策调整,使政府重返财政盈余。当时,利率水平被提高以放慢经济增长,抵消澳元汇率下跌所带来的通胀风险。那时甚至有人深信不疑地认为,高利率还有利于减少经常项目赤字。1985年12月,短期利率超过19%,达到10年中的峰值。尽管存在悲观情绪,1987和1988年汇率复苏,经济持续增长。

回顾那段经历,有关国际收支的悲观情绪很明显是杞人忧天,而且分散了对人们对经济发展中累积起来的、更危险的其他失衡因素的注意力。这里指资产价格暴涨,公司疯狂收购,银行对公司贷款急增,以及20世纪80年代后半期发生的地产价格过快上涨等现象。

很明显,众多因素的有效组合刺激了以债务融资的资产价格的上涨。对于一些公司来说,其承受的风险近乎不计后果。促使资产价格过快上涨的众多因素,则包括快速减少的金融管制、持续的高通胀预期、公司利润的快速上升、总体有利的国际环境等。

---

20 "香蕉共和国"常用来形容一些经济体系单一,经济收入主要依靠香蕉、可可、咖啡等的中美洲和加勒比海小国。这些国家的制度不够民主,政府也缺乏稳定性,贪污腐败严重,外国势力对政治的介入时有发生。

放松金融管制的过程是一长串的步骤，其中另外一个影响整个经济金融体系的改革措施是 1985 年 15 家外资银行的市场准入。这些外资银行迫切地渴望在澳大利亚立足，这意味着当时澳大利亚金融放松政策可能使它们最容易实现目标，即向公司发放贷款。外资银行发现，要挤进居民贷款市场比较困难，因为本土银行早已设法增加贷款，以维持并占有更多的市场份额，尽管这些本土银行在解除管制后的新环境下缺乏信贷评估经验。一位本土大银行的主管曾表示，他在银行工作了 30 年，但前 29 年的信贷工作经验很乏味，只有最近 1 年才感受到了竞争的刺激。当贷款竞争白热化时，许多无法获得贷款的公司也得到了贷款，而且金额巨大。

金融历史学家兼记者 Trevor Sykes 在总结这段时期时这样描述："在澳大利亚历史上，从未有过如此多根本不能胜任贷款业务的银行工作人员，将如此多的资金，借给了如此多不懂管理和不具备还款能力的人的手上。"

客户就这么多，而银行放款的热情却非常高。见证了价格连续 10 多年快速上涨之后，人们得出的结论是：增加财富的最佳方法是获取资产，因为资产价格将持续上涨。如此操作的最好办法是债务使用的最大化，因为债务使用而产生的利息足够抵税。这些使用金融杠杆的投机者受到媒体的追捧，许多人甚至变得家喻户晓[21]。另外一些不想这样做的公司，经常被迫提高对金融资产的价格，以避免被使用杠杆的资产投资者所收购。在经济强劲增长、GDP 收益率上升的有利条件下，20 世纪 80 年代后半期的多数时间里，最冒险的投资者是最大的成功者。

结果，在 1989 年前的 5 年内，流入公司的贷款年均增长 25%，杠杆比例提高一倍。同期，尽管 1987 年 10 月出现大幅下跌，股票价格年均增幅为 18%。但商用不动产价格增速更快，建筑业繁荣使城市上空填满了起重机。早期担心国际收支平衡的悲观情绪，完全被经济繁荣和公司的乐观前景所取代。这 10 年的后期，在重新引进了居民不动产减记课税收入政策

21　关于这一时期的详细记述，请参见悉尼艾伦和艾文出版社（Allen & Unwin）1996 年出版的 Trevor Sykes 的《勇敢的骑手——澳大利亚公司的崩溃》。在这些公司倒闭了的企业家中，共有包括 Alan Bond 等 12 人，这些人后来有的进了监狱，另一些流亡他国。媒体对此的详细报道请参考 Brian Toomey 1994 年发表的文章《翻滚的骰子》。

（Negative Gearing）[22] 之后，住房价格又出现了新一轮的上涨。

贷款增长越多，资产价格越上涨，更高的资产价格又作为抵押品申请了更多贷款。一些公司因过度融资开始变得极为危险，银行的贷款记录也显示，大部分贷款流向了过度融资的公司，而这些公司的资产往往已被高估，整个澳大利亚经济变得对任何紧缩政策的冲击异常脆弱。这种情形不限于澳大利亚，许多其他国家也度过了类似的经历。极端的例子是斯堪的纳维亚国家，但所有盎格鲁—撒克逊国家多少也都出现了这些症状。

货币政策作何调整才能阻止此类情况的发生？许多批评人士认为，澳大利亚政府和澳大利亚储备银行应在初期就采取更为强硬的货币政策制度，并建议出台更严格的安排，包括引进货币局制度（Currency Boards）和商品本位制度（Commodity Standards）。1993 年大选期间，反对党联盟一直以"反击政策"（Fight Back）[23] 作为其竞选口号，要求采取更强硬的货币政策。但事实是，那时的名义利率和实际利率早已居高，并在 10 年内的大部分时间持续，任何阻止 20 世纪 80 年代后期信贷和资产价格急升的货币政策将是更高的利率政策。而经济中的常规部门，那些依赖生产商品和服务过程中的现金流，以及与世界其他地方竞争的部门，如何应对更高的利率呢？正如其发展所示，高利率导致了 1989 年初澳元汇率高达 0.90 美元的情况。

关于 20 世纪 80 年代如何更好地实施货币政策的争论，可能永远没有

22　减记课税收入政策，指房地产投资者可以用其持有物业所带来的损失，来减扣他们的其他课税收入的一种税务豁免安排。例如，一个投资者用每年需要归还银行 2.5 万元的银行贷款购买了投资房，用来出租而收取租金。如果他收到的年租金只有 1.5 万元，那么这个投资者可以用另外 1 万元的亏空，来减记他的其他课税收入，从而得到一定的个人所得税的纳税豁免。

23　如今，对货币政策系统的批评部分发生在政治舞台以及报纸的专栏中，但剩下的大多数出现于经济及政治期刊中。其中一些针对货币政策系统的研讨会议，以"我们需要储备银行吗？"或"货币政策是否可以贯彻？"为名。1989 年末，John Hewson 曾在 1990 - 1994 年任反对党领袖期间，率先提出储备银行与政府关系过于亲密的批评，他呼吁建立新的、更具有独立性的、更重视中型反通胀的政策。1991 年中期，John Hewson 提议建立法律法规，以确保储备银行的独立性，并以控制通胀为目的，将通胀率控制在 2% 左右。该评论在 1991 年末成为"反击政策"的一部分，同时也是 1993 年反对党的选举口号。

结果[24]。但是，我们至少可以断定，当时的货币政策确有过一次失误，但那并不是因为澳大利亚政府和央行不愿采取强硬措施，而是因为我们都未能完全预测到金融管制突然减少所带来的后果。这并不是说解除金融体系的管制有什么大错，或者我们应回到过去的管制年代，问题恰恰出在我们未能充分理解，管制与放松管制之间的过渡变化到底有多大，因为这在我们之前的工作生涯中，从未遇到过。我们现在知道了危险，但可能没有第二次机会来运用这些知识。但是，如果我们的继任者在未来面对同样的情形时，他们能否铭记教训呢？

六、20 世纪 90 年代的衰退及其影响（上）

20 世纪 90 年代初，澳大利亚进入衰退，其原因众说纷纭，但影响仍在。简而言之，20 世纪 80 年代的大量的融资扩张到一定程度，必然导致90 年代的衰退。这里有必要讨论衰退及其对澳大利亚政治、经济的重要性，因为这些问题既有争议，又继续产生影响。

20 世纪 80 年代末期，澳大利亚经济过度扩张表现在几个方面。1989年下半年 GDP 增长 5.6%；内需增长 8%；增长 29% 的进口成为消费的最主要部分；商用建筑业增长 22%；同期通胀率为 7.4%；更重要的是，公司过度使用杠杆融资，即使在利率处于高位时，公司贷款年增 17%；包括商业、工业、零售业和居民等所有类型的不动产价格均升至异常高位。所以整个国家对于经济本身或商业消费信心方面的任何紧缩措施，都变得非常敏感和脆弱。

这种冲击正好就以 20 世纪 90 年代初国际性衰退的形式表现出来。正如 1974 年和 1982 年的两次国际性经济衰退一样，澳大利亚也无法独善其

24　20 世纪 80 年代晚期，澳大利亚储备银行货币政策的失误，通常被认为在 1987 年 10 月股市狂跌之后就已经被基本平息了。事实上，此次风波的平息，绝大部分在这之前就已经结束了。基准利率——现金率在股市崩盘前一周已由 1987 年 1 月的 16.5% 下降到 11%，且在股市崩盘之后仅下跌了 0.75%。当时，储备银行积极地与市场参与者对话，发表公共声明，并在股市崩盘之后马上采取措施保持汇率稳定，但对政策方面却没有大幅的调整。参见 Macfarlane, I. J., The Lessons for Monetary Policy, *The Deregulation of Financial Intermediaries*, Proceedings of a Conference, Reserve Bank of Australia, Sydney, 1991.

身。90 年代早期的国际性衰退可分为两拨，美国、英国、加拿大、澳大利亚、新西兰、芬兰和瑞典于 1990 年进入衰退，然后欧洲大陆国家于两年后进入衰退。而欧洲国家稍后陷入衰退的原因，与东德与西德突发性统一以及由此产生的强有力的扩张性因素有关。

澳大利亚经济 20 世纪 80 年代出现过热，是陷入国际性衰退的根本原因。一些人可能对此表示诧异，但必须指出，既然大多数深入分析这一时期的经济学家和外部观察家得出了相同结论。遗憾的是，这仍然是一个有争议的话题，主要原因是许多人将之与时任财政部部长基廷"这是一场我们回避不了的衰退"的说法联系起来。在谈到基廷的有关说法时，许多专家认为："这可能是基廷整个职业生涯中最愚蠢的言论，这几乎葬送了他后来担任总理的前程"，"但他的出发点是正确的，繁荣导致了衰退。的确，当（市场）作出纠偏决定时，衰退不可避免并且必要，政策根本无法使经济'软着陆'。"我认为专家们并不是有意为政府或储备银行就那个时期所发生的一切推卸责任，而只是想告诉公众，90 年代的经济衰退是 10 年前的政策失误所致，而并非 90 年代早期的政策有什么不妥。正如之前所谈，本部分的主要内容是检讨这场衰退及其对澳大利亚政治、经济发展所产生的后续影响及意义。

就全球经济来看，如附表 5 所示，在具备相当规模和发展水平的 18 个 OECD 国家当中[25]，17 个国家在 20 世纪 90 年代经历了衰退，这与 20 世纪 70 年代和 80 年代早期的两次全球性衰退情形类似。

附表 5　20 世纪 90 年代初部分 OECD 国家经济衰退情况

	峰值	谷值	持续时间（季度数）	变化幅度（%）
芬兰	1989 - 12	1993 - 06	14	- 13.5
瑞典	1990 - 12	1992 - 12	8	- 5.5
加拿大	1990 - 03	1991 - 03	4	- 3.4
新西兰	1990 - 12	1991 - 06	2	- 3.2
比利时	1992 - 03	1993 - 03	4	- 2.9

25　尽管冰岛和挪威 1990 年末的经济增长均放缓了大约 1%，但该两国并未经历 20 世纪 90 年代初的经济衰退。

	峰值	谷值	持续时间（季度数）	变化幅度（%）
西班牙	1992 – 03	1993 – 06	5	– 2.8
英国	1990 – 06	1992 – 06	8	– 2.4
意大利	1992 – 03	1993 – 09	6	– 2.2
瑞士	1990 – 06	1993 – 03	11	– 2.1
德国	1992 – 03	1993 – 03	4	– 1.9
澳大利亚	1990 – 06	1991 – 09	5	– 1.7
日本	1993 – 03	1993 – 12	3	– 1.6
丹麦	1992 – 09	1993 – 09	4	– 1.5
美国	1990 – 06	1991 – 03	3	– 1.3
法国	1992 – 09	1993 – 06	3	– 1.1
奥地利	1992 – 09	1993 – 03	2	– 0.6
荷兰	1992 – 03	1992 – 09	2	– 0.5
均值			5.2	– 2.8

注：爱尔兰和挪威在 20 世纪 90 年代早期未经历衰退。

资料来源：各国资料。

如附表 5 所示，在 17 个经历衰退的国家中，10 个国家的 GDP 跌幅超过澳大利亚。芬兰和瑞典（两国当时也是刚刚减少了金融管制）陷入衰退最深，其后是加拿大、新西兰、比利时、西班牙、瑞士、英国、意大利和德国。由此看来，澳大利亚居于中游，1.7% 的 GDP 跌幅接近 OECD 1.8% 的加权平均值。而日本、丹麦、美国、法国、荷兰和奥地利的衰退程度较澳大利亚温和。

为什么这些国家，尤其是盎格鲁－撒克逊和斯堪的纳维亚国家都在 20 世纪 90 年代初出现衰退？主要原因有两个方面。

第一，任何建立在债务融资增加、资产价格上涨基础上的繁荣都将终结。资产价格上涨超过其内在价值越多，市场自发的价值重估的可能性就越大。就这点来说，当价格下跌、所有人希望卖出时，就会出现"争相退场"（Rush for the Exits）的情形。当银行希望收回贷款或拒绝为贷款展期，以应对抵押资产价值下跌时，情况通常会变得更加糟糕。澳大利亚发生的情况，就是资产价格暴涨和泡沫破灭而导致衰退的典型例子。我们可能永远无法提前知道导致（价格）重估的具体事件，但如果能意识到全球经济有可能进入放缓的过程当中，也许会有助于解释为什么那么多国家几乎同时陷入低迷。

第二，高利率对商业活动产生了巨大压力。高利率的目的是通过不鼓励继续贷款，尤其是限制业务来减缓经济发展，通过这个途径，货币政策也可以导致资产价格暴涨的终结。高债务率加之高利率也限制了现金流，制约了公司投资和增加雇员的能力受制。同时，居民因抵押利率提高受到影响，减少了他们用于消费的可支配收入。

我认为任何人不会对此有异议，那就是 1988 年和 1989 年的货币政策被迫来应对经济过热和资产价格的暴涨。其间，1989 年下半年澳大利亚的基准利率，即现金率高达 18%，抵押贷款利率高达 17%，许多公司贷款的利率更是超过 20%。问题在于，当时的货币政策是否过紧？货币政策是否导致了 20 世纪 90 年代的衰退？当然，也有另外一个似是而非的观点，即如果货币政策的紧缩的程度略轻，资产价格泡沫将会变得更大并持续得更久，反过来将演变为更大的破裂和经济震荡。

以上两个不同的观点，都在试图解释 20 世纪 90 年代经济衰退的原因。虽然我们永不确信哪个观点更接近事实，但有必要作进一步的讨论。

以现在的观点看，1989 下半年高达 18% 的现金率，被人们视为衰退的一个原因并不奇怪。但正如我们在这之前所经历过的，这样的高利率水平，也不曾阻止 20 世纪 80 年代早期信贷的快速增长。因此，今天很难理解当高通胀与银行体系竞相发放贷款现象并存时，所出现的奇怪现象。

事实上，1985 年出 18% 的高利率不是空前的，在这之前的 1982 年 4 月的利率更高，1974 年 5 月的利率基本也是如此。因此，如果以短期利率水平来判断澳大利亚货币政策的紧缩程度的话，1989 年是澳大利亚利率水平 1971 - 2006 年的第四次峰值[26]。

---

26 在澳大利亚，用来表示利率与金融条件之间关系的指数中，最为广泛使用的指数是 90 天期限的商业银行票据掉期交易收益率（Bank Bill Swap Rates）。澳大利亚的这一指数于 1974 年 5 月达到 21.8%，1982 年 4 月为 21.4%，1985 年 12 月为 19.6%，1989 年 6 月为 18.4%。与此相对应，以上四个时期的实际利率（CPI 减去名义利率、医疗和税收政策变化因素）分别为 6.2%、11.7%、10.5% 和 11.0%。

但不同之处是，1989 年的抵押贷款利率管制已经解除，所以紧缩货币政策的效应第一次部分地传递到居民家庭。货币政策效应只是部分地传导到居民家庭，是因为当时按照"祖父条款"[27]对于 1986 年以前获得抵押贷款者超过 13% 的利息给予了豁免，因此该部分借款人并未受到利率管制解除后，市场利率上升而带来的还款利息增加的影响。

强调利率变化和金融放松管制政策的改革，至少可以提醒大家，我们正面对的是涉及根本利益和至关重要的金融事务。正如 20 世纪 80 年代受信贷增长和资产价格上扬所主导的经济扩张，1990 - 1991 年的经济衰退，主要是受财务困境（Financial Failure）所支配。在大多数情况下，资产价格下跌意味着银行贷款无法偿还，因此公司的财务困难被传递给了金融机构。这是战后经济衰退出现的一个新特点。

观察资产价格跌幅的典型指标，是办公楼价格的变化情况。因为大多数办公楼宇是通过巨额的银行信贷购买或开发的。如附图 1 所示，1989 年高峰和 1993 年低潮期间，办公物业的平均价格下降了 50%。当初价格暴涨并产生泡沫的明显证明是，直至 2006 年，这些办公楼的价格仍然比 1989 高峰时的价格低 15% 左右。

经济衰退期间，在摆脱各种破产的业务和不动产项目的过程中，澳大利亚的许多金融机构也破产了。这些破产的金融机构包括：维多利亚州立银行（State Bank of Victoria）；南澳州立银行（State Bank of South Australia）；最大的信贷联盟——西澳教师信贷联盟（The Teachers Credit Union of Western Australia）；第二大住房信贷协会——金字塔住房协会（The Pyramid Building Society）；3 家投资银行，包括 Tricontinental，Rothwells 和 Spedleys；一家抵押房贷信托公司（Estate Mortgage）；一家互助协会（The Order of the Sons of Temperance）。困境下，不少过去以高杠杆融资方式买入的知名公司，也被迫出售。与此同时，四家最大的私人银行（Private Bank）当中，有两家发生了损失并被迫增资重组。一场受财务危机影响的

---

27 "祖父条款"是用来避免已经介入某项活动或交易的个人或公司，因为相关规则的变化而受到影响的条例。此处"祖父条款"旨在保护那些在金融管制放松改革前获得住房抵押贷款人，避免因后来的市场利率上升而需增加贷款利息支出。

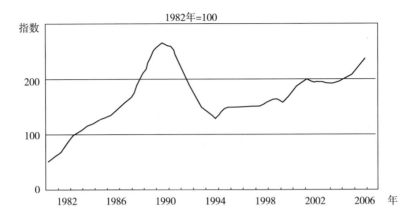

资料来源：Jones Lang LaSalle。

附图1　1981－2006年澳大利亚高档办公楼市值变化

系统性的经济衰退，就这样在19世纪90年代不可思议地发生了。当然，损失不限于金融领域，公司和家庭削减开支、失业率上升等，都是衰退的一般特征。

衰退从1990年9月持续到1991年第三季度。其间，澳大利亚GDP下降1.7%，就业率下降3.4%，失业率上升至10.8%。正如过去所有的衰退一样，此期间经济困难、各项事业的发展陷入停滞状态。就地区而言，维多利亚州尤为严重，该州大部分公司陷入财务危机，与其他各州2.1%的水平相比，维多利亚州的就业率下降了8.5%。

七、20世纪90年代的衰退及其影响（下）

经常有人评论认为，20世纪90年代初的经济衰退是澳大利亚第二次世界大战后历史上最大的一次衰退。不知道这一言论的基础是什么，但如果以GDP下跌这一通常的尺度来衡量，此次衰退较1982年那次GDP 3.8%跌幅的衰退略轻。如附表6所示，从多数变量判断，这场衰退的深度并不如1982年那次严重，在某些方面与1961－1974年类似。但1990年初开始的这场衰退的记忆是深刻的，经常引起政界和经济界的辩论，这也是唯一被众多书目广为探讨的当代经济事件。

当然，经常被问及的是谁应该对1989年的高利率以及1990年1月前的多次减息负责。是时任财政部部长保罗·基廷，储备银行，还是财政部？涉及这一时期的不同著作对此有许多猜测，其中的观点略有偏差。但当时这三方的立场是一致的，没有任何一方认为有必要加息至 1989 年的峰值，没有任何一方要求 1990 年之前就开始减息，也没有任何一方表示应该脱离当时的货币政策。事实上，只是各方支持政策的理由各不相同而已。例如，以（首都）堪培拉为主的政党智囊们大都主张，首先应考虑保持国际收支平衡。

附表6 20 世纪 60～90 年代澳大利亚衰退时期主要指标比较

	衰退	GDP	非农GDP	私人部门最终需求	同时期商业周期指标	生产总值增加额	ACCI-Westpac工业趋势调查	就业	私人雇佣	失业率	非农工作时间总数
20世纪60年代	峰值	1960：Q3	1960：Q3	1960：Q3	—		—	1960：Q4		1960：Q3	—
	谷值	1961：Q3	1961：Q3	1961：Q3	—		—	1961：Q3		1961：Q3	—
	峰值到谷值的变化（%）	-2.4	-3.1	-4.4	—		—	-1.6		2.6	
20世纪70年代	峰值	1975：Q2	1975：Q2	1974：Q1	1974：Q1		1973：Q3	1974：Q2	1974：Q1	1973：Q3	1974：Q1
	谷值	1975：Q4	1975：Q4	1975：Q4	1975：Q1		1975：Q1	1975：Q1	1975：Q2	1978：Q1	1977：Q1
	峰值到谷值的变化（%）	-2	-0.5	-4.1	-1.8		-41	-1.3	-4.0	4.6	-5.8
20世纪80年代	峰值	1981：Q3	1982：Q2	1982：Q2	1982：Q1	1981：Q4	1981：Q2	1982：Q1	1982：Q1	1981：Q2	1982：Q1
	谷值	1983：Q2	1983：Q1	1983：Q2	1983：Q1	1983：Q1	1983：Q1	1983：Q2	1983：Q1	1983：Q3	1983：Q2
	峰值到谷值的变化（%）	-3.8	-3.1	-5.2	-2.6	-12.7	-56	-3.0	-4.6	4.8	-6.2

续表

衰退		GDP	非农GDP	私人部门最终需求	同时期商业周期指标	生产总值增加额	ACCI-Westpac工业趋势调查	就业	私人雇佣	失业率	非农工作时间总数
20世纪90年代	峰值	1990：Q2	1990：Q2	1989：Q3	1990：Q1	1989：Q2	1988：Q4	1990：Q2	1990：Q2	1989：Q4	1990：Q2
	谷值	1991：Q3	1991：Q2	1991：Q2	1991：Q1	1992：Q1	1991：Q1	1992：Q4	1991：Q3	1992：Q4	1991：Q3
	峰值到谷值的变化（%）	-1.7	-2.1	-4.5	-1.1	-8.3	-43	-3.4	-4.4	5.1	-5.7

注：1960：Q3 表示 1960 年第三季度，下同。

正如当时的财政部部长保罗·基廷（Paul Keating）1990 年反击储备银行副行长菲利普（Phillip）的评论时明确表示："很清楚，紧缩的货币政策将减少消费和进口，高利率将支撑汇率，这有益于经常账户，虽然对通胀有好处，但并非出口商及与进口产品竞争的制造商所愿，这证明货币政策并不是解决国际收支失衡问题的有力武器。"

1990 年经济衰退的一个巨大遗产，是通胀率显著下降。20 世纪 70 年代和 80 年代的经济衰退过后，通胀率已有所下降，但并未下降至低通胀水平。这一次（20 世纪 90 年代），通胀率跌至 2% 左右，意味着经过 20 年的改革与努力，澳大利亚首次拥有了与全球最佳范例一致的通胀水平，变成一个低通胀国家。

为什么低通胀目标在 20 世纪 90 年代初实现，而并未在前两次衰退后达到？直接答案是通胀预期最终破灭了。70 年代以来，墨尔本经济和社会研究院（Melbourne Institute of Economic and Social Research）一直在进行一项关于通胀预期情况的调查，该调查旨在了解人们对下一年通胀情况的看法。如附图 2 所示，70 年代的通胀预期保持上升态势，而整个 80 年代则停留在 10% 左右，当该指标系列运动至 1991 年时，出现了一次显著的暴跌，将通胀预期压至 5% 以下。从金融市场获取那一时期的其他通胀预期指标，也于 1991 年呈现了暴跌状况。

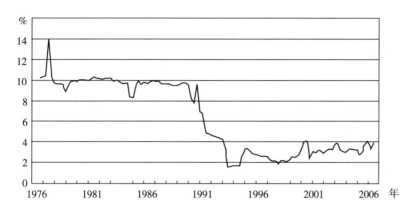

注：由于计算方法不同，数据在 1993 年 6 月不连续。

资料来源：墨尔本应用经济与社会研究所。

附图2 1976－2006 年澳大利亚通胀预期（年率）

为什么通胀预期最终下跌呢？有两个原因，第一是包括住房价格在内的资产价格下跌提醒人们，价格能涨也能跌。第二是对 90 年代初的政策反应不同。过去的衰退之后，所有政策和舆论均表示会尽快重启经济，并承诺会采取一切措施缓和衰退造成的冲击。然而在 90 年代初发生的衰退中，当财政预算出现赤字，利率降低时，所有的措施均以谨小慎微的方式出现。到 1991 年，政府和储备银行的所有舆论都表示，这是一次将澳大利亚引导向低通胀国家的千载难逢的大好机会。更突出的是，在 1991 年的衰退中期，澳大利亚政府准备宣布进一步降低关税。该政策有助于降低通胀，但无助于经济复苏。与之相类似，利率可降低到澳元不会崩盘的程度，即只要不危及降低通胀的成果，就可以减息。

澳大利亚这样的经验，在其他国家也发生过。那些在 20 世纪 80 年代衰退之后未能实现低通胀目标的国家，在 90 年代初也如此操作。这些国家还包括英国、加拿大、新西兰、瑞典和芬兰等。与澳大利亚一样，它们都在经历了经济衰退之后，迎来了较长的低通胀时期。这些以通胀率作为货币政策目标的国家的有关情况，将在下一部分中讨论。

如前所述，大部分发达国家过去 30 多年来的探索与经验，证明了一个不幸但又不可避免的事实，即没有任何一个患有高通胀顽疾的国家和经济体，不是通过经济衰退的时机来大幅降低通胀率的。换句话说，过去曾患有高通胀顽疾的大部分国家，都是利用经济衰退的机会，来实现低通胀目标的[28]。当然，每个人都希望可以找到一个更温和的方法，在避免经济衰退和不增加失业成本的情况下，大幅降低通胀率。但比较遗憾，至今无人成功。所有那些旨在通过价格和收入政策的调整、工资税协定等其他的方法，都没有逃脱被放弃的命运[29]。

衰退之所以发生，是基于对 20 世纪 80 年代后期经济过度扩张的释放，也是 90 年代初全球经济收缩和高利率所导致的必然结果。而一旦衰退发生，人们有理由意识到，这可能是一个从不幸事件中获取某些宝藏的机会。当然并非每个人都会这样想，当时就有许多经济学家认为，衰退结束后通胀将会立即反弹至以前的高水平。尽管他们的错误判断无关紧要，但低通胀对澳大利亚经济及其未来的健康发展，却至关重要。

有必要了解一下公众是如何回顾 1990 年初发生的经济萧条事件的。在美国，20 世纪 80 年代初沃尔克的反通胀措施至少被经济学界认为是经济决策的一个成功范例，尽管有短期损失，但产生了长期的收益。但是在澳大利亚，90 年代初类似的反通胀的做法却被视作货币政策的一个错误。有普遍观点认为，澳大利亚的反通胀政策因其与政治上的密切关系，而被认为是拉选票的有力措施。为什么同样的经济政策，在两个不同的国家得到不同的评价？其中一个有力的解释是，美国的货币政策制定者不是政客，而是一位公共官员保罗·沃尔克，持续的批评他的行动并不能给任何一个政党带来长久的选举优势，尤其是沃尔克控制通胀的时期跨越了卡特的民主党和里根的共和党政府。在澳大利亚，反通胀的货币政策的主导者被认

28　在 1993 年的一份报告中，列举了 38 个在 20 世纪 70 ~ 80 年代期间显著降低通胀率的国家，其中只有日本成功地避免了经济衰退，虽然日本当时的通胀没有很深的壁垒。参见 I. J Macfarlane《关于货币政策及商业周期的两个建议》，发表于 1993 年 4 月澳大利亚储备银行期刊。如果考虑到 20 世纪 90 年代，那么可以作为参考的国家将上升至 56 个，其中只有 90 年代早期的挪威可算作此规律的例外。但挪威作为一个净石油和天然气出口国，其经济与其他经合组织成员国的经济周期模式有所不同。

29　价格和收入政策拥护者的希望，已经受到了打击。但那些认为通过可靠的货币政策所导致的反通胀是没有副作用的"理性预期"经济学派，仍在为其学说寻找可靠的证据。

为是当时的财政部部长、后来的首相——保罗·基廷（Paul Keating），而且整个事件完全发生在工党政府执政期间，这当然就给后来上台的霍华德联盟（Howard Coalition）政府一个机会，通过将人们的注意力吸引到对高利率以及紧接着的经济衰退的批评与攻击，反复地指责它的前任政府。

现在回忆起来，这一时期的经济政策本身是否对政治民主制度有破坏性呢？惠特拉姆（Whitlam）政府在 1974 年经济衰退后的第一次大选中败北，弗雷泽（Fraser）政府也在 1982 年和 1983 年经济衰退中被选出局，但与之相反的是，鲍勃霍克（Bob Hawke）却在 1990 年利率高峰（现金率高达 16%）之后击败安德鲁·皮科克（Andrew Peacock）担任总理，保罗·基廷于经济衰退结束两年之后的 1993 年击败约翰·休森（John Hewson）担任总理职务，直至 1996 年利率峰值 6 年之后才被击败。霍克—基廷工党政府是澳大利亚近期各届政府中，经历了经济衰退但并未因此而在其后的大选出局的唯一政府。正如所有那些经历过衰退的政府那样，他们毫无疑问地不受欢迎，但还是存活了下来。因此，公众对政府的判断，并不像后来所描述的那样充满敌意。

当时另一个有趣的事件是，1988 – 1993 年，在野的反对党联盟一直要求储备银行采取比政府所支持的货币政策框架更强硬的路线，即新西兰模式。如果当时公众对高利率的厌恶情绪像现在一样高涨，在野党就不会提出这样的要求。2006 年，享受了 15 年低通胀和持续增长的澳大利亚人自然会发现，他们很难理解之前高通胀和高利率的时期。因此，当有人说以前的高利率和高通胀会重新出现时，一些人感到恐惧也就不足为奇。

再回到长期性的问题上来。前文阐述了澳大利亚近 50 年来宏观经济的历史及变化。相信经济学界已从中吸取了许多经验。第一，高通胀因阻挠经济的持续发展而具破坏性，对付它代价高昂，因此在展望未来的经济发展时，经济政策能够作出的最大贡献，就是防止高通胀死灰复燃，否则我们就要再一次付出更高昂的代价。

第二，一个更好的需求管理框架，尤其是更好的货币政策框架，对低通胀结果至关重要。前文的阐述也为此提供了大量证据。其中包括美国的沃尔克反通胀经验，紧随其后的其他一些国家降低通胀的做法，德国、瑞

士等执行保守货币政策的国家最后都取得相对较低通胀的事实，都支持了
这个观点。

第三，对于良好需求管理政策，特别是货币政策的内容已经达成一
致。凯恩斯学派和货币主义学派，他们之间的差异在缩小，甚至几乎消
失。澳大利亚两个主要政党所提出几乎一致的宏观经济政策就是证明。

到20世纪90年代初期，多数经济学家已经接受，货币政策的主要目
的是保持低通胀。虽然货币政策也应有助于平缓经济周期性波动，但这并
不足够，因为2%与两位数的通胀指标之间，存在巨大差异。表达这一观
点的另一方式，正如经济学家所指，货币政策需要一个名义锚（Nominal
Anchor），它的最终目标应以名义变量来表示，如通胀率、名义GDP增长
率等。就如菲利普曲线的不稳定一样，货币政策目标不能用实际GDP的数
值或失业人数等实际变量来表示。

实际通胀率非常重要，但通胀预期也不可忽视。货币政策机制需要营
造这样一个环境，即人们预期通胀保持低位，并将经济决策建立在这一预
期之上，就像签订长期工资合同、长期借款和贷款协议一样。艾伦·格林
斯潘（Alan Greenspan）将低通胀定义为，通胀低到人们的经济决策不受
其显著影响的水平。他没有说明某个数字，但大多数人认为应该约为2%
或2%~3%。

最后，货币政策操作应该建立在中央银行有权通过控制基准利率（现
金率）来决定短期利率的基础上。要注重防止通胀产生，而不是等到通胀
产生后再采取行动。要以先发制人的方式不断地调整基准利率。同样，由
于减息的决定比较容易作出，所以必要时应预先降低利率。在问题明朗化
之前提早采取行动，这关系到由谁来作出这个决定，从而推出中央银行独
立性问题。这一话题早在20世纪80~90年代初已在全球范围内被广泛讨
论过。

与货币政策一样，财政政策的观念也在发展，其重点已经转向对中期
目标的观察。当然，经济衰退期间出现赤字仍然被视作敏感政策，目前特
别注重在盈余的好年份冲销以往的赤字，而且更多的关注政府债务头寸的
长期可持续性。

八、持续的增长（上）

澳大利亚于 1991 年末开始逐步摆脱了 20 世纪 90 年代初的经济衰退。尽管如此，悲观情绪似乎已渗透到政治和经济的各个角落，人们对经济前景普遍感到沮丧，绝大多数人担心工作岗位不保。大家知道，只有强劲和持续的经济复苏才能大幅降低失业率，但这在当时几乎没有指望。而主流经济学家们则对无法应对经常账户巨额赤字和大量外债感到困扰，他们认为这些都是澳大利亚经济走上稳定增长道路的障碍。

经济理性主义者（Economic Rationalism）认为，经济政策应放弃其市场取向，而回归到 10 年前的干预主义做法[30]。而其他人则要求更多的自由市场改革，尤其是货币政策的体制性变化，他们认为，没有这些改革，澳大利亚必将回到高通胀和经济大起大落的动荡之中。

从 2006 年的视角观察，如附图 3 所示，澳大利亚经济自 1992 年开始已实现了连续 15 年的增长，这是澳大利亚有记录以来最长的连续增长。虽然速度尚不能及，但时间上超过了 1961 – 1974 年的那次持续扩张。更为重要的是，以往持续增长的末期，通胀率往往会达到两位数，但本次始于 1992 年、连续 15 年的持续增长之后，澳大利亚的核心通胀率并不高。这意味着澳大利亚不再像过去那样，在一段持续增长之后，要为降低通胀率而付出昂贵代价。

以往，在经济衰退之后，往往无法保持长时间的持续增长。但这次为什么可以做到？对此有若干答案，但有两点最为重要。第一，正如上文所述，衰退使经济回归到真正的低通胀时期，这是一个良好的开端。第二，新的货币政策框架，可以在经济长期持续增长之后，也能将通胀控制在低水平。当然还有其他因素，我们会在解释了货币政策的作用之后再行讨论。

从货币政策开始讨论有一个非常充分的理由，那就是出于对经济与金融稳定（Stability）的考虑。虽然其他大部分改革也很重要，但那些改革大

30　Carroll John and Robert Manne, Shutdown: The Failure of Economic Rationalism and How to Rescue Australia, Text Publishing, Melbourne 1992.

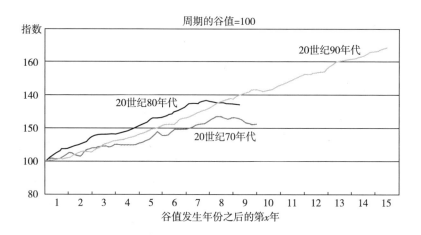

资料来源：澳大利亚统计局。

附图 3　澳大利亚经济扩张期

都与提高竞争力和生产率有关，并有助于长期的经济增长和国民财富积累。那些领域的改革只针对增长而不注重稳定。而货币政策则与之有别，它虽不能提高一国以劳动力和生产率所决定的长期经济增长，但可以通过避免经济过度的上行和下行风险，从而提供稳定和持续性。而实现这一目标的最有效途径，就是确保通胀率不至于像 20 世纪 70 年代那样失控，也不像 80 年代那样温和。

或许大家已注意到，1985 年货币目标制改革措施推出之后，货币政策并没有一个清晰的框架。虽然我们有能力实施有效的货币政策，但并没有明确其指导原则。在制订货币政策目标的过程中，不同的参与者有不同的优先考虑，所以当时有多个货币政策目标[31]。另外一个大的不确定性就是货币政策决定主体，到底应该是政府还是中央银行？当然，这些问题最终均得到解决，但这是一个缓慢的过程，并不是以立法的形式被明确。

过去 60 年的经济理论和实践均证明，货币政策的最终目标是保持低通

31　这种情况发生在 1985－1987 年，当时澳大利亚储备银行曾用货币政策目标清单（Checklist）的方法来解释货币政策。

胀率[32]。追根溯源，每一个高通胀时期的背后，都有相关的货币政策在支撑。同样道理，通胀的大幅下降，都伴随着紧缩的货币政策。但即使如此，要所有人接受这一道理并非易事。

原因之一，是货币政策看起来与失业率无关。因为短期看，正如菲利普斯曲线所证实的那样，低通胀与高失业率有关，高通胀则与低失业率有关。但这只是短期效应。正如我们所观察到的，长期的通胀会对生产率构成破坏。澳大利亚战后的历史经验也表明，所有的稳定增长及低失业时期都是低通胀时期，高失业时期都是高通胀的日子。前面已经详细阐述了这段经历和原因，因此也符合这样的原则，即货币政策对于降低失业率的最大贡献，就是实现经济的持续扩张。而且，只有低通胀情况下的经济扩张才能够长期持续。

回顾过去，20 世纪 80 年代的高利率政策，只有限地降低了通胀水平。因此，部分人对于采取严厉的利率政策来降低通胀率感到恐惧。利率多高才能控制和保持真正的低通胀水平？我们早已有了答案。一旦低通胀得到实现且预期稳定在较低水平，利率也可以维持在一个相对较低的平均水平。尽管为控制通胀需要提升利率，但这只是短期行为，从长期看，低通胀意味着低利率。现在公众对此感到习惯，但 20 年前却并非如此。

许多国家通过正式采用通胀目标制，来强调货币政策目标的核心就是对付通货膨胀。新西兰于 1989 年首先采用通胀目标制，其后加拿大、英国和瑞典于 20 世纪 90 年代初期加以效仿。这一新制度往往由政府或政府与中央银行联合来推出。

在澳大利亚，当时的政府坚持旧例，而反对者则大力鼓吹新西兰模式。所以此事很快被政治化，并显得困难重重。在此问题上，澳大利亚储备银行则主张采用逐步推行通胀目标制的做法。在 1993 年的一次演讲中，时任行长伯尼·弗莱瑟（Bernie Fraser）只是认为，将通胀平均水平稳定在 2% ~ 3% 将是一件好事。其后的一系列演讲和研究报告中，这一观点不断得到强化，足以被视为储备银行的通胀目标。

---

32 很明显，通胀率是一个名义变量（Nominal Variable），而不是实际变量（Real Variable）。一段时期，名义 GDP 增长率看起来也是选择指标之一，但该指标因不易被公众所理解而淘汰。

当时的基廷工党政府对此目标既没有反对，也没有正式认可。而财政部部长罗夫·维利斯（Ralph Willis）则多次正面提及此事。后来澳大利亚工会（Australian Council of Trade Unions，ACTU）将此目标写入了工作文件。

但当时有许多人，尤其是海外舆论对澳大利亚政府是否会真正执行这一制度感到疑惑。到了 1996 年 8 月，时任财政部部长彼得·科斯特洛（Peter Costello）在货币政策声明（Statement on the Conduct of Monetary Policy）中正式表示，澳大利亚政府支持通胀目标制。至此，通胀目标制成为澳大利亚储备银行和政府的一项共同政策。

在某种程度上，与通胀目标制并行而得到解决的另一件大事，是货币政策决定权问题。储备银行和政府，到底谁负责货币政策的制定？尽管此事在政治上有争议，但也是通过一个持续微调的漫长过程而逐渐解决的。同样直至 1996 年，通过财政部与储备银行之间签署货币政策声明，这一问题才最终得到解决。

正如通胀目标制一样，中央银行独立性的概念也不是路人皆知。澳大利亚许多政治家均认为，政府应像负责财政政策、贸易政策、外交政策和其他一样，负责货币政策。

为什么货币政策需要例外呢？在战后的澳大利亚，货币政策由政府制定作为一个惯例直至 20 世纪 80 年代末期也未受到过挑战。在弗雷泽（Fraser）政府期间，货币政策委员会毫无疑问地作为政府内阁的委员会之一，根据储备银行和财政部的联合建议，对货币政策的重大问题作出决定。

20 世纪 80 年代中期，许多国家的情况开始变化。首先，大量的研究报告显示，具备独立中央银行的国家，通常其通胀率比那些由政府决定货币政策的国家要低，而且低通胀并未以经济低增长来换取。

我们所见证的放松（经济与金融）管制，实际上就是政府从经济决策中退出，将决策权交给市场。与之相反，如果政策的决策权仍保留在政府手中并由部长或内阁官员作出，这可能不是上好的选择，这点也已得到公认。法律制度是最好的证明：政府和立法机构制定法律，但是不受政府控制的法庭在法律框架内作出判决。在经济领域，一个极好的例子是，澳大利亚联邦拨款委员会（Commonwealth Grants Commission）作为一个独立机构，决定如何向各州分配税收收入。另一个更具深远影响的例子是仲裁委员会（Arbitration Commission），这一独立机构数十年来为大多数澳大利亚人设定工资，并非常有效地为经济确定工资总水平。该委员会在处理全国工资案方面如此独立，以至于政府的一些申诉案例也会遭到否定或驳回。所以，从澳大利亚的理论和实践看，一个具有独立性的中央银行并非是一项激进的发明。

　　货币政策决定当然会给政府工作带来麻烦。如果经济在相对稳定的低通胀情况下保持增长，利率则应根据需求和通胀压力的变化来增减。在一段时间内，利率的加减频率应大体相当。从这个意义上讲，货币政策框架是一个合理的平衡系统。但问题是公众对利率变化的反应往往与应有的平衡相差较远。事实上，没有人反对减息，但加息决策通常不受欢迎。即使是一个独立性的机构，其作出加息决定要比减息决定困难得多。所以，货币政策的变化对政府工作的压力可想而知。

　　面临加息预期时，大多数政府都需等到证据非常明显时才作出决定。这意味着通胀已变成了问题，而此时加息的幅度还不能太大。因此，加息太晚且幅度过小，往往使货币政策失去平衡。政治家们最终意识到，最好由中央银行这样一个独立性的机构，而不是由政治家他们自己，来作出不受欢迎的决定，并接受公众的批评和责难。

　　在澳大利亚，中央银行完全独立于政府是一个渐进的过程。至20世纪80年代晚期，储备银行才具备了一定的独立性，才不接受政府对货币政策的指令。当时，改变利率的所有决定均由储备银行作出，在与政府讨论并达成一致之后执行，并基本上不作修改。

　　但是，当时澳大利亚储备银行并非具有完全独立性，实际上其只是有条件的独立。储备银行提出货币政策主张，但在行动前仍需得到政府的同意，然后再向媒体宣布政策变化，财政部部长也同时对外宣布支持这一变化。在这一体制下，政府从不批评货币政策，因为这意味着它在自我批评。

九、持续的增长（下）

1996 年末，澳大利亚储备银行与财政部签署货币政策声明（Statement on the Conduct of Momentary Policy），标志着储备银行获得了完全的独立性。此后，储备银行理事会所作出的任何货币政策决定，不再征求财政部意见，财政部部长也不再就货币政策决定发表声明。这就意味着，如果储备银行决定改变基准利率，即使政府反对，储备银行也会立即付诸实施。当然如果有必要，政府可以随意对货币政策提出批评，因为它是在批评储备银行，而不再是自我批评。从澳大利亚的实践看，政府的批评只是在加息时而不是减息的情况下出现。而且在一般情况下，批评只出自财政部部长而不是总理或其他部长。

澳大利亚的通胀目标制和中央银行独立性的政策框架，在操作过程中取得了相当的成功，并获得了公众肯定和政治支持。自 1993 年通胀目标制实施到 2006 年，澳大利亚年均通胀率为 2.6%，这有助于巩固经济的长期持续扩张。同期，经济年均增长 3.7%。此期间，货币政策在 1994 年、1999－2000 年、2002－2006 年不得不紧缩。但货币政策在其余年份和时间段则是宽松的。这一阶段的平均基准利率——现金率（Cash Rate）为 5.7%，远低于 20 世纪 70 年代和 80 年代的水平。

尽管因新西兰采用更多的纯粹理论方法，给当时的通胀目标制蒙上阴影，但澳大利亚的货币政策框架却得到了国际认可与承认。其中一个指标就是政府债券收益率的变化。20 世纪 80 年代末和 90 年代初，澳大利亚政府债券的收益率曾高于新西兰，这表明国际投资者预期新西兰货币政策可能使其通胀水平低于澳大利亚。然而，就在澳大利亚货币政策声明于 1996 年末刚刚公布之后，新西兰政府债券的收益率就立即跌到低于澳大利亚政府债券收益率的水平，而且这一趋势一直保持到 2006 年。这表明最初那些对澳大利亚货币政策可信度的怀疑态度，很快发生了变化。这在一般意义上，就使澳大利亚比新西兰金融市场的规模更大、流动性更强。

除货币政策外，促进澳大利亚经济长期增长的因素还有很多，尤其是一系列的经济改革措施。虽然这些改革措施的首要目的是提高经济竞争力和生产率，并以此增加国民财富，但毫无疑问，这些改革取得了成功。澳大利亚 20 世纪 90 年代劳动力和生产率的增长速度是 60 年代以来从未出现过的[33]。

值得一提的是，有关澳大利亚这一时期的改革及其所取得的经济成就，长期以来几乎未被国际社会所关注。2000 年末，美联储的一篇研究报告，试图解释当时美国生产率提速的原因，并将之与其他 16 个 OECD 国家黯然的表现相比较。该报告研究发现，无论是衡量劳动生产率的增加速度，还是比较多因素生产率（Multi – factor Productivity）的提高情况，澳大利亚在此两方面的表现，不是与美国相媲美，就是超过美国[34]。

更有趣的问题是，这些改革是否使保持低通胀变得更加容易，以及低通胀所带来的经济发展是否能因此而更持久。虽然改革的主要目的不在于此，但这些改革确实对以上两点有所帮助。几十年前，澳大利亚商业活动中有一种"成本加成"的心态。如果某种支出增加了，比如工人的工资或者一种进口零部件成本上升，这些公司就倾向于将这部分增加的支出直接附加到产品价格上，并认为同行业的其他公司也一定会这么做。但当国内和国际市场竞争越来越激烈时，这种倾向实际上逐渐被另一种方法所取代，那就是在公司内部进行更有效的管理，从而抵消那些增长的开支。与此同时，由于劳动力市场管制的解除，当某种劳动力的价格上升后，并不会像以前一样引起其他劳工价格的提升。整个经济体系也因此变得更能承受由通胀带来的冲击，如汇率下降或原材料价格上升时，这些冲击并不会被传递到其他领域。

财政政策方面，如附图 4 所示，澳大利亚财政政策的历史与经济周期明显相关。由于 20 世纪 70 年代中期的经济衰退和政府开支的大量增加，惠特拉姆政府留下了巨额财政赤字的烂摊子。70 年代后半期，财政部部长霍华德继承了这一财政赤字并在 1982 年使财政收支变为小额盈余。但

33　Gruen, D. and G. Stevens, 'Australian Macroeconomic Performance and Politics in the 1990s', in Gruen, D. and S. Shrestha (eds), The Australian Economy in the 1990s, Reserve Bank of Australia, Sydney, 2000.

34　Gust, C. J. and J. R. Marquez, 'Productivity Developments Abroad', Federal Reserve Bulletin, October 2000.

1982 年的经济衰退后，赤字再度反弹，下任财政部部长基廷又继承了这一赤字，并在 80 年代后期的 4 年时间里将财政赤字变成盈余。作为 90 年代经济衰退及其直接后果，财政重现巨额赤字。1996 年财政部部长科斯特洛（Costello）承接了巨额赤字，并于 1998 年将之变回盈余。从那时起，除了有 1 年出现小额赤字外，澳大利亚的财政状况基本良好。

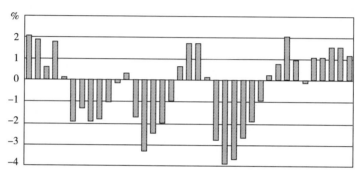

注：计算使用的 2006/2007 财年的现金余额为估值。

资料来源：澳大利亚财政部。

附图 4　1970－2006 年澳大利亚政府预算平衡情况（占 GDP 的百分比）

毫无疑问，澳大利亚完全可以对外宣称其财政记录良好。事实上，澳大利亚的财政收支状况在 OECD 国家中是最好的。虽然有过巨额的财政赤字，但基本上都是经济衰退之后的自动财政稳定器操作（Automatic Fiscal Stabilizers Operation）[35]的副产品。与许多其他 OECD 不同，澳大利亚显示了其可在经济增长良好的年份将财政赤字变回盈余的能力。这些盈余与私有化取得的收入一起，几乎全额冲减了政府负债。

除此而外，严明的财政纪律让澳大利亚声名远扬。这自然也反映在汇率和债券收益率的吸引力、国际投资者在澳大利亚发展业务的总体意愿等

35　当经济下行或收缩时，消费下降导致税收减少，而失业救济补贴增加则使得财政支出增加。这种变化当然会导致财政收支失衡。与此同时，政府往往还需增加财政支出来刺激经济的恢复，这样赤字就会加剧。在这种情况下，财政政策的选择可能是发行债券融资、增加税收、鼓励消费等。这一系列政策措施的方向几乎是顺理成章的，因此被称为"自动财政稳定器操作"。

方面。至于这些是否有利于澳大利亚将通胀控制在较低水平，尚不得而知。许多国家，尤其是欧洲国家，在赤字占 GDP 的比重低于 3% 的要求下，均保持了较低的通胀率。相反，澳大利亚财政政策所取得的突出成绩，更多的是经济持续增长的结果，而不是原因。

过去 15 年（1992 - 2006 年）以来，澳大利亚经济增长的另一个原因，可能是世界经济的相对稳定与发展。该观点有些道理，这一时期的经济动荡的确较 20 世纪 70 ~ 80 年代大幅减少。但也并非没有外部冲击。最明显的事例，就是 1997 - 1998 年的亚洲金融危机。该危机除影响了大部分亚洲经济体外，也拖累了拉丁美洲、俄罗斯以及一些跨国银行和对冲基金。尽管澳大利亚出口对亚洲的依赖程度远大于其他 OECD 国家，但澳大利亚平稳渡过这场危机的事实，则引起了国际范围的众多关注。

亚洲金融危机期间，澳大利亚出口下滑严重，引起澳元汇率下跌，这主要是由于在亚洲损失惨重的投机资本流动所致。幸运的是，当危机影响扩散之时，澳大利亚经济正开始强劲增长，尽管澳元汇率大跌，但储备银行并未加息。结果经济几乎没有减速，而危机结束后澳元汇率则迅速得以回归。

亚洲危机对澳大利亚至少有两点启示。首先，它显示了经济改革的效应。亚洲金融危机期间，如果我们仍然运作固定汇率机制，其影响则不可避免，货币政策将不得不大幅紧缩以维护澳元的价格，这很可能导致经济衰退。第二，即使有浮动汇率制作为“休克减震器”（Shock Absorber）相助，货币政策仍非常重要。亚洲金融危机期间，相关经济体先后加息，而澳大利亚储备银行则因较低的利率水平而备受赞誉。实际上澳大利亚并未减息，只是因为没有加息而凸显了与其他国家的区别[36]。

1997 - 1998 年，澳大利亚是 OECD 国家中唯一未加息的国家。储备银行当然慎重考虑了加息的可能性，但最终认为，加息可能不仅没有帮助，而且会引发严重的不稳定。当时新西兰央行加息的后果就有力地证明了这一点。

36　就在亚洲金融危机爆发前，澳大利亚储备银行于 1997 年 7 月初减息 0.5 个百分点。1998 年 12 月，储备银行又一次减息，但那时危机已经结束。

另一个重要的国际性事件，就是澳大利亚于 2001 年再次避免了大多数七国集团（G7）国家发生的经济衰退。这是过去几十年来澳大利亚成功幸免的第一次国际性经济衰退，也是澳大利亚经济增长周期比以往延长了一倍的原因所在。因此，那次温和的国际性经济衰退反而帮助澳大利亚。幸免于那次衰退的根本理由，是澳大利亚没有产生并积累其他国家所出现并导致衰退的失衡状况（Imbalance）。当时，美国和欧洲的主要失衡，表现为股票市场资产价格的快速上涨，尤其是与科技相关的行业，当然也包括在这些行业的过量实体投资所产生的资产价格泡沫。泡沫破裂时股价大跌，生产能力过剩暴露后，实体投资也出现下滑。当时澳大利亚没有泡沫，至少没有达到那种程度，所以财富没有明显的缩水。

国内一些事件也曾给澳大利亚货币政策框架造成了压力。1994 年，新的货币政策体制刚刚诞生时，人们对低通胀的预期尚有疑虑，工资因此加速上涨并威胁到通胀目标。1994 年下半年的三次加息，重新控制了工资和物价，经济增速也相对放慢。

2000 年开始实施的商品与服务税（Goods and Service Tax，GST），则是对货币政策的另一项挑战。许多人认为，通胀预期将由此产生严重风险。事实上，它的确造成当年第三季度通胀率上升了 3 个百分点，但第二年的通胀率就不再增长，重新回落到早期的低水平。其实，如果澳大利亚在 20 世纪 70 年代或 80 年代推出 GST 税收政策，很难想象有如此成功的结果（通胀率回落至低水平）。

此后，出现了住房市场的繁荣。21 世纪初，澳大利亚住房价格经历了快速上升，到 2003 年已显示出了很多泡沫特征。我已在其他场合谈及，就不在此详细阐述。但有理由相信，储备银行发起的一场向公众强调危险的强势宣传运动，成功地将稳定的理念带给了市场。从一般宏观经济角度考虑，2002 - 2006 年，澳大利亚货币政策逐步收紧，这些预警措施增加了储备银行的可信度。

总之，我们不得不接受，如同在人类活动的其他领域，幸运在经济发展中无疑扮演了重要角色。但是，要达到经济长期增长则需要幸运以外更多的努力。我愿引用 Paul Kelly 的一段文章来结束本节，他总结澳大利亚经验时表示："这一模式绝非幸运，构成澳大利亚15年经济持续增长的原因，包括一个浮动汇率制；一个由独立央行操作的、可信的中期通胀目标；一个向更加分散的固定工资体系的转变；以及一个约占GDP 1%的持续的财政预算盈余。"

十、未来的挑战（上）

20世纪上半叶，大部分国家尚未制定有效的货币政策和财政政策，宏观经济监管制度也不完善。30年代经济"大萧条"时期，发达国家失业率骤增，与其国内金融监管当局的失策有直接关系。第二次世界大战结束后，各国广泛应用货币政策和财政政策作为主要宏观调控工具，但直到70年代，通胀率仍一度居高不下。

正如前文所述，由于短期政策刺激与长期金融稳定之间存在矛盾，由此产生的高通胀使发达国家经济普遍受创，几乎无一幸免。在短期内，以18个月至2年为期，应用扩张的货币政策和财政政策，使通胀率维持相对高位，便可达到降低失业率和促进经济增长的效果。因此，从短期政策角度考虑，高通胀可降低失业率。但长远看，正如经济滞胀理论认为，两者关系恰好相反。低通胀有利于降低失业率，经济也稳步增长；而高通胀时期失业率则会上升，经济陷入停滞。

关于通胀的争论由此产生。如果政府当局想摆脱高通胀困扰，就不得不提高利率。所以抑制高通胀政策也被看做是高利率政策，是退而求其次的做法。但当抑制高通胀政策成功时，它反而可以降低并保持相对稳定的利率。这再一次印证了短期经济刺激政策与长期金融稳定之间的矛盾。20世纪70年代，正由于这种矛盾的加剧，英国民众对政府当局控制经济的能力产生了怀疑。

过去30年的经济管理政策，尤其是货币政策，主要是用来化解经济的短期刺激与长期稳定之间的矛盾。包括20世纪70年代中期货币政策目标制的试验，80年代后期更为松散的货币局制度以及大宗商品本位理论等，都是经济政策不断发展演进的明显事例。20世纪90年代，澳大利亚与其他许多国家一样，在试验的基础上，选择了自己的货币政策框架，其中包括通胀目标制和独立于政府的中央银行。该框架授权中央银行对通胀率进行有效控制。与此同时，财政政策的目标，也由过去对经济扩张期间产出小幅波动的调整，改为致力于中期目标的实现。因此，过去 15 年（1992 – 2006 年）的宏观经济政策相当成功。

货币政策的演进是否接近了尾声？货币政策框架出台后万事大吉了吗？未来的决策者不再需要对货币政策框架进行修改了吗？需要注意的是，威胁经济稳定的风险来自各方，既包括战乱、疾病等非经济事件，也包括诸如人口锐减、生产力下降、贫富差距扩大以及地方保护主义等经济因素。但以上两点与货币政策本身并无直接关系，其他人可能更擅长于对付此类风险。所以，这里主要探讨通胀和经济衰退风险，强调现行货币政策框架下货币和金融政策亟待规避的潜在风险。

当代社会，最大的挑战是金融领域的增长大大领先于实体经济的发展。而且随着经济的发展，这一现象越来越明显。其结果是，经济成果与商品和劳动力市场之间的关系弱化，增长率在更大程度上倚重于资本市场的发展状况。与此相配合，金融产品及衍生品日趋复杂。短期内，在积极的货币政策刺激下，投资者对资本市场趋之若鹜。以下将分五个发展阶段具体讨论。

第一阶段，经济开始增长。在经济大环境向好的情况下，公司和家庭持有的金融资产与负债不断增长，相关股价的涨幅超过收入的增加速度。这是经济步入增长的常见程序，以金融资产与 GDP 比率的不断上升为显著信号，标志着持续增长阶段的来临。

澳大利亚的情况如附图 5 所示，1980 – 2005 年的金融资产与 GDP 比率增长了 3 倍多。资本市场的不断壮大，成为影响公司及家庭经济决策的主要因素。

第二阶段，金融市场兴盛。随着金融市场的迅速发展，资产价格升值与信贷的扩张逐渐兴起。过去，大部分信贷业务通过银行进行操作，贷款数额也根据信用等级加以严格限制，信用等级较差的借款人往往被拒之门外，市场的借贷资产率（经济的杠杆率）受到较严格限制。而现在，由于金融业放松了管制（Deregulated），金融市场及银行业的竞争加剧，使信贷

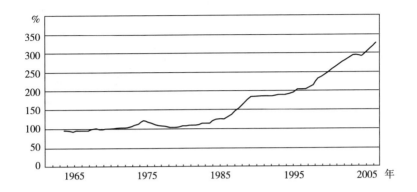

资料来源：ABS，APRA，RBA。

附图 5　金融资产与 GDP 比率

限制放宽，经济的杠杆率也随之提高。在金融市场发展对经济增长贡献上升的同时，也意味着一旦资产价格大幅下降或贬值，其对宏观经济的影响也会比过去大得多。

第三阶段，金融业不断创新。在日趋复杂的金融市场，尤其是批发市场，商业银行、投资银行、股票交易所、对冲基金、企业公司等，都是主要的操盘手。资产或债务在不断转手交易的同时，其价格也成倍增长。期货与期权市场的发展为结构越来越复杂的金融衍生品交易提供了便利。与过去 20 年相比，资产、债务、期货等衍生品的场外交易量巨额增加。

金融市场的复杂性，是否加剧了其本身的风险呢？答案并不统一。前美联储主席、著名的金融观察家艾伦·格林斯潘（Alan Greenspan）认为，金融市场的复杂性恰恰降低了市场风险。市场多样性的增加，使参与者的资产风险对冲能力也随之提高，从而可有效降低损失。对保险公司、养老基金、共同基金以及个人投资者而言，这一点尤为突出。再者，复杂的金融产品有利于商业银行更有效地规避风险。以前，住房抵押贷款等家庭债务会出现在银行资产负债表中。但如今，这些不断增加的贷款风险最终被转到养老基金、共同基金和其他个人资产领域。金融市场的多样性，使经济发展摆脱了对商业银行资产负债表中的短期债务及长期非流动资产的依赖。但与此同时，市场参与者对其所持有的复杂金融资产的风险到底了解多少，却值得怀疑。

第四阶段，政策的刺激作用助长风险。公同基金、投资银行、经纪人、对冲基金等多种经理人之间的竞争不断加强。这些机构与个人的主要报酬依靠资产回报率的增加或者基金份额的扩大来实现。这种高风险高回报的投资，有潜在的巨大风险，即所谓的"尾端风险"（Tail Risk）[37]。

此外，高回报资产也有可能造成巨大损失。将报酬与工作业绩挂钩的做法，已成为行业约定俗成的条例，这种方式迫使管理人员采取投机行为牟取暴利，由此产生的长期风险将一直持续。

一旦有基金经理人采取这种投机方式，其他竞争者便会争相尾随其后，以确保净收益的稳定。即使此项投资效益不佳，鉴于同行业均受到损失，基金经理人也可以借此推脱责任。由于此种恶性循环，导致基金经理人不愿承担尾端风险，而更倾向通过短期投机哄抬资本市价，催生资本市场的泡沫。

第五阶段，资产市场个人投资比例的增长。个人投资者无论是出于自身意愿还是迫于形势，他们所承担的投资风险都在持续上升。除去前面提到的由于长期经济下滑导致的风险，还有些风险与短期金融改革有关。衡量个人投资情况好坏的最好工具，莫过于资产负债率及偿债率。如附图6和附图7所示，澳大利亚的这两个比率近期都处于峰值，前者在1996－2006年中逐步上升，后者从2005年也开始走高。

导致个人负债率和偿债率双双走高的原因有二。一是个人财富积累增加，购买能力提高。二是个人对于经济发展前景的信心增加，开始尝试"今天花明天的钱"。当然，对于经历过"大萧条"的一代人而言，个人贷款的风险太高。经历了20世纪70～80年代经济动荡期的投资者，对市场仍持谨慎态度。而看好经济长期发展的人，却不在意一时的市场波动，他们认为前期贷款买房，是获得房屋个人产权的必要过程。因此，1996－2006年，澳大利亚房价逐年提升。目前，澳大利亚有超过50％的成年人投资股票，他们当中的多数是超年金的持有者。

此时的金融创新起到了促进作用。银行与房屋抵押贷款中介更主动地

---

37 澳大利亚保险公司HIH"尾端风险"经典案例。该公司向客户兜售大量的保险项目以获得短期暴利，最终导致其破产。

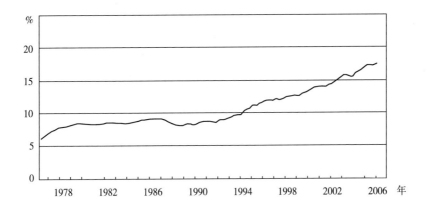

资料来源：ABS，RBA。

附图6 个人资产负债率

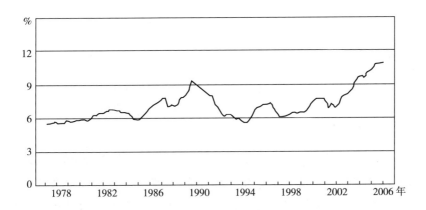

资料来源：ABS，RBA。

附图7 个人偿债率（个人利息支出占可支配收入的比重）

寻找稳定客户，提升贷款额。对于那些不符合贷款条件的客户，银行也相应降低门槛。有些抵押贷款中介甚至可以向客户提供100%的贷款。而用于股票交易的贷款更易申请，信用卡持有者也在成倍地增加。

还有一种结构性的变化，使个人的直接金融风险有所增加。原因是其他领域的风险被转嫁到了个人领域。以澳大利亚退休金政策为例。在养老金政策出台前，长寿也曾被认为是一种风险。一个人一旦退休，就需要依靠工资以外的收入生活。而养老金就将这一风险从家庭转移给了政府，成为纳税人的义务。因此，政府公职人员和银行、金融机构等工作人员，都会定期缴纳公积金，用于他们退休后的养老金来源。

一些公司、联邦及州政府用投资养老金[38]计划取代定额养老金[39]计划。养老金数额取决于公积金收益率，即股票价格的波动、国债和资产价格的变化等。这样一来，本应由公司或政府承担的风险又转给了雇员个人。从这个角度讲，金融市场的证券化过程，实际上就成为企业和政府将市场风险转移分散到投资者身上的过程。鉴于养老金的数额依赖于超年金的投资积累，雇员退休后的生活质量在很大程度上取决于市场资产价格的变化和养老金投资经理的表现。

我不想批评澳大利亚现有的退休收入制度安排，因为随着时间的发展，政府和业界都希望退休人士的收入得到增加。澳大利亚政府为顾全大局，仍保留了部分定额养老金计划。但对于大部分加入投资养老金计划的人而言，他们退休后的生活质量会取决于金融资产价格的涨跌，因而会承担更多投资风险，这显然暴露出该项退休金管理政策的弊端。

上文提到的五个发展阶段提高了金融业的效率，降低了成本，客观上也促进了经济发展。但毋庸置疑风险也大幅提高。如果此时出现金融震荡，股票和资产价格大幅下跌，其对经济的影响将会更大[40]。

这样一来，问题的核心就变成了资产市场的未来发展趋势。对此，虽无人知道答案，但毫无疑问，资产市场泡沫破裂将会比过去来得更加频繁，规模更大。金融管制放松以来，国际市场连续经历过几次泡沫破裂的影响。其中，以20世纪80年代的日本和90年代美国和欧洲高科技股票市场的泡沫破裂为代表。两者都导致国家经济不同程度的衰退。至于澳大利亚，20世纪80年代末资产价格大幅波动，房屋市场的泡沫不断增加，但所幸尚未导致明显的经济衰退。

38　投资养老金（Defined – contribute），雇主定期支付一定的现金到雇员养老金账户中，由雇员自己作出养老金投资计划，因此也由雇员自己承担投资风险和获得投资收益。

39　定额养老金（Defined – benefit），雇主承诺在雇员退休时，支付一定的退休金。

40　很显然，澳大利亚储备银行前行长麦克法兰早在2006年就意识到了一场大规模金融危机就要来临。——译者注

十一、未来的挑战（下）

过去20年来（20世纪80年代至21世纪初），资产价格的波动对经济产生了巨大影响。而货币政策对此有何作用？曾经一度认为，仅靠货币政策就可使经济回复到低通胀水平，从而起到稳定资产市场的作用。也有证据显示，低通胀有利于促进经济发展。但必须承认，20世纪80年代澳大利亚资产泡沫对经济造成影响的原因，是通胀没有低到足够的程度。而20世纪20年代末美国经济的快速增长、80年代日本的泡沫经济、90年代美国的高科技股泡沫以及澳大利亚过高的房价等，则是高通胀的产物。

如果低通胀不能提供任何保险，当中央银行察觉到资产价格大幅上涨的趋势正在逼近，且认定幕后的推动力信贷过度时，该何以应对呢？这个问题常常以"是否该提高利率来刺穿经济泡沫？"的形式被提出，并经常出现在各种报刊及研讨会上。

许多人认为，经济泡沫在初级阶段很难觉察到，这个说法比较准确。不过，即使我们可以感觉到经济泡沫将要发生，中央银行依然很难作出令人满意的行动，原因有二。

第一，货币政策是一个比较迟钝的工具。提高利率水平以抑制资产价格上涨时，会拖累经济增长。而经济蓬勃发展、投资信心高涨之时，利率的提升对资产价格的影响程度不但被打了折扣，而且会伤及其他领域的发展。

第二，人们对中央银行的权力有顾虑。一个广泛的共识是，中央银行被赋予了防止通胀抬头的职责。但据我所知，没有一个中央的职责被定义为防止资产价格的大幅波动。中央银行抑制通胀时，会受到消费者的普遍欢迎。谁都知道资产价格上涨会带来财富，中央银行抑制资产价格上涨，也抑制了财富增加，从而使投资者蒙受损失。货币政策即使致力于保持资产价格的平稳，也会被公众指责为多此一举。

尽管中央银行发现一个不稳定的资产泡沫正在形成，但这时大幅加息将会被各方责备，因为经济将会因此陷入萎缩。所以，在大多数情况下，中央银行可能只是适度加息，以阻止泡沫的发展将经济带入危险地步。这样的货币政策选择是上策吗？当然不是。因为加息政策会带来另一个成本，即收入下降和失业率上升。当然，公众只关心眼前的收入减少和失业增加所带来的损失，并不会想到泡沫经济将带给他们更严重的后果。因此，中央银行为了避免被公众批评为政策失当，货币政策的力度就会大打折扣。

但这并不意味着资产价格被现在的货币政策所忽视。货币政策依然密切注视资产价格的变动，因为它们会影响经济的发展和通胀率。比如，澳大利亚的住房市场比较繁荣，大家都觉得自己比以前更富裕了，所以支出也相对增加。与此同时，建造房产也变得更加迅速，这不仅促进了经济快速增长，也使房产价格、建筑材料、家具等价格进一步攀升。这种现象就促使澳大利亚储备银行于 2002 年和 2003 年作出了加息的货币政策决定。而当 2004 年的住房价格停止上升时，加息政策也告一段落。

同时，信贷的变化也不容忽视。现在很难作出关于信贷量与资产价格变化关系的精确判段，但贷款增加与资产价格上扬之间肯定有密切的联系。至少可以知道，某个阶段的利率水平对借贷者来说还不是太高，或者还没有高到让他们望而却步的地步。

当然，中央银行需要做的不仅仅是对利率的调整。即使非常困难，央行也应该调查潜在的资产价格上扬是否存在。即使中央银行不能用前述的加息政策来刺穿经济泡沫，却还有其他方法可供选择。中央银行的名誉和威信，至少可帮助公众提高因市场过热而导致风险的意识。中央银行可以通过演讲、会议讨论和研究报告等方式，并通过传媒向公众普及这种意识。澳大利亚储备银行在这方面有许多做法，比较成功地抑制了住房价格的快速上扬。

但是，中央银行始终没有办法彻底抑制潜在的资产价格大幅波动，也没有得到明确的授权。至于对公众的引导与劝说，也只起到了有限的作用。若 20 世纪 20 年代美国和 80 年日本那样的泡沫经济再度出现，应该如何应对呢？结论并不乐观。

目前的货币政策能否应对金融危机？现在就给出结论还为时过早。回顾 20 世纪货币金融政策改革的道路，就不难发现，往往在不能解决所出现的新问题时，货币政策才会作出修改。所以，任何成功的政策都有局限性，同时也导致了新经济问题的出现。20 世纪的前 30 多年，由于经济"大萧条"，那时的货币政策都没有束缚力，只有一些随意的货币金融政策。之后的 70 年代，由于长期的高通胀带来的巨大损失，中长期的反通胀政策也应运而生。该政策在过去 15 年（1992－2006 年）中依然有效，但在下个 10 年或 20 年中，肯定会面临新的挑战。

无人能够预言未来，但人们通常在事后作出相关反应。20 世纪 70 年代的高通胀是 60 年代中期经济畸形所致，包括中央银行在内，当时无人可以制止，只能尽量减少其造成的影响。以前的经验与教训告诉我们，政府应该果断赋予中央银行足够权力，中央银行要拥有一个清楚的政策架构，并及时应对资产价格大幅波动而引起的金融不稳定状况。

当前，资产价格大幅波动所带来的危机，要远远大于通胀、通货紧缩、国际收支失衡等各类问题所带来的危机。

附录 2

澳大利亚储备银行汇率
干预的盈利分析[1]

——澳元浮动 20 年经验

1983 年 12 月 12 日澳元汇率浮动以后的 20 年中，澳大利亚储备银行通过对外汇市场的干预，不仅保证了澳元汇率的基本稳定，且在干预交易中获得大额盈利。

一、储备银行市场干预有益于澳元汇率稳定

自 1983 年 12 月 12 日澳元采用浮动汇率以来，澳大利亚政府和储备银行就放弃了对汇率的决定权，而让市场因素来决定汇率。然而，在允许汇率在较大范围内自由浮动的同时，必要情况下，澳大利亚储备银行仍旧保留了必要时对外汇市场的干预权。

那么，储备银行通过市场干预稳定汇率的行为，是否达到预期效果？由于实际上进行了汇率干预，所以无法衡量不干预情况下的汇率走势，所以本附录试图用间接方法分析干预的有效性。该方法的基本观点是，为稳定汇率，储备银行必须在澳元汇率相对较低时买进，较高时卖出，从而达到干预目的。如果措施得当，则会附带产生交易利润。反之，根据同样逻辑推论，若储备银行在汇率干预中盈利，那么它就一定是低吸高抛，且能有效稳定汇率。该方法的理论依据源自 Milton Friedman 1953 年的论证，当

---

1 本文编译自澳大利亚储备银行 2004 年 6 月研究论文——《储备银行外汇操作的盈利分析：浮动汇率 20 年经验》（Profitability of Reserve Bank Foreign Exchange Operation：Twenty Years after the Float, Research Discussion Paper, 2004 – 06, Reserve Bank of Australia）。作者 Chris Becker and Michael Sinclair。

时他认为，货币投机者必须通过低买高卖来维持平衡，否则将无法生存。

事实上，自澳元汇率浮动以来[2]，储备银行已从市场干预交易中盈利 52 亿澳元。本附录将储备银行对汇率的干预分为三个不同时期。但研究发现，不仅在浮动汇率以来的整个 20 年当中，而且在这三个不同周期中的每一个周期内，干预交易都有盈利。由此我们得出结论：储备银行的干预行为对稳定汇率有益。

二、储备银行干预澳元汇率的原因

澳元浮动汇率的决定，使澳元价值由市场供求来决定。此后，澳元汇率在平均值为 70.5 美分的较大范围内波动。最高曾在 1984 年 3 月达 96.5 美分，最低则是 2001 年 4 月略低于 48 美分。浮动汇率制并不意味储备银行不再关注澳元价格及其波动。相反，因汇价及其变动对经济环境的重要组成部分有重大影响，尤其在经济增长和通胀方面，因此储备银行的干预相当必要。

储备银行有权干预汇率的基础，可从坎贝尔委员会[3]的结论中找到。该结论认为：完全"理想"的浮动汇率制并不现实，监管方有时希望进行外汇交易，却同时担心交易会导致汇率向目标的相反方向浮动。同时，金融市场也对澳大利亚央行的干预有广泛的期待，正如《澳大利亚金融评论报》（Australian Financial Review）在汇率浮动后首个交易日的头条新闻中所述："目前的焦点是干预的时机和方式"。

过去 20 年的学术论文也开始承认，金融市场会出现超调。大量文献认为，即使市场有足够深度和流动性，但诸如投机性泡沫、跟风等行为，也

2　1983 年 12 月至 2003 年 12 月。

3　坎贝尔委员会（Campbell Committee），又称坎贝尔调查（Campbell Inquiry），是澳大利亚众议院 1979 年成立的金融体系调查委员会（Australian Financial System Inquiry）的简称。1976 年 11 月到 1983 年 12 月 11 日，澳大利亚采取管理浮动汇率，开始从固定汇率制向浮动汇率制过渡。在此期间，澳大利亚众议院成立坎贝尔委员会，并于 1982 年正式发表著名的《坎贝尔报告》，该报告在对澳大利亚金融业进行了长时间、全面、仔细调研的基础上，提出了 10 项关于放松金融市场监管的建议。此后，澳大利亚以放松管制为内容的金融改革迅速全面铺开。1983 年 12 月 12 日，澳大利亚汇率市场化，同时取消对金融市场、银行数量、资本流动等方面的限制，并允许资金在境内外自由流动。这一举措成为澳大利亚金融自由化的里程碑。

会导致汇价远离平衡点。

当汇率超调时，干预措施能限制汇率变化或使汇率回到平均水平，并因此而避免实体经济为汇率变化所传递的错误信息而作出代价高昂的调整。

过去20年中，澳大利亚央行所采用的干预手段一直在改变。各阶段采用的干预手段将在下文中列举。但总体讲，干预方式由最开始对汇率短期波动的关注，转变为对汇率超调阶段的处理。例如，当汇率波动到相对于经济和金融发展并不合理的程度时，就采取干预行动。也就是说，这种关注点的改变，使干预策略由每天高频率、小规模的干预，转变为低频率、大幅度干预。

当然，难题是实际操作中如何确认汇率超调。通常情况下，除非汇率波动太大，且如上文所述，这种波动没有经济和金融原因支撑，否则央行不认为汇率超调。此办法有效解释了为何央行的干预措施大多发生在汇率的周期性高点和低点附近。

除汇率错位情况外，其他因素威胁市场秩序时，储备银行也会考虑市场干预。诸如汇率持续波动、急剧扩大的买卖差价、汇率的不稳定浮动（尤其在对宏观经济政策不确定时）等，这些因素都可促使央行采取干预措施帮助市场恢复秩序。若央行可在发生不同类型外汇市场状况时应对自如，那么旨在防止市场无序的干预频率也会显著降低。

上述采取汇率干预措施的两个原因，既不意味着央行可将干预措施作为一种有效的政策手段来使汇率达到特定的水平；也不意味可使用干预措施来纠正失衡的货币政策，或抗拒经济和金融发展而产生的合理汇率浮动。

除纯粹为影响汇率而进行干预交易外，储备银行在外汇市场也进行了更多的常规交易，如为满足政府的外汇需求，以及在一段时间的干预后重建外汇储备等。因此，央行在外汇市场中出现的频率也比较稳定。

三、澳大利亚储备银行干预澳元汇率的交易方法

澳大利亚储备银行干预澳元汇率交易涉及的货币，通常是澳元和美

元。当澳元贬值时，为维持其汇率稳定，就会卖出美元、买入澳元；反之，若希望打压澳元升值，则买入美元、卖出澳元。澳大利亚储备银行可在全球范围内全天 24 小时开展交易活动。

（一）通过代理银行进行市场操作

在决定是否干预及干预尺度的同时，澳大利亚储备银行也可酌情采取不同干预方式，以此来调节干预对市场的影响。最低调的干预方式是通过代理银行进行市场操作，这样市场并不会意识到储备银行进行了干预。储备银行在一段时间的干预行动之后，需要补充外汇储备时，一般也采用代理银行干预方式。因为此时的目的在于补充外汇储备，但不对汇率产生重大影响。在这种交易方式中，储备银行向商业银行下订单，然后作为买方接受价格，而并非试图直接影响汇率向任何方向变化。

（二）储备银行直接进场交易

澳大利亚储备银行可通过电话或电子网络参与市场交易。当使用这种比较公开和宽泛的策略时，储备银行可与其他银行按照买入价或卖出价直接进行交易。而若想更强势地干预市场走向，储备银行可直接报价，调整干预力度。因为经纪市场是银行同业之间互相交易的主要市场，储备银行介入市场的消息会立刻被所有活跃的银行同业市场的参与者所了解。它们通常会迅速将此消息转达给客户。这种"宣布效应"本身就能给汇率带来显著的影响。

（三）避开交易商直接与银行进行交易

在这种交易方式下，储备银行通过电话系统获得每家银行的买进和卖出报价。若储备银行与某一银行达成买或卖交易，那么这家银行就出现需要结清的未平仓头寸。对银行而言，此时的风险在于储备银行或会与其他多家银行进行了同样交易，这样就会有多家银行一起面临需要结清头寸的情况。为降低潜在风险，当银行接到储备银行电话时，会调整它们的报价，使它们的报价对储备银行不具备吸引力。在这种情况下，汇价就会向储备银行所期望的方向浮动。例如，在澳元汇率较低时，如果储备银行买进澳元，银行会在提供给储备银行的报价中提高卖出价，这样就会导致澳元汇率上涨。

当储备银行买进澳元时，卖出澳元的银行就需要在银行同业外汇市场买入澳元来弥补空头头寸。这样就产生了第二波使汇率上涨的压力。这种变动的过程会一直在银行同业外汇市场持续，直到汇率上涨到某个价位并吸引了新的澳元卖方进入市场。对于任何特定的交易规模，这种形式的干预通常对汇率有最大的影响。当然，澳大利亚储备银行可以同时用多种不同的干预方式。例如，可在电子网络交易市场直接报价的同时，也通过电话报价系统询问各银行的报价。

与市场直接交易一样，澳大利亚储备行与政府的交易也可影响汇率。一般情况下，储备银行通过在市场上买进外汇来满足它卖给政府的外汇数额，这样做除可能产生短时间的汇率不对称外，并不会对外汇储备造成影响。但是，如果澳元兑外币的汇率相对较低，那么储备银行可能选择动用外汇储备来满足政府的需求。实际上，这种情况也被认为是干预的一种方式，因为它和通过代理银行进入市场，采用低调干预方式来影响汇率相差无几。一般情况下，随着澳元汇率下跌，在直接干预之前，澳大利亚储备银行会停止从市场买进外币来弥补由于和政府进行交易而产生的空头头寸。

在极少数情况下，如1998年9月，澳大利亚储备银行将干预措施扩展到买进澳元的看涨期权。在特定期权溢价支出范围内，看涨期权的买入刺激了市场对澳元的大量需求，为储备银行干预策略增加了一个灵活的组成部分。这种需求自然受限于期权的有效期，但当市场有短暂波动时，该措施依旧可有效维持外汇市场的稳定。

（四）干预措施的对冲操作

澳大利亚储备银行的干预操作可能会影响国内市场的流动性。例如，当储备银行买进澳元时，银行系统的澳元就会减少，从而减少国内货币市场的资金流量。若储备银行不再进一步采取措施，市场就会出现现金短缺，同时国内的货币拆借利息则会出现上涨趋势。这可以作为一个"无对冲"干预的例子。实际上，由于这种干预措施导致基准利率上涨，因此也被看做是一种从紧的货币政策。

澳大利亚储备银行自然可以通过在国内货币市场购买债券，来增加银行系统的流动性。这种做法对冲了干预措施对流动性的影响，从而保证国内利率的稳定。除非中央银行明确想调整货币政策，否则这种对冲干预属于央行的常规操作方式。通过在国内市场的交易，澳大利亚储备银行不仅可将基准利率保持在目标水平，还可平衡由于干预措施或者其他原因而产生的银行系统的现金供需关系。

当进行大力度干预时，相关对冲操作有可能导致澳大利亚储备银行资产负债表产生重大变化。例如，储备银行在外汇市场上卖出美元，同时买入国内债券进行对冲。近年来，为避免此种操作带来的成本上升，澳大利亚储备银行更多的将外汇掉期交易，作为对冲干预的主要工具来使用。例如，当储备银行的干预操作是买进澳元卖出美元时，随后所采用的掉期交易则是借出澳元同时借入美元。结算时外汇掉期的现金流和干预交易产生的现金流互相抵消，因此也不需要进一步的措施来调控流动性。由于每个掉期交易，都伴随着一个现货和一个可与现货相抵消的远期交易，所以掉期交易并不改变外汇市场澳元供需的净差额，也不会抵消最初的干预对汇率的影响。

四、浮动汇率制以来储备银行干预交易的变化

澳元汇率浮动以后，根据汇率的变化情况，澳大利亚储备银行的汇率干预可以分成三个周期，分别为 20 世纪 80 年代后半期、90 年代前半期以及 1997 年以后。如附图 8 所示，每个周期开始时，澳元汇率都在下降，此时澳大利亚储备银行卖出外汇。而在每个周期的后半段，则是澳元汇率上升，储备银行的操作正好与开始时相反。

附图 1 所示的三个周期性曲线，均以储备银行干预而形成的净外汇头寸的拐点来划分[4]。例如，第一个周期为 1983 年 12 月至 1986 年 9 月，此期间澳大利亚储备银行在外汇市场上是净卖方，其中的高峰是 1986 年 9 月的累计净卖出 60 亿美元。直至 1991 年 9 月，储备银行转变为买入方，总

---

4 澳大利亚储备银行外汇净头寸的变化，以其与政府和其他交易方的市场净交易来衡量。外币作为购入的外汇被计入外来资产收益。储备银行需要计算从市场购买多上外汇，才能满足政府购入外汇的需求，所以此项收益就无条件地影响了储备银行的市场操作行为。

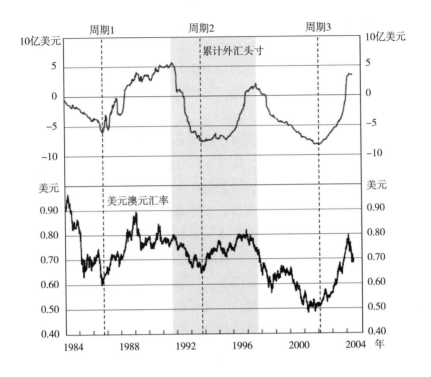

资料来源：RBA，Reuters。

附图1　1984－2004年澳元汇率变化情况

计买入117亿美元。因此，澳元汇率浮动后储备银行的外汇累计结余由
1986年9月的空头60亿美元，转变为1991年9月的做多57亿美元。在第
二个周期，1991年10月至1993年10月的前半段，储备银行是外汇净卖
方，而1993年11月至1997年9月的后半段，储备银行再次变为外汇的买
入方。在最后一个周期中，1997年10月至2002年2月，储备银行一直卖
出外汇，而自2002年3月开始的后半段，储备银行又再次转变成外汇买
入方。

　　如前所述，1984－2004年的20年中，澳大利亚储备银行的干预方式
一直在演变。澳元汇率开始浮动的初期，干预方式的特点可概括为"试验
与平稳"，交易的规模也比较小，交易频率则相对较高。在1986年由于汇
率大幅下跌导致干预规模显著加大之前，储备银行一直采用这种干预形
式。1986年7月和8月，储备银行大约进行了20亿澳元的干预交易，当

时的单日最大干预交易额超过 2 亿澳元，是此前单日干预交易额的数倍。

从 20 世纪 90 年代初起，储备银行的干预手段进行了进一步调整，干预方式不再类似于"试验与平稳"，而是非常明确得聚焦于如何限制大规模的汇率超调。调整的结果是，在相当长的一段时间里，储备银行没有进行干预，只在澳元汇率上涨到非常高或者下跌到非常低的价位时，才采取短暂的大规模干预措施。

附表 1 是储备银行在澳元汇率浮动后的 20 年中的三个不同周期，在外汇市场的干预交易的数据统计情况。

附表 1　澳大利亚储备银行外汇干预交易的变化情况[①]

	浮动汇率时期[②]		周期 1		周期 2		周期 3	
	贬值[③]	升值[③]	贬值	升值	贬值	升值	贬值	升值
该阶段天数	2,433	2,930	729	1,302	547	1,004	1,157	624
发生交易的天数占比[④]	28	51	53	67	24	28	15	54
发生买入外汇的天数占比	12	48	21	60	3	28	10	54
发生卖出外汇的天数占比	19	4	40	9	21	0	4	0
平均买入规模（百万澳元）	20	52	10	56	37	39	31	54
平均卖出规模（百万澳元）	69	106	21	108	152	46	157	—
最大单日买入（百万澳元）	250	659	75	659	150	286	250	376
最大单日卖出（百万澳元）	1,256	1,025	251	1,025	1,256	90	1,189	—

注：本表中的数据代表单日的外汇交易量，而不是单笔交易量。

①包括即期交易和远期交易；

②1983 年 12 月 12 日至 2004 年 6 月 30 日；

③如前文所述，每个周期都是以澳元贬值储备银行卖出外汇以购入澳元开始，然后澳元升值外汇储备增加；

④由于单日内可能既有买入又有卖出，发生交易的天数小于发生买入外汇的天数与发生卖出外汇的天数之和。

资料来源：澳大利亚储备银行。

总体而言，在澳元汇率浮动的 20 年（1984 - 2004 年）中，澳大利亚储备银行在 40% 的交易日进行了干预交易。这些交易大部分是为了满足澳大利亚政府的外汇需求。储备银行因此而买入外汇的交易天数是卖出天数的3倍。同样的原因，买入外汇的日均交易额，却只有卖出额的大约一半。20世纪80年代以后，由于储备银行改变了干预方式，所以其干预特点较之前有很大的不同。

首先，干预交易天数的比例下降。1983－1986年，由于澳元汇率下跌，储备银行在40%的交易日中以买进澳元进行干预。而之后的两个周期中，当澳元汇率下跌时，储备银行展开干预交易的天数，分别只占总交易日的21%和4%。

其次，平均干预交易规模增大。1983－1986年，为支持澳元汇率走强而卖出外汇的干预额度，平均每日约2,000万澳元。但在之后的两个周期中，平均日干预额上涨至1.55亿澳元。

最后，单个干预交易日最高交易数量上涨。例如，80年代的最大单日干预交易额约等同于2.5亿澳元，但随后两个周期的单日最高干预交易额达到约12亿澳元。

自1983年采取浮动汇率制度以来，澳大利亚储备银行所进行的外汇买卖中（包括与澳大利亚政府的交易），买进和卖出的额度虽有浮动，但基本相等。这事实上表明，自澳元采用浮动汇率制度以来，澳大利亚央行并未试图系统性地支撑或打压澳元汇率。

五、澳大利亚储备银行汇率干预交易的盈利分析

（一）干预交易利润与干预效果的关系

准确评估储备银行汇率干预的作用相当困难，这是因为无法掌握在不干预条件下汇率的走势情况。此外，由于干预行为多由汇率波动引发，因此评判干预的同期影响，存在内生性问题（Endogeneity Problem）带来的困难。

后来，研究人员试图用间接方法，来衡量干预交易是否对汇率稳定发挥了作用。方法之一就是由弗里德曼在1953年提出的"利润测试法"（Profits Test）。使用利润测试法时，央行被看做是一个稳定的长期投机者。若央行意图限制汇率波动，那么当汇率相对较低时，央行倾向于买入本币卖出外币；反之，当汇率相对较高时，央行则卖出本币买入外币。若央行

的干预交易顺利的实现低买高卖，那么这个交易就产生利润。同理，若央行从干预交易中获利，则必须是低价买进高价卖出，干预措施因此而被证明发挥了稳定汇率的作用。

虽然储备银行的干预措施以及澳元浮动后的走势与上述利润测试法的结果非常吻合，但这并不意味在衡量干预交易时，利润测试法一定是最合适的。例如，当汇率走势呈现持续趋势时，通过计算交易利润来评估干预交易的有效性，可能会显露出这种方法的缺陷。这种情况下汇率较高，央行可能没有机会来补充外汇储备。不过，尽管从交易角度看并不盈利（虽然这与澳大利亚在浮动制后的实际情况不符），干预交易依旧有效地稳定了汇率。

如附图 2 所示，事实上储备银行成功实现了低买高卖。图中横线表示储备银行在每个阶段的净交易量的平均汇率。这些汇率即是储备银行通过与市场或客户，进行交易来提高或降低外汇结余的平均汇率。在第一个周期中，央行买入澳元卖出外汇的平均汇率是 71.8 美分，随后在 76.9 美分的平均价位卖出澳元买入外汇。在第二个周期中，这两个汇率的平均值分别是 72 美分和 77.8 美分。第三个周期的平均汇率则是 59.9 美分买入，并在 67.9 美分卖出澳元。由于储备银行在每个周期中买入澳元的汇率，都比后来卖出澳元的汇率要低，也就是说顺利实现了低买高卖，因此数据表

资料来源：澳大利亚储备银行。

附图 2　澳大利亚储备银行澳元交易的日均汇率变化

明，储备银行在澳元浮动后的全部三个周期中，对澳元汇率的干预交易都是盈利的。

（二）澳央行汇率干预交易的盈利分类

本附录汇总并考察了澳大利亚储备银行1983年12月12日至2004年6月30日的外汇市场干预交易的盈利情况。研究发现，其可分为三个部分，即已实现利润、未实现利润和净利息收益。

1. 已实现交易利润（Realized Trading Profits）

已实现交易利润，通过结清平仓合约的交易累积而获得。计算实现的收益或损失，均是将交易汇率与之前建仓时的平均汇率相比较而获得。计算公式为

$$\prod{}_t^{rp} = \sum_{i=1}^{t} m_i [e_i - s_i] \tag{1}$$

其中，$\prod{}^{rp}$ 表示实现的交易利润；

m 表示减少的外汇仓位，当 $m > 0$ 时表示在多头时卖出外汇，而当 $m < 0$ 时则表示在空头时买入外汇；

e 表示在交易时外币兑澳元的汇率；

s 表示建仓时的加权平均汇率。

2. 未实现交易利润（Unrealised Trading Profits）

未实现的交易利润表示在时间点 t 内，剩余的未平仓的收益或损失。潜在收益或损失由市场平均汇率与建仓时的平均汇率的比较而获得，计算公式为

$$\prod{}_t^{up} = \sum_{i=1}^{t} (v_i - m_i)(e_t - s_t) \tag{2}$$

其中，所有符号与公式（1）意义一致；

$\prod{}^{up}$ 表示未实现的利润；

v 表示现有外汇仓位的增加，当 $v > 0$ 时表示在多头时买入外汇，而当 $v < 0$ 时则表示在空头时卖出外汇。

3. 净利息收入（Net Interest Earnings）

中央银行在外汇市场的国内、外资产转换，当然会产生利息。在计算

这部分盈利情况时，净利息部分有可能盈利，也有可能是亏损，原因是国外的利率有所不相同。

当汇率出现某种长期主导性的趋势时，盈利的组成情况尤为重要。此时，单独使用已实现或未实现利润并不能准确衡量干预的有效性。例如，如果汇率出现贬值的长期趋势，中央银行就无法在汇价倒挂情况下重建外汇储备。然而此时的干预交易，则可能发挥了稳定汇率大趋势的正面效益。因此，尽管此期间的交易没有盈利，也可认为是成功的。只要长期趋势未覆盖利息平价，计入的净利息收益会增加，这意味着汇率贬值经济体的利率往往高于国外的利息均值。计算利息收益产生的利润的公式为：

$$\prod_t^{ni} = \sum_{i=1}^{t} e_i \left[(r_i^* - r_i) \sum_{j=1}^{i} (v_j - m_j) \right] \tag{3}$$

其中，所有符号与之前公式（1）、（2）含义相同；

$\prod^{ni}$ 代表净利息收入；

r 和 r^* 分别表示短期澳元和外币资产的利率。

（三）澳央行外汇干预交易盈利的计算方法

20 世纪 90 年代初以前，澳大利亚储备银行的主要外汇储备都是美元。尽管储备银行 1991 年将外汇储备转变为多样化组合，但市场的干预交易依然以澳元与美元的互换为主。随后才是通过澳元与欧元（之前为德国马克）、日元、美元的互兑，来保持外汇储备组合的平衡。这样，储备银行买入或卖出澳元，对当时的全球三种主要货币都会产生影响。因此有观点认为，在计算干预措施的盈利能力时，不仅要计算澳元和美元之间的汇率，也要考虑澳元和其他储备货币的汇率。此外需要注意，对美元的干预交易与之后为了使外汇储备重新平衡而进行的交易在执行时机上有明显的区分。

下面的估算列举了两种利润计算方法，一种是完全根据第一种干预计算，即澳元和美元互换，称为美元干预法；另一种则将相关的恢复外汇储备平衡的交易也计算在内，称之为储备影响法。

1. 美元干预法（US dollar Intervention Method，UIM）

使用美元干预法计算盈利时，所有交易都需要换算成美元和澳元之间的互兑来衡量。澳大利亚储备银行在外汇市场或与客户进行大宗交易时，有的交易使用了第三种货币，此时就需要使用恰当的交叉汇率来计算。同样，外汇储备的盈余无论是欧元还是日币，都要转为美元来计算。利润总额就是在一个周期里，由于上文提到的交易而导致外币总体仓位的变化，而产生的实现的和未实现的交易利润，以及净利息收益。附表 2 详细列举了澳大利亚储备银行在澳元浮动制以后的整个阶段，以及上文所划分的三个周期中的每个阶段的已实现利润、未实现利润、净利息以及总干预交易的盈利情况。

附表 2　以美元干预法计算的外汇干预交易的盈利情况

单位：百万澳元

	已实现交易利润	未实现交易利润	利息	合计
自动率浮动起[①]	3, 707	510	1, 634	5, 851
周期 1[②]	405	− 122	354	637
周期 2[③]	1, 146	− 82	1, 345	2, 410
周期 3[④]	1, 831	182	1, 087	3, 101

注：①1983 年 12 月 12 日至 2004 年 6 月 30 日。各周期盈利之和与采取浮动汇率制之后的整段时间（1983 年 12 月 12 日至 2004 年 6 月 30 日）内的盈利不相等是因为各个周期是独立计算的。计算时，不考虑上一周期所剩余的敞口头寸，每个周期开始时的累计外汇头寸重置为零。因此，每个周期内交易的平均汇率全由该周期内的买卖决定。

②1983 年 12 月 12 日至 1991 年 9 月 23 日。

③1991 年 9 月 24 日至 1997 年 9 月 2 日。

④1997 年 9 月 3 日至 2004 年 6 月 30 日。

资料来源：澳大利亚储备银行。

如附表 8 所示，澳元汇率浮动以来的二十多年里，澳大利亚储备银行的外汇交易总体盈利不少。其中包括 37 亿澳元的已实现利润，5 亿澳元的未实现利润以及 16 亿澳元的净利息收益。同样需要注意的是，无论是否考虑利息收益，每个周期都是盈利的。这充分说明，储备银行的干预交易实现了其稳定汇率的目的。

2. 储备影响法（Reserve Impact Method，RIM）

在储备影响法下，任何干预交易可被看做是同时使用了澳元与美元、欧元和日元的交易。每天的交易都根据三种储备货币各自组合所占的比重来划分。除此之外,该方法的其他内容与上文的美元干预法相同。

如附图3所示,用储备影响计算的干预交易也是盈利的。用这种方法计算时,从1983年12月12日澳元汇率开始浮动至2004年6月30日,澳大利亚储备银行干预交易总盈利52亿澳元,比美元干预法计算结果略小。其中包括已实现利润25亿澳元、未实现利润3亿澳元,以及净利息收益24亿澳元。与美元干预法的计算结果一样,澳大利亚储备银行三个不同周期的干预交易均有盈利。尽管计算盈利时包含了外汇储备重新平衡的交易组合,但因这对计算结果并无太大影响。

附图3还显示了储备银行的干预交易在三个不同周期的盈利模式。由于澳大利亚储备银行在汇率达到波谷之前进行了干预交易,交易不盈利。这与储备银行试图稳定汇率的意图是相吻合的。这同样也表明,汇率浮动开始阶段的几轮干预,对汇率走势并不产生长久影响。

六、结论

对澳大利亚现行汇率制度的恰当评价是:独立的澳元浮动汇率制伴随着储备银行偶尔的干预。研究发现,在1983 – 2004年的20年里,澳大利亚储备银行从外汇市场的干预交易中,获得了显著收益。这表明储备银行澳元汇率低买高卖的干预交易是成功的,从而对澳元汇率产生了稳定的作用。

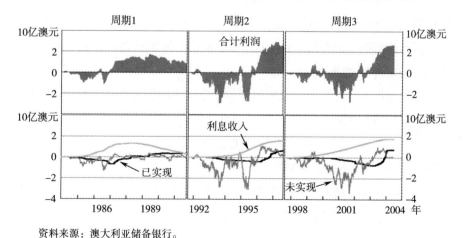

资料来源:澳大利亚储备银行。

附图3 以储备影响法计算的外汇干预交易盈利情况

参 考 文 献

［1］金琦：《全球化时代的经济改革——二十国集团国别案例研究文集》，北京，中国金融出版社，2005。

［2］中国人民银行上海总部国际部：《澳大利亚经济金融改革和发展经验借鉴》，载《境外金融业的考察与借鉴——中国人民银行上海总部因公出访报告汇编》，北京，中国金融出版社，2010。

［3］中国人民银行国际司：《澳大利亚国际金融中心发展情况》，载《2009 年中国人民银行驻外代表处重点课题调研集》，2010。

［4］商务部对外投资和经济合作司：《对外投资合作国别（地区）指南》，2014。

［5］颜永嘉：《澳大利亚金融体系的发展、改革与监管》，载《国际金融前沿问题研究》，2013，293～303 页。

［6］中国人民银行驻南太平洋代表处专题报告：《澳大利亚联储银行行长史蒂文斯纪念"澳元自由浮动 30 年"讲话》，载《2013 年中国人民银行驻外机构重点课题调研集》，2013，329～337 页。

［7］朱海明：《澳大利亚 ATM 系统收费改革实践及启示》，载《中国人民银行境外短期调研报告选集（2009－2010)》，2010，257～267 页。

［8］邬玉婷：《澳大利亚房地产信托基金市场研究与启示》，载《中国人民银行境外短期调研报告选集（2009－2010)》，2010，63～93 页。

［9］中国人民银行驻南太平洋代表处：《澳大利亚支付结算体系发展状况及启示》，专题报告，2008（121）。

［10］中国人民银行驻南太平洋代表处：《澳大利亚支付体系监管框架研究》，专题报告，2015（43）。

［11］中国人民银行驻南太平洋代表处：《澳大利亚支付清算系统发展情况研究》，专题报告，2013（49）。

［12］中国人民银行驻南太平洋代表处：《澳大利亚养老制度与金融创新之研究》，专题调研，2015（71）。

［13］徐冰：《澳大利亚通货膨胀目标制的经验与启示》，载《2008 年中国人民银行驻外代表处重点课题调研集》，2009，177～197 页。

［14］赵越：《澳大利亚储备银行金融危机期间公开市场操作的微调分析与思考》，载《中国人民银行境外短期调研报告选集（2009—2010)》，2010，24～39 页。

［15］童金立：《澳大利亚储备银行内审工作调研报告》，载《中国人民银行境外短期调研报告选集（2009—2010)》，2010，201～212 页。

［16］塞尔文·科尼什著，中国人民银行南太平洋代表处编译：《澳大利亚中央银行的发展与演变》，2010。

［17］Jason Ahn, Mihovil Matic and Christian Vallence, 2012："Australian OTC Derivatives Markets：Insights from the BIS Semiannual Survey", RBA Bulletin, pp. 39 – 45.

［18］Guy Debelle, 2014："The Australian Bond Market" （speech), www. rba. gov. au .

［19］Insurance Council of Australia, 2014："Submission to the Financial System Inquiry".

［20］APRA, 2013："Insight", Issue 3.

［21］AFMA, 2014："2013 Australian Financial Market Report".

［22］Susan Black, Anthony Brassil and Mark Hack, 2010："The Impact of the Financial Crisis on the Bond Market", RBA Bulletin, pp. 55 – 62.

［23］Matthew Boge and Ian Wilson, 2011："The Domestic Market for Short – term Debt Securities", RBA Bulletin, pp. 39 – 48.

［24］Bernadette Donovan and Adam Gorajek, 2011："Developments in the Structure of the Australian Financial System", RBA Bulletin, pp. 29 – 40.

［25］RBA, 2014："Payments System Board Annual Report".

［26］BIS, 1999："Payments System in Australia".

［27］APRA, 2014："Financial System Inquiry Submission".

［28］ RBA，2014："Submission to the Financial System Inquiry".

［29］ APRA，2014：Quarterly Authorised Deposit – taking Institution Performance.

［30］ APRA，2010： "Supervision of Conglomerate Groups"，Discussion Paper，No. 18.

［31］ J. Campbell，1981："Australian Financial System：Final Report of the Committee of Inquiry"，Australian Government Publishing Service.

［32］ Kevin Davis，2011："The Australian Financial System in the 2000s：Dodging the Bullet"，Reserve Bank of Australia，pp. 301 – 348.

［33］ Malcolm Edey and Brian Gray，1996： "The Evolving Structure of the Australian Financial System"，Research Discussion Papers from Reserve Bank of Australia.

［34］ Marianne Gizycki and Philip Lowe，2000："The Australian Financial System in the 1990s"，Reserve Bank of Australia，pp. 180 – 215.

［35］ P. A. V. B. Swamy and George S. TavlasSource，1989： "Financial Deregulation，the Demand for Money，and Monetary Policy in Australia"，International Monetary Fund Staff Papers，Vol. 36，No. 1，pp. 63 – 101.

［36］ RBA，1996： "Australian Financial Markets"，Reserve Bank of Australia Bulletin，pp. 1 – 10.

［37］ RBA，2013："Australia Financial Stability Review".

［38］ Saul Eslake，2009："The Global Financial Crisis of 2007 – 2009 An Australian Perspective"，Economics Paper，Vol. 28，No. 3，pp. 226 – 238.

［39］ V. Martin，1984："Chairman，Australian Financial System：Report of the Review Group"，Australian Government Publishing Service.

［40］ 澳大利亚审慎监管局监管文件，Prudential Standard APS 110、APS 111、APS 112、APS 113、APS 114、APS 116、APS 210、CPS220、GPS110、LPS110、SPS114。

［41］ 澳大利亚证券和投资委员会各期年报、各期金融市场和参与者

监管报告。

［42］ IMF, 2012：“Australia：IOSCO Objectives and Principles of Securities Regulation – Detailed Assessment of Implementation”, IMF Country Report No. 12/314.

［43］ 澳大利亚储备银行网站，http：//www. rba. gov. au.

［44］ 澳大利亚财政部网站，http：//www. treasury. gov. au.

［45］ 澳大利亚审慎监管局网站，http：//www. apra. gov. au.

［46］ 澳大利亚证券和投资委员会网站，http：//www. asic. gov. au.

［47］ 澳大利亚竞争与消费者委员会网站，http：//www. accc. gov. au.

［48］ http：//en. wikipedia. org/wiki/Financial_ system_ in_ Australia.

［49］ https：//en. wikipedia. org/wiki/Banking_ in_ Australia.

［50］ Andrew R and J Broadbent (1994), 'Reserve Bank operations in the foreign exchange market：effectiveness and profitability', Reserve Bank of Australia Research Discussion Paper No 9406.

［51］ Edison H (1993), 'The effectiveness of central – bank intervention：a survey of the literature after 1982', Special Papers in International Economics No 18.

［52］ Edison H, PA Cashin and H Liang (2003), 'Foreign exchange intervention and the Australian dollar：has it mattered?', IMF Working Paper No 03/99.

［53］ Fatum R (2000), 'On the effectiveness of sterilized foreign exchange intervention', European Central Bank Working Paper No 10.

［54］ Fraser BW (1992), 'Australia's recent exchange rate experience', Reserve Bank of Australia Bulletin, June, pp. 1 – 8.

［55］ Friedman M (1953), 'The case for flexible exchange rates', Essays on Positive Economics, University of Chicago Press, Chicago, pp. 157 – 203.

［56］ Hopkins S and J Murphy (1997), 'Do interventions contain information? Evidence from the Australian foreign exchange market', Australian Journal of Management, 22 (2), pp. 199 – 218.

［57］Hutcheson T（2003），'Exchange rate movements as explained by dealers'，Economic Papers，22（3），pp. 35 – 46.

［58］Kearns J and R Rigobon（2003），'Identifying the efficacy of central bank interventions：evidence from Australia'，Reserve Bank of Australia Research Discussion Paper No 2003 – 04.

［59］Karunaratne ND（1996），'Exchange rate intervention in Australia（December 1983 to May 1993）'，Journal of Policy Modelling，18（4），pp. 397 – 418.

［60］Macfarlane I（1993），'The exchange rate，monetary policy and intervention'，Reserve Bank of Australia Bulletin，December，pp. 16 – 25.

［61］Macfarlane I（1998），Speech to Asia Pacific Forex Congress，Sydney，27 November 1998，available at ＜http：//www. rba. gov. au/Speeches/1998/sp_ gov_ 271198. html＞.

［62］McKenzie M（2004），'An empirical examination of the relationship between central bank intervention and exchange rate volatility：some Australian evidence'，Australian Economic Papers，43（1），pp. 59 – 74.

［63］Rankin B（1998），'The exchange rate & the Reserve Bank's role in the foreign exchange market'，available at www. rba. gov. au/Education/exchange rate

［64］Rogers JM and PL Siklos（2003），'Foreign exchange market intervention in two small open economies：the Canadian and Australian experience'，Journal of International Money and Finance，22（3），pp. 393 – 416.

［65］Sarno L and MP Taylor（2001），'Official intervention in the foreign exchange market：is it effective，and，if so，how does it work？'，Journal of Economic Literature，39（3），pp. 839 – 868.